O mito do progresso

Gilberto Dupas

O mito do progresso

ou progresso como ideologia

2ª edição

Direitos de publicação reservados à:
Fundação Editora da UNESP (FEU)
Praça da Sé, 108
01001-900 – São Paulo – SP
Tel.: (0xx11) 3242-7171
Fax: (0xx11) 3242-7172
www.editoraunesp.com.br
www.livrariaunesp.com.br
feu@editora.unesp.br

CIP – Brasil. Catalogação na fonte
Sindicato Nacional dos Editores de Livros, RJ

D942m
2.ed.
Dupas, Gilberto, 1943-2009
O mito do progresso, ou progresso como ideologia / Gilberto Dupas. – 2.ed. – São Paulo: Editora Unesp, 2012.

ISBN 978-85-393-0361-8

1. Desenvolvimento social. 2. Inovações tecnológicas – Aspectos econômicos. 3. Desenvolvimento econômico – Aspectos sociológicos. I. Título.

12-6877.
CDD: 303.440981
CDU: 33(81)

Editora afiliada:

Asociación de Editoriales Universitarias de América Latina y el Caribe

Associação Brasileira de Editoras Universitárias

Ao meu pai

Transformar *caminhada* em *progresso*
é elaboração ideológica das elites
(Maurice Merleau-Ponty)

A única coisa que acredito ter compreendido
é que a história [...] é imprevisível.
(Norberto Bobbio)

Sumário

Introdução

No alvorecer do século XXI, o paradoxo está em toda parte. O saber científico conjuga-se à técnica e, combinados – a serviço de um sistema capitalista hegemônico –, não cessam de surpreender e revolucionar o estilo de vida humano. Mas esse modelo vencedor exibe fissuras e fraturas; percebe-se, cada vez com mais clareza e perplexidade, que suas construções são revogáveis e que seus efeitos podem ser muito perversos. A capacidade de produzir mais e melhor não cessa de crescer e assume plenamente a assunção de *progresso*; mas esse *progresso*, ato de fé secular, traz também consigo exclusão, concentração de renda e subdesenvolvimento. De um lado, o sentimento de que nada mais é impossível, que se conquistam novíssimos mundos dos quais os homens são seus criadores, numa *performance* que se traduz no culto desse otimismo. De outro, um medo crescente e o claro sentimento de impotência diante dos impasses, dos riscos, da instabilidade dos sinais que orientam os percursos da vida e da precariedade das conquistas (Balandier, 1999, p.8).

Em suma, o *progresso* como discurso dominante das elites globais parece ter perdido o seu rumo. Os países mais avançados da Terra produzem armas de impensável poder de destruição ao mesmo tempo em que desenvolveram – e divulgam globalmente pelos meios de comunicação – uma cultura que se compraz com imagens de extrema violência. Um presidente dito humanista, como Truman, autorizou, sozinho, a destruição atômica de Hiroshima e Nagasaki. Na segunda metade do século XX, a humanidade viveu décadas ameaçada pelo "equilíbrio do terror", mantendo o fio da navalha entre a paz e uma guerra nuclear iminente de consequências imprevisíveis. No início deste século XXI, a potência hegemônica líder mundial dos processos tecnológicos – e referência do sistema global – dizimou milhares de pessoas no Iraque em nome de uma mentira e chamou isso de guerra preventiva.

Mais inquietantes que os perigos nucleares são agora, no entanto, os riscos decorrentes da microbiologia e da genética, com seus graves dilemas éticos e morais. Martin Rees (2005), presidente da Royal Society, pergunta-se como equilibrar os benefícios potenciais da genética, da robótica e da nanotecnologia contra o perigo de desencadear um desastre absoluto que comprometa irremediavelmente nossa espécie. Ações humanas estão extinguindo rapidamente a variedade de vida animal e vegetal na Terra. O aquecimento global provocado pela emanação de gases está acontecendo com rapidez superior à condição de colocá-lo novamente sob controle; e Paul Davies (Alerta..., *O Estado de S. Paulo*, 2006) admite que a luta contra o "efeito estufa" já pode estar perdida. Milton, no *Paraíso perdido*, narrava a história de um casal que percorre o que ele chama de "quatro estágios do conhecimento: inocência, fantasia ou sonho, experiência e sabedoria". Para ele o caminho que desembocava na inexorável sabedoria passava necessariamente pela experiência do "pecado". Quantos "pecados" a humanidade teria de cometer para chegar à sabedoria? Por outro lado, há os otimistas que lembram jamais haver existido uma época que não acreditasse estar diante de uma provável catástrofe. Usando Nietzsche, no contexto que lhes convém, eles lembram que estamos destinados a percorrer para sempre uma corda atada entre o abismo e o super-homem; e que onde mora o risco, vive a redenção. E acreditam que os próximos saltos qualitativos da ciência e da tecnologia gerarão a própria solução para os graves impasses que elas mesmas criaram.

Um olhar do século XVI em direção ao passado deveria permitir concluir como óbvio que os trabalhos desenvolvidos até então em várias áreas do saber – como a literatura, as artes gráficas e o pensamento religioso – significaram uma acumulação de mudanças desejáveis que poderiam, com segurança, ser chamadas em seu conjunto de *progresso*. No entanto, essa palavra suscitou – e continua suscitando – muitas dúvidas por ser usada como um atestado de que estamos nos tornando uma sociedade melhor e mais justa. As inovações viabilizadas pela tecnologia foram adquirindo um caráter de qualidade intrínseca, gerando rotulações de "progressistas" para quem as aprovava e de "conservadores" ou "reacionários" para quem as criticava. A *doutrina do progresso* acabou se incorporando à filosofia do século XVIII e foi se convertendo em um credo que os constantes avanços tecnocientíficos ratificavam ao criar produtos e serviços que se transformaram em objeto de desejo e *símbolos do progresso* (Barzun, 2002, p.100).

A era moderna emergiu com ideias, planos e propostas futuristas, e com intolerância em relação aos credos da

Renascença – sobretudo o culto aos antigos –, que passaram a ser rotulados como antiquados, ao passo que a palavra *moderno* adquiriu conotação de elogio. As novas descobertas da ciência passaram a ser uma espécie de "marcadores" dessa mudança cultural. Mas houve muita oposição. Durante mais de um século, até a época de Voltaire, a disputa pela primazia entre antigos e modernos envolveu a literatura, a filosofia e a religião, decidindo o destino de obras e autores. Nas ciências naturais, a partir do século XVII, prevaleceu claramente a ideia de que o mais recente é sempre o mais verdadeiro ou o melhor. Enfim, os modernos e sua nova onda cultural prevaleceram impondo maior "sabedoria" como condição para o *progresso* (ibidem, p.384). A partir da segunda metade do século XVII, e durante todo o século XIX, a ideia de progresso foi dominante no Ocidente.

O otimismo dos enciclopedistas somou-se às ideias de soberania popular de Rousseau; em meio aos conceitos de Malthus e Darwin, duas vertentes centrais que prepararam o século seguinte acabaram por se impor: o socialismo e o individualismo. Finalmente no século XX, com os saltos da tecnologia e do conhecimento – que alimentaram os dois trágicos grandes conflitos mundiais –, a pergunta central brotou com mais força: somos, por conta desse tipo de desenvolvimento, mais sensatos e mais felizes? Ou podemos atribuir parte de nossa infelicidade precisamente à maneira como utilizamos os conhecimentos que possuímos? Nada impede que reconheçamos e desejemos maior *progresso* e, ao mesmo tempo, constatemos que obtê-lo não melhora necessariamente a *qualidade* de vida para a maioria das pessoas. As sociedades são mais *felizes* que há dez anos porque temos telefone celular ou internet e, agora, tela de plasma? Ainda que reste a delicada tarefa de conceituar *felicidade*, certamente o senso comum diz que não, embora seja inegável que certos confortos aumentaram. Como seres humanos, éramos os mesmos sem esses aparatos, quando ninguém ainda os tinha. Fissão ou fusão atômica e interferência genética são bons exemplos típicos da "faca de dois gumes" do atual padrão de "desenvolvimento"; e, muitas vezes, o gume dos riscos parece mais cortante que o outro. Montaigne já nutria os mesmos sentimentos sobre a pólvora e estava coberto de razão (ibidem, p.152-3, 166).

Foi ao rever seus *Princípios de economia política* que John Stuart Mill rompeu com a escola liberal e passou a afirmar que a distribuição do Produto Interno Bruto de um país poderia – e deveria – ser orientada em razão do bem-estar geral. Todo um conjunto de projetos e utopias que surgiram a partir daí deu em nada. Por várias décadas, com exceção da estimulante e finalmente fracassada experiência do império soviético – e da revolução socialista chinesa, que vive agora uma complexa transição –, os socialistas continuaram a ser minorias ruidosas, mas incapazes de deter aquilo que se costuma designar de *marcha do progresso* em meio aos novos rumos do capitalismo global e de sua competência de condicionar a opinião pública (ibidem, p.574).

Barzun nos recorda Samuel Butler, por ele considerado o maior escritor inglês da segunda metade do século XIX e que foi um dos primeiros a se entusiasmar com o livro de Darwin, *A origem das espécies*. Butler havia publicado anonimamente, na década de 1870, uma peça satírica intitulada *Erehwon* ("lugar algum", em inglês *Nowhere*, escrito ao contrário), na qual atacava os dois ídolos do século: *progresso* e *respeitabilidade*. Ele chamou as igrejas de "casas bancárias com música", onde as pessoas acumulam débitos e créditos visando à felicidade ou à condenação. Para os habitantes de

Erehwon, pecado era ser doente e pobre, crimes puníveis por lei, e não objeto de caridade ou piedade. Quanto ao *progresso*, os cidadãos de Erehwon desconfiam que o aperfeiçoamento contínuo das novas máquinas poderia fazê-las adquirir consciência, ganhar independência e, um dia, já que mais fortes, escravizarem a espécie humana. Portanto, decidiram destruí-las, até mesmo os relógios, antes que fosse tarde demais. Algumas foram mantidas inofensivas em museus.

Essa prudência certamente a nossa civilização abandonou. E as consequências negativas do *progresso* – transformado em discurso hegemônico seja do sistema capitalista, seja do socialismo real –, para além dos seus irresistíveis sucessos, acumulam um passivo crescente de riscos graves que podem levar de roldão o imenso esforço de séculos da aventura humana para estruturar um futuro viável e mais justo para as gerações futuras. Hans Jonas diz que quem ainda não nasceu não tem *lobbies* ou poder. Mas nós temos a responsabilidade ética para com eles, ainda que não estejamos mais aqui quando eles vierem nos acusar. São esses os temas – e dilemas – de que este livro trata. Ele busca fazer uma exegese do conceito de *progresso* e sua evolução, procurando entender o quanto nele se ocultam interesses que são meramente hegemônicos.

Entendemos por hegemonia – com base em conceitos de Antonio Gramsci e Giovanni Arrighi – a liderança associada à capacidade de um Estado (elite ou grupo) de se apresentar como portador de um interesse geral, e ser assim percebido pelos outros. Portanto, nação ou elite hegemônica são aquelas que produzem discursos hegemônicos que têm a competência de conduzir um sistema (de nações ou culturas) a uma direção desejada; mas, ao assim fazer, ainda conseguem ser percebidas como se buscassem o interesse geral.

Por outro lado, as soluções oferecidas devem tentar criar razoáveis condições de governabilidade, construindo legitimidades e respondendo à demanda das outras nações (ou grupos) pressionadas(os) por suas próprias tensões. Caso isso não ocorra num nível adequado, a hegemonia transforma-se em tirania ou imposição, e só poderá ser mantida com crescente coerção.

Da semântica

O que significa, afinal, a palavra *progresso* no imaginário da sociedade global que vive o início do século XXI? Quais são suas raízes arquetípicas e que projeção para o futuro pode ser imaginada para o conceito atual de *progresso*?

Sobre o sentido das palavras – e seu peso quase sempre associado à credibilidade ou ao poder de quem as pronuncia –, o gnomo irascível Humpty Dumpty, em *Alice no país das maravilhas*, de Lewis Carroll, afirma a Alice: "Quando utilizo uma palavra, ela significa precisamente aquilo que *eu quero* que ela signifique. Nada mais, nada menos." Alice contesta que "o problema está em saber se é possível fazer que uma palavra signifique montes de coisas diferentes". Ao que Humpty Dumpty replica altivamente: "O problema está em saber quem é que manda. Ponto final". (Lalande, 1972, p.XII).

Em seu prefácio para o *Vocabulaire technique et critique de la philosophie*, editado pela primeira vez em 1926 – e considerado uma espécie de edição oficial da Sociedade Francesa de Filosofia –, André Lalande (1972, Prefácio, p.XVI-XVII) fala de um "halo de evocações, ora intensas, ora dificilmente conscientes, que a história de cada palavra [...] faz vibrar frequentemente em torno dela". Existem palavras nobres, como *idealismo*; distintas, como *dialética*; imponentes, como *meditação*; e fora de moda, como *virtude*. Lalande chama *progresso* de uma palavra ingênua. As palavras podem ser tomadas no seu sentido explícito ou no seu conteúdo oculto e subjetivo. Lalande (ibidem, Prefácio, p.XII-XIII) conta sobre uma cientista parisiense de grande prestígio que lhe dizia: "Eu, quando vejo em algum lugar 'Proibida a entrada', é precisamente por ali que entro". Muitas vezes essa é a uma tática oportuna para investigar a consistência dos enunciados dos discursos que são estruturados pelos hegêmonas e poderosos em geral. E o papel dos intelectuais, cada vez mais, deve ser o de desconstruir discursos hegemônicos.

Em busca dos significados atribuídos a *progresso* vamos, antes de tudo, percorrer o conhecimento enciclopédico. A *Grande Enciclopédia Delta Larousse* chama de *progresso* "movimento ou marcha para frente; desenvolvimento; aumento; adiantamento em sentido favorável *ou desfavorável*". Já *The Randon House Dictionary of The English Language* classifica-o de movimento em direção a um objetivo ou a um estágio mais elevado ou avançado; também define *progresso* como atividade de desenvolvimento em ciência, tecnologia etc. [...] referente a oportunidades comerciais, criada em consequência ou em função da promoção do bem-estar material da população por meio de bens, técnica ou facilidades. Portanto, associa *progresso* à propaganda que envolve a promoção dos novos bens fabricados pela tecnologia. O *Dicionário Houaiss da Língua Portuguesa* define *progresso* como a "ação ou resultado de progredir; progressão; movimento para diante; avanço"; ou ainda como a "mudança de estado (de algo) que o move para um patamar superior; crescimento; mudança considerada desejável ou favorável; avanço, melhoria, desenvolvimento"; e, finalmente, "incorporação, no dia a dia das pessoas, das novas conquistas no campo tecnológico, da saúde, da construção, dos transportes etc.".

Lalande (ibidem, p.870) recorda a definição original que Pascal deu à palavra *progresso* em *Pensamentos*: "A Natureza age por progresso, *itus et reditus*. Ela vai e vem, depois vai mais longe, depois duas vezes menos, depois mais do que nunca etc. O fluxo do mar faz-me assim; o sol parece andar assim" (segue-se uma figura de zigue-zague). Ele comenta ser essa abordagem sugestiva de um progresso que se faria sozinho, independentemente do esforço humano e reduzido a seus aspectos mais materiais e mecânicos. Surgem aí, pois, dois sentidos diferentes para o *progresso*. No primeiro, o termo é visto como uma "marcha à frente, movimentação numa direção definida" (Lalande, p.870). No segundo, ele é associado a um atributo qualitativo, ou seja, "transformação gradual do 'menos bom' para o melhor", ainda que minimizado ao final pela versão reducionista do positivismo de Auguste Comte de que "o progresso constitui apenas o desenvolvimento da ordem". Vem daí, aliás, a associação "Ordem e Progresso", que tremula na bandeira brasileira. Assim, o progresso – no sentido de evolução para o melhor – "é um termo essencialmente relativo, uma vez que depende da opinião professada por *aquele que fala* sobre a escala de valores de que se trata". Do progresso "se faz não raro uma espécie de necessidade histórica ou cósmica, por vezes mesmo um poder real que age sobre os indivíduos. Uma finalidade coletiva que se manifesta pelas transformações das sociedades". Mas a dificuldade está em dar um conteúdo preciso para essa fórmula ou, então, em determinar a direção e o sentido desse movimento.

No *Dicionário de filosofia*, elaborado por Nicola Abbagnano, em 1960, progresso também designa duas coisas diferentes: "uma série de eventos quaisquer que se desenvolvam num sentido desejável"; ou "a crença de que os eventos da história desenvolvam-se [...] realizando uma crescente perfeição". No último sentido, a palavra designaria também "uma profecia para o futuro". Abbagnano lembra que o último sentido não foi conhecido na Antiguidade Clássica nem na Idade Média, quando a concepção geral da história era a de *decadência*, partindo da perfeição primitiva (idade do ouro) ou de um ciclo de eventos que se repete indefinidamente. A primeira enunciação de progresso teria partido de Francis Bacon em *Novum Organum* (162):[1]

> E do mesmo modo que de um homem idoso podemos esperar um conhecimento muito maior das coisas humanas e um juízo mais maduro do que o de um jovem, por causa da experiência e do grande número de coisas vistas, ouvidas e pensadas por ele, assim da nossa era [...] seria justo esperarmos muito mais coisas que dos tempos antigos, sendo nossa idade para o mundo a maior, enriquecida de inúmeras experimentações e observações. (Abbagnano, 1982, p.766-7)

Abbagnano lembra que, no entanto, "a *crença no progresso* ficou fortemente enfraquecida na cultura contemporânea pela experiência das duas Grandes Guerras e pela mudança que elas produziram no domínio da filosofia, desmantelando aquela tendência romântica da qual ela se constituía pedra angular" (1982, p.767).

Percorrendo alguns textos sociológicos e políticos, colheremos alguns outros significados e usos do termo *progresso*. O *Léxico de la política*, editado pela Facultad Latinoamericana

---

1 Ver detalhes no Capítulo 1.

de Ciencias Sociales, inclui 43 vezes em seu índice analítico a palavra progresso. Trata-se de um dos verbetes mais citados da obra, ao lado de outros como atores políticos, atores sociais, capital, cidadão, constituição, ideologia, sistema político, sociedade civil e tradição. Investigando os vários ensaios em que o tema é abordado, encontramos em relação ao conceito de progresso uma larga predominância de associações positivas sobre referências negativas ou neutras. Vamos iniciar pelos positivos. Isidro Cisneros (2000), ao referir-se à qualidade antissocial dos indivíduos apontada por Kant, enfatiza a primazia da "força propulsora da civilização e do progresso" (ibidem, p.83), tratando-os como sinônimos. Da mesma forma, Luis Medina Peña (2000) fala da marcha do país rumo à modernização e ao progresso. Já Laura Baça Olamendi (2000a) elogia a cultura laica porque esta se opõe a um sistema absolutista, incorporando como ideia de progresso a capacidade do homem de usar a razão para assumir a direção de sua vida social. Francisco Zapata (2000) lembra a noção de progresso entendida como um futuro que se pode construir – com metas a alcançar – para romper um determinado sistema de dominação. Mario Constantino Toto (2000) coloca, lado a lado, progresso e desenvolvimento das instituições democráticas.

Tratando de mudança institucional, Adrian Acosta Silva (2000) menciona transições políticas como associadas a uma noção de progresso em que "as mudanças econômicas e socioinstitucionais são parte de uma cadeia de acontecimentos que representam um sentido da história". Isabelle Rousseau (2000) refere-se ao progresso técnico como um valor. Abordando uma visão mais humanista do termo, Laura Baça Olamendi (2000b) propõe como um dos desafios do milênio "o desenvolvimento de uma ideia de progresso que permita diminuir as diferenças entre aqueles que gozam dos seus direitos e aqueles que ainda não os fazem efetivos" (p.363). Fernando Diaz Montiel (2000) fala da preocupação com uma melhoria integral das condições de vida, das oportunidades de superação pessoal e do progresso em geral. E Teresa Incháustegui Romero (2000) associa progresso à paz mundial, solidariedade extrafronteiras, desenvolvimento e seguridade social; e reitera a interdependência entre paz, desenvolvimento econômico e progresso social.

Em associações negativas, a própria Teresa Romero justapõe o conceito de desenvolvimento social – evolução do bem-estar humano, distribuição mais equitativa de bens culturais e materiais – à ideia de progresso como uma espécie de ordem econômica natural, submetido à mão invisível do mercado. Miguel Artufo Ángel (2000), ao analisar a cidade industrial como força produtiva, acentua a ambivalência entre progresso e deterioração ambiental e humana. Também Cristina Puga (2000) volta a falar na necessidade de conciliar progresso e defesa do meio ambiente. Edoardo Tortarolo (2000) propõe a solidariedade não confessional e laica que substitua a concepção paternalista de religião revelada pelo culto do progresso e da ciência.

Num enfoque mais "neutro", finalmente, encontramos Raymundo Mier (2000), que cita Jürgen Habermas, que relaciona o progresso técnico no capitalismo tardio com o progresso econômico por meio de um desenvolvimento quase autônomo da ciência e da técnica; e que lembra que sua legitimidade vai depender de sua capacidade de obter resultados concretos nas políticas de satisfação das necessidades humanas. Alicia Castellanos Guerrero (2000), mencionando Claude Lévi-Strauss, argumenta como o progresso, a história cumulativa, a criatividade – enfim, a própria civilização – são resultado de um complexo sistema de determinações.

Como vemos, a palavra *progresso* está longe de ser dotada de univocidade semântica e consenso conceitual. Durante o transcorrer deste livro, iremos percorrer os vários significados acima, ao mesmo tempo que investigaremos as origens e o desenvolvimento dessa *ideia-força* que se confunde com um discursos hegemônico encastelado no anseio universal de uma *marcha para a utopia.*

Sobre o título

O nome desta obra originou-se do subtítulo do meu livro *Ética e poder na sociedade da informação* (Dupas, 2001): "De como a autonomia das novas tecnologias obriga a rever o *mito do progresso*". No entanto, permaneci, até o final, em dúvida sobre colocar a palavra *progresso* ao lado de *ideologia* ou *mito*, dada a adequação dos dois conceitos à reflexão central que pretendo para este trabalho. Resolvi minha dúvida utilizando *mito* no título e *ideologia* no subtítulo; fiz isso, entre outras razões, especialmente em respeito a Habermas, que já havia associado *ideologia* à ciência e à técnica em sua obra clássica de 1968, *La technique et la science comme "idéologie"*, quando seguia as trilhas de Theodor Adorno e Max Horkheimer desenvolvidas em *Dialética do esclarecimento*: fragmentos filosóficos.

A dúvida procede, como disse, da semelhança dos dois conceitos e da utilidade de ambos para especificar as contradições conceituais do termo e a manipulação a serviço de interesses dominantes. O *Dicionário de filosofia* designa por *mito* uma forma atenuada de intelectualidade, usada como instrumento de controle social; ou seja, *mito* seria uma forma aproximativa e imperfeita que a verdade assume, usualmente unida a uma validade moral ou religiosa. Já Malinowski (Abbagnano, 1982, p.645) vê no *mito* a justificativa retrospectiva dos fundamentos que constituem a cultura específica de um grupo. A função do mito seria reforçar a tradição – ou criar uma nova – unindo-a a realidades sobrenaturais arquetípicas que a reforcem de modo que ela seja capaz de controlar a conduta dos homens. Já *ideologia*[2] pode ser definida como uma rede de regras – dotada de certa permanência e estabilidade – que funda o vínculo social, produzindo noções, representações, formas de discurso e pautas morais.[3] Essas regras contêm uma carga afetiva que marca os atos, as significações e as evocações, dando-lhes uma áurea de certeza. Em última análise, confere o atributo de visão correta ou predominantemente correta; sustenta, ainda, discursos hegemônicos. O Iluminismo, em sua luta pela autonomia do pensamento e da razão, podia ser visto como um destruidor das ideologias. Acabou ele próprio criando as raízes para uma outra: a ideologia do progresso, com base na primazia da ciência e da técnica.

A noção de ideologia já estampa, pois, desde suas origens, uma ideia dual: de um lado, valoriza a experiência do conhecimento; de outro, designa uma barreira à apreensão da verdade. Mas o uso do termo que marcou definitivamente seu sentido foi o que lhe deu Marx (Mier, 2000, p.324) em

---

2 Francis Bacon, em *Novum* (1620), denominava os agentes dos erros humanos de *idola* e os apontava como decorrentes de distorções de linguagem, desvios de temperamento, aberrações provocadas por fábulas, filosofias e sentimentos (Mier, 2000, p. 323).

3 Para Raymondo Mier, "A ideologia se apresenta [...] como uma série de visões sintéticas e fragmentárias, elípticas, coerentes na aparência, que engendram o sentido social da ação individual e a experiência social do tempo: orientam a memória, as alternativas de ação e os desejos dos atores sociais" (Mier, 2000, p.323).

A ideologia alemã, escrita com Engels, apontando a ideologia como instrumento de alienação. Do ponto de vista marxista, ideologia é uma falsa descrição da realidade – *falsa consciência* – utilizada pela classe dominante como discurso e instrumento de dominação que legitima o *status quo*. Gramsci mostra a natureza política – no caso, a luta de classes – que envolve toda escolha ideológica. Já Max Weber (ibidem, p.327) analisa ideologia olhando para o papel das ideias e da racionalidade no curso da vida social. São esses valores, interesses, formas de vida e finalidades que orientam os distintos tipos de dominação. Em Paul Ricoeur (ibidem, p.327), a ideologia tenta fechar a brecha entre pretensão e crença. Finalmente, a Escola de Frankfurt (ibidem, p.328), com base em uma nova leitura de Hegel, na polêmica aberta por Weber sobre a racionalidade e suas críticas, bem como na assimilação analítica do pensamento de Freud, reformula radicalmente a noção de ideologia. Seus membros – em especial Adorno, Horkheimer, Marcuse e Habermas, que percorremos em capítulos seguintes – também contribuíram para aprofundar a crítica da ideologia das sociedades industriais contemporâneas, à luz de uma visão crítica original sobre a racionalidade.

Procurei, neste trabalho, visitar o pensamento da maioria dos autores que se dedicaram com mais afinco ao tema do progresso, em suas variadas tendências e concepções. O resultado, é claro, não pode evitar a influência das próprias escolhas, idiossincrasias e afinidades ideológicas deste autor, não tanto na seleção dos intelectuais aqui referidos – que cobrem um razoavelmente amplo espectro de tendências –, mas, em especial, no recorte do pensamento de cada um. Obviamente, o resultado final passa a ser de inteira responsabilidade deste que vos escreve.

Observações

Em vários capítulos deste livro, são citadas explicitamente algumas corporações globais e mencionadas suas ações ou estratégias como referências do exercício de poder com impacto direto em questões ambientais ou nos fatores gerais que são designados como referência sobre conceitos de progresso. Como já explicitei em livro anterior (Dupas, 2005a), desde já é preciso ficar claro que, além de estarem sempre referidas a notícias na imprensa ou a menções específicas em ensaios de terceiros – devidamente identificados na bibliografia –, essas citações, obviamente, não têm como intenção ou pretensão nenhum julgamento moral sobre as próprias empresas e seus dirigentes ou acionistas. Às empresas, o sistema capitalista reserva o papel fundamental de transformadores de capital em mercadorias e serviços, alimentando a capacidade de acumulação do sistema por meio da maximização do lucro do seu negócio. Não faz parte da lógica capitalista a autorregulação do capital. Cabe à sociedade, por meio dos Estados nacionais e de regulamentação internacionais, enquadrá-las em limites legais cabíveis em cada circunstância, procurando conciliar sua tendência autárquica incessante de concentração, automação e maximização de rentabilidade, por todos os caminhos possíveis, com os interesses fundamentais e legítimos das sociedades – como o nível de emprego e a preservação do meio ambiente –, que acabam, muitas vezes, conflitando com estratégias corporativas.

*

Muitos dos que lerem este livro perguntarão se o autor não reconhece a impressionante evolução da tecnociência como uma prova espetacular do engenho humano e uma fonte inesgotável de produtos e serviços que tornam a vida muito mais confortável e as pessoas mais felizes. Respondo que o objetivo deste trabalho é tentar ir além do óbvio; ou seja, é tornar visíveis as contradições que existem entre o conceito de *progresso* – como utilizado para justificar o discurso hegemônico da acumulação – e a evolução dos padrões civilizatórios associada à realização cada vez mais plena das potencialidades humanas em direção à justiça, à equidade e à garantia de um porvir.

Pretendo deixar muito claro desde o início que não é minha intenção – o que seria, no mínimo, uma insensatez – negar os benefícios que a vertiginosa evolução das tecnologias propiciou ao ser humano no deslocar-se mais rápido, viver mais tempo, comunicar-se instantaneamente e outras proezas que tais. Trata-se aqui de analisar a quem dominantemente esse *progresso* serve e quais os riscos e custos de natureza social, ambiental e de sobrevivência da espécie que ele está provocando; e que catástrofes futuras ele pode ocasionar. Mas, em especial, é preciso determinar quem escolhe sua direção e com que objetivos.

Assim como não nego os inúmeros evidentes benefícios desse *progresso*, também assumo que – apesar de suas direções altamente questionáveis e enquanto elas forem dominantes no sistema atual – os países e suas populações devem procurar obter dele o que puderem, seja nos seus benefícios diretos, seja na adição de valor local decorrentes de desenvolvimentos originais de tecnologia. Manter uma perspectiva crítica em relação ao discurso hegemônico – proposta essencial deste trabalho – não nega a existência de um sistema de vetores dominantes do qual todos fazem parte, alguns com maiores vantagens que outros; e outros mais contando apenas com desvantagens. Cabem, assim, todos os esforços possíveis para reduzi-las, jogando-se o jogo conforme as regras atuais possíveis, enquanto se luta tenazmente para que elas sejam mudadas.

Durante o desenvolvimento deste trabalho, esperamos que algumas dessas reflexões, que parecem paradoxais, possam se tornar mais consistentes.

Agradecimentos

Como sempre, tenho de lidar com a recorrente e insolúvel questão das contribuições intelectuais cujas águas frequentei durante a elaboração deste trabalho. Algumas vezes o fiz tão avidamente que, de volta à margem, posso ter trazido comigo mais do que devia; outras vezes, talvez já não soubesse distinguir com clareza o quanto as provocações que elas me causaram foram por mim devidamente digeridas, para que tenha podido me apossar delas. De qualquer forma, parecem-me dilemas inevitáveis. Que me desculpem os autores – vivos e mortos – que se sentiram utilizados inapropriadamente. A todos eles, meu mais profundo reconhecimento.

São inúmeras as obras de que me servi e que, obviamente, estão devidamente citadas nas notas e na bibliografia. Mas tenho o dever de mencionar certos autores que foram essenciais para a estruturação de alguns temas, a quem utilizei com sofreguidão e devo, muitas vezes, parte da esquematização de certos capítulos. São eles: Jacques Barzun (Introdução); John Bagnell Bury, Robert Nisbet, Michael Löwy, Herbert

Marcuse, Jürgen Habermas e Walter Benjamin (Capítulo 1); Richard Rorty, Adorno e Horkheimer, Michel Maffesoli, Pierre Klosswski, Friedrich Nietzsche e Andre Gunder Frank (Capítulo 2); Max Weber, John Patrick Diggins, André Gorz e Jan Nederveen Piertese (Capítulo 3); Collin Leys, Roland Gori e Marie-José Del Volgo, Claude Lévi-Strauss, Oscar Negt e Jürgen Habermas (Capítulo 4); Martin Rees (Capítulo 5); e, finalmente, Zygmunt Bauman, Ignacio Izuzquiza, Carlos A. R. de Moura, Nietzsche e Laymert Garcia dos Santos (Capítulo 6).

*

Cabem, por fim, vários agradecimentos. Celso Lafer indicou-me as obras de John Bagnell Bury e Robert Nisbet, vitais ao Capítulo 1. Fábio Villares e Marcelo Fernandes de Oliveira, companheiros de pesquisa do Instituto de Estudos Econômicos e Internacionais (IEEI), fizeram leitura atenta e comentários muito úteis ao texto final. Oliveira colaborou também com várias sugestões, especialmente nos capítulos 1 e 5. Adalton César da L. Oliveira repassou com o cuidado habitual os dados econômicos, referências, bibliografia e índice onomástico. Rosana de Lima Soares, como sempre, fez a cuidadosa leitura final. Maria Alice Salgado garantiu a retaguarda geral. Muitos outros interlocutores, meus amigos membros do Grupo de Conjuntura Internacional da USP ou da IEEI, tiveram a paciência de ouvir ou ler minhas reflexões parciais sobre o tema do progresso, que serviram de preparação para este trabalho durante os últimos dois anos. A todos eles, o meu mais sincero reconhecimento.

1
A evolução do conceito de progresso

De um modo geral as pessoas se sentem mais
confortáveis e menos impotentes com a confiança,
por mais vaga que seja, de que *a história
está ao seu lado.* *(Albert Hirschman)*

Nascemos. Afligimo-nos. Morremos. *(Carl Sandburg)*

Oh, esta Paris! Que enorme, que grosseiro bazar!
[...] Enfim, meu filho, uma Babel de Éticas e Estéticas.
Paris parecia demente... Um horror! *(Eça de Queiroz)*

As ideias representam anseios humanos e exercem um poder decisivo na História. Algumas delas – como justiça, tolerância, igualdade, mercado, livre-concorrência e socialismo – dependem de uma elaboração intelectual mais refinada. Outras, como é o caso de fé, Providência divina e imortalidade, são adotadas pelos homens como verdades reveladas e correspondem, muitas vezes, a uma maneira de eles suportarem a angústia, a incerteza e a dor. Ideias são aceitas ou rejeitadas não por serem verdadeiras ou falsas,[1] mas por serem consideradas adequadas ou não para descrever algo em que temporariamente se acredita. *Progresso* é dessas ideias-força que podem estar em uma ou outra das categorias mencionadas, dependendo de serem vistas como resultado de uma ação coletiva dos homens ou encaradas como um processo inexorável. Em termos gerais, *progresso* supõe que a civilização se mova para uma direção entendida como benévola ou que conduza a um maior número de existências felizes. Mas, visto assim, o problema se recoloca no que vem a ser *felicidade.*

Para J. B. Bury (2004)[2] a teoria do progresso humano envolve uma visão do passado e uma profecia sobre o futuro. Ela é baseada numa interpretação da história que enxerga a humanidade avançando lenta e indefinidamente em uma direção desejável. Esse processo precisa originar-se da natureza social do homem, e não de forças externas. Mas, ainda assim, se a direção é inexorável, como deixar de vê-la como um *destino*? Torna-se, nesse caso, obrigatório associar à ideia de *progresso* a possibilidade de *retrocesso* ou *declínio.* Embora se possa julgar, por critérios mais subjetivos ou objetivos, que houve *progresso* ou declínio num período passado, parece claro que não pode haver garantia nenhuma de continuidade de qualquer dessas alternativas no futuro. Até porque garantia é incompatível com História. Como Bobbio (1977, p.52) costumava advertir, a única coisa que ele havia compreendido em sua longa vida é que a História é imprevisível. Ou ainda, como pensa Izuzquiza (2004), o real que o futuro construirá

---

1 Ver Capítulo 4.

2 A primeira parte deste capítulo, que analisa o conceito de progresso até o final do século XX, utiliza os estudos de Bury e Nisbet como fonte principal.

encontrará sua verdade em seu próprio contexto de possibilidades. Atender às condições da realidade supõe atender aos espaços de possibilidade. O que realmente existe é apenas um nível de realidade que se sustenta sobre um fundamento de probabilidades. Projetar a probabilidade sobre o real significa modificar a necessária rigidez que se atribui a ele, isto é, trabalhar com a ideia de uma probabilidade entre muitas. Isso significa introduzir a insegura leveza da probabilidade; exige dinamitar seguranças e advertir que a única rigidez possível é a do risco. Como garantir, pois, linhas de continuidade em direções determinadas se o universo é pleno de surpresas, num mundo descontínuo formado de sobressaltos?

Um dos contemporâneos, radical adepto da *ideia do progresso*, foi Robert Nisbet (1980, p.5). Para ele, esse conceito positivo influenciou civilizações e povos durante toda a História, pelo menos dos gregos até a atualidade. O ser humano, movido por essa ideia, teria avançado "desde uma condição nativa de primitivismo, barbarismo e até inutilidade [...] e continuará avançando para um futuro previsível" (ibidem, p.4-5), que Nisbet imagina glorioso. Ele entende *avanço* como a passagem de um estágio inferior para um superior. Esse entendimento está sujeito a duas concepções quando pensado sob a ideia de progresso: de acúmulo de conhecimento científico e tecnológico; e de "melhorias morais e espirituais" para que o homem seja "mais feliz, tranquilo e sereno". Para ele, mesmo com alguns reveses, o tempo caminha para frente, avançando sempre de uma condição inferior para outra superior. Consequentemente, o presente servirá sempre de alicerce para avanços no futuro. Como prova evidente deste avanço, ele aponta a medicina; como revés eventual, sugere o surgimento de tendências totalitárias. Lembremos que sua obra de referência foi escrita nos anos 1970, quando a Guerra Fria ainda era o quadro predominante no sistema internacional. Nisbet considera a ideia de progresso como parte essencial do desenvolvimento dos povos, uma espécie de dogma que sustenta a evolução.

Para o melhor entendimento da gênese da ideia de progresso, façamos uma retomada histórica. Entre os gregos, o ponto de partida da civilização teria sido uma era dourada de perfeição e simplicidade depois da qual os homens decaíram; os pensadores gregos formulavam, com base nesse declínio, a doutrina de uma sequência gradual de melhorias sociais e materiais. Eles viam a história como uma sucessão de grandes ciclos em que um período dourado era seguido de uma fase de decadência, evoluindo novamente para um novo esplendor e assim por diante. Os estoicos adotaram parte dessa teoria, que influenciou Marco Aurélio em suas *Meditações*: "A alma racional [...], considerando as periódicas destruições e renascimentos do universo, reflete que nossa posteridade não verá nada novo, e que nossos ancestrais não descreveram nada maior do que já vimos" (apud Bury, 2004, p.13). Foi ainda um outro filósofo estoico, Sêneca (cf. ibidem, p.13), quem acabou almejando o progresso da ciência ao valorizar um futuro conhecimento sobre a causa dos eclipses lunares. Mas ele continuava comprometido com a teoria dos ciclos, acreditando que a vida do homem seria periodicamente destruída; e que cada novo período começaria com uma idade do ouro, numa bela e inocente simplicidade.

Já Nisbet (1980, p.13-8) considera, ao contrário de Bury, que o conceito de progresso esteve sempre presente naquela cultura. Hesíodo, "sem se dar conta" de que isso viria a representar a ideia de progresso, reflete sobre a percepção de avanço ao longo do tempo. Seu mito principal é sobre a formação da Terra e as eras de cinco raças de humanos que os deuses criaram: a primeira raça é a dourada, criada por Cronos – predecessor de Zeus –, ignorante das artes, da moralidade, do pacifismo e da felicidade; a segunda era a prateada, que tinha sede de guerra e foi extinta por Zeus; a terceira, de bronze, para além do combate marcial também defendia valores, mas se destruiu sozinha; a quarta raça, dos homens-herói, viveu as guerras de Tebas e Troia, mas respeitava a justiça e, extinta, teve muitos dos seus conduzidos ao Olimpo para viverem eternamente; finalmente a quinta, a dos homens de aço, era a do próprio Hesíodo e vivia em meio a tormentas, injustiças e privações. Embora muitos interpretem essas eras como um ciclo de degeneração, Nisbet as vê como crença na evolução, ainda que com alguns retrocessos. A última raça, a de aço, embora maligna, não possuiria sinais de que seria extinta por Zeus. Em meio às infelicidades momentâneas, tempos melhores viriam com disciplina, trabalho e honestidade.

Esses elementos guardam alguma semelhança com a ética protestante que lastreou muitos séculos depois, segundo Weber, o capitalismo vitorioso. Outro mito fundador da ideia de progresso seria o de Prometeu. Observando a condição deplorável da humanidade, ele entregou o fogo aos homens e capacitou-os ao desenvolvimento e à criação da civilização. Ésquilo trata com detalhes o mito de Prometeu. Atenas, onde o filósofo vivia, era desenvolvida em artes, guerra, literatura e cultura; e teria sido o auge da civilização a partir do recebimento do fogo. Prometeu é condenado por Zeus, por fornecer as condições ao homem para sair de seu estado deplorável. Dá-lhes o fogo e o conhecimento sobre as artes, inspira-lhes a revolta contra a miséria, o que lhes impulsiona rumo ao *progresso*. Nisbet também vê fortes evidências da ideia de progresso na obra de Platão (ibidem, p.27-32), especialmente em *As leis*, quando ele fala do longo período de tempo no qual a vida social se desenvolve até o surgimento da cidade.

Mas houve na Grécia uma corrente filosófica, liderada por Epicuro (ibidem, p.35-6), que afirmava ser a civilização humana o resultado da aplicação da inteligência por longos períodos e não da imposição de forças externas ou de modelos originais. Ele via esse processo marcado por conquistas "tecnológicas" como o descobrimento do fogo, o uso de metais, o desenvolvimento da linguagem, da navegação, das artes, da família e da ordem social. Para Lucrécio (ibidem, p.37-43), essa visão epicurista libertou o homem da escuridão intelectual em direção à luz. Em *Sobre a natureza das coisas*, Lucrécio, de certo modo, antecipa teorias como a da seleção natural de Darwin. Sua paixão era o natural e o racional, por isso recorria a deuses e mitos para buscar explicações – método que aprendeu com seu grande inspirador, Epicuro. Ele descreve com detalhes a evolução dos homens desde que andavam e dormiam sozinhos até aparecerem cabanas, roupas e fogo, passando pela formação dos costumes conjugais e pelo surgimento das famílias; aborda invenções e confortos e, na visão de Nisbet, introduz as primeiras sementes da palavra *progresso* – e da fé nele – em toda a literatura conhecida. Na verdade, desde o último período da história grega – com as conquistas de Alexandre o Grande – surgiu a percepção do mundo como uma totalidade, da raça humana como um todo. É a ideia ecumênica de cidadão do mundo – *Kósmos* significa *juntar* – em oposição a *pólis*. Plutarco (Bury, 2004, p.23) já apontava a conexão entre a política de Alexandre e as lições cosmopolitas de Zeno, que sustentaram o espírito expansionista de Alexandre, assim como o fizeram mais tarde com as teorias imperiais romanas. Bury lembra que o termo mundo (*orbis, terrarum*), mais que um exagero patriótico que os poetas utilizavam para designar o império romano, significava o ideal não realizado desse império. É a ideia de *progresso* surgindo na concepção de interconexão entre povos e contribuindo para um todo civilizacional.

Para Nisbet, o principal representante do pensamento cristão para a ideia de progresso foi Santo Agostinho (Nisbet, 1980, p.47). Fascinado pela natureza, para ele Deus era mais do que o criador do mundo; constituía-se parte do desenvolvimento da natureza. Agostinho desenvolve a ideia globalizadora de unidade na humanidade, uma espécie de *ser* com infância, adolescência e maturidade. Ele divide a história em seis etapas, de Adão até Cristo, apontando os níveis de progresso de cada uma delas. Nisbet acha fundamental abordar a questão do conflito como necessário ao desenvolvimento; essa ideia está obviamente presente em diversos autores do pensamento ocidental, a partir do gregos, passando por Darwin, Hegel e Marx. Bury tinha um ponto de vista oposto a Nisbet sobre a contribuição da teologia cristã. Desenvolvida na Idade Média, especialmente por Agostinho, ela definia que o grande movimento da história visava assegurar a felicidade de uma pequena porção da raça humana em um outro mundo:[3] daqueles que aceitassem e cumprissem as determinações da revelação divina. Não parecia, pois, haver interesse em melhoramentos graduais da sociedade, sendo preferível aguardar pelo dia do Juízo Final.

O pensamento de Agostinho introduziu o que seria o último período da história, que duraria até o poder divino

3 De certo modo, essa visão prevalece hoje nos fundamentalistas evangélicos e nas teorias lévi-straussianas que iluminaram a administração W. Bush.

salvar aquele grupo de pessoas predestinado pela crença na revelação. Para dar uma oportunidade à humanidade, a palavra e a ação de Deus apareceram para resgatar aqueles que cressem na revelação das trevas do inferno. Mas era a crença da Providência divina que preenchia o espaço do futuro. Nessa doutrina, marcada pela ideia do pecado original, não havia espaço para a *ideia de progresso*. Apesar disso, a teologia cristã acabou por construir uma síntese que tentava dar um significado ao curso dos eventos humanos. A abertura de uma brecha para o desenvolvimento da ciência no rígido conservadorismo das doutrinas da Igreja se deu por meio de um frade franciscano memorável, Roger Bacon (Bury, 2004, p.25). Sua obra principal, *Opus majus*, a pretexto de dar satisfação ao papa Clemente IV sobre suas pesquisas, tentou persuadi-lo da utilidade da ciência, usando o curioso argumento de que matemática, astronomia, física e química eram essenciais ao estudo da teologia e das Escrituras.

A maior parte dos historiadores, à exceção de alguns como Jacques Le Goff, trata o período medieval como uma espécie de tempo de trevas e estagnação. Já Nisbet, em seu grande otimismo, acha que essa época introduziu um forte progresso, garantido por duas ferramentas que mudaram a história da humanidade: o machado de aço e o arado. Ele também vê avanços nas artes, arquitetura e astronomia, bem como na concepção de indivíduo. As invenções mecânicas de Roger Bacon no século XIII, assim como seus trabalhos em ótica e física, representaram grande evolução. A célebre frase anônima "Somos anões sobre os ombros de gigantes" é uma metáfora importante para se entender a era medieval. Muitos a atribuem a John de Salisbury. Em vez de ver nela uma prova de que qualidade do pensamento estaria se degenerando através dos tempos, Nisbet enxerga nessa imagem uma capacidade de admiração e respeito pelos clássicos; e a ideia de que se podia ver além do olhar dos antigos pensadores, por se estar assentado sobre o acúmulo de conhecimentos deles.

As nações europeias levaram três séculos para passar da atmosfera mental da Idade Média àquilo que chamamos de modernidade. Maquiavel (Nisbet, 1980, p.66-8) foi um dos principais representantes do pensamento europeu da época. Antecipando uma abordagem de natureza psicológica, ele apostava que a natureza humana – com suas paixões, desejos, fraquezas e vícios – era sempre a mesma, tanto em momentos de prosperidade quanto em momentos de declínio. O florentino entendia a História como cíclica, repleta de altos e baixos. Como os homens são mais inclinados para o mal do que para o bem, na maior parte do tempo são os maus que governam; portanto, há mais baixos que altos. Prova da compreensão cíclica da história é a observação que faz dos Estados:

> *In their normal variations, countries generally go from order to disorder and then from disorder move back to order, because – since Nature does not allow worldly thing to remain fixed – when they come to their utmost perfection and have no further possibility of rising, they must go down. Likewise, when they have gone down and through their defects have reached the lowest depths, they necessarily rise, since they cannot go lower. So always from the good they go down to bad and from bad rise to good.*[4] (apud Nisbet, 1980, p.107)

4 Em suas variações normais, os países geralmente movem-se da ordem para a desordem, e desta voltam para a ordem, porque – uma vez que a Natureza não permite que as coisas do mundo permaneçam estáticas –, quando atingem o máximo de sua perfeição e não têm mais

Além disso, Maquiavel coloca boa parte dos eventos como resultado da sorte, do acaso, da *fortuna*, retirando do engenho e racionalidade humanos o motor da História.

A *ideia de progresso* retornou pouco a pouco na etapa final do Renascimento, especialmente a partir das últimas quadras do século XVII. Jean Bodin (ibidem, p.119-24), ainda com vínculos renascentistas, é tido por Nisbet como o primeiro autor do período a tratar do *progresso*, antecipando o movimento reformista. Bodin entendia que o estudo do passado, e das causas que levaram aos eventos, era fundamental para que se entendesse o presente. Para ele, o homem aprendeu aos poucos sobre a vida em sociedade:

> Homens estavam espalhados como animais nos campos e bosques e tinham somente aquilo que poderiam ter e manter pela força e pelo crime, até que gradualmente eles fossem levados da ferocidade e barbaridade ao refinamento dos costumes e da sociedade amparada pela lei em que nos encontramos. (apud Nisbet, 1980, p.121)[5]

Apesar das precárias evidências, Bodin também tentava encontrar sempre o *progresso* no desenvolvimento da História. Por exemplo, ao comparar a prática que gregos e romanos

---

possibilidades de elevar-se, eles devem necessariamente descer. Da mesma forma, quando tiverem descido e, por seus defeitos, atingirem as maiores profundezas, obrigatoriamente voltam a subir, pois não podem mais descer além do que já foram. Portanto, sempre descem do bom ao ruim, e do ruim sobem de volta ao bom.

5 É interessante lembrar, para contrapor a mais de três séculos de *evolução*, que a invasão norte-americana ao Iraque transcorreu sem nenhum amparo da leis – locais ou internacionais –, legitimada unicamente pela força e pela manipulação de informações, com um grau de barbarismo e ferocidade marcado pela brutal assimetria de meios entre os dois países.

aplicavam aos povos capturados com a prática de sua época, ele lembrava que os clássicos mutilavam os capturados para deleite público, ação impensável em seu tempo. Ele introduziu também a ideia de ciclos – o novo ciclo sempre mais avançado que o anterior –, pois a "Natureza possui incontáveis tesouros de conhecimento que não podem ser exauridos numa era" (apud Nisbet, 1980, p.123).

Para ele o presente era, por definição, melhor que o passado; e o futuro seria melhor que o presente. Bodin publicou seus estudos sobre história quarenta anos depois da morte de Maquiavel; sua visão é de que tudo faz parte de um plano divino que relaciona estreitamente todas as partes. Ainda assim, tentou evitar o fatalismo ao afirmar que os rumos da História dependem também da vontade do homem. Com isso, chegou muito perto das ideias de *progresso* que vigoraram a partir de meados do século XIX. Bodin rejeitava a teoria de degeneração, via certa superioridade nas ciências e nas artes de sua geração sobre a Antiguidade Clássica e estabelecia uma concepção ecumênica parecida com a dos gregos e dos romanos, agora iluminada pelo impacto das grandes navegações. As concepções de progresso também germinavam nessa época nos estudos de Francis Bacon (Nisbet, 1980, p.112-5). Para Bacon, a grande renovação do conhecimento foi visar sua utilidade e a melhoria da vida humana. Em vez de sonhar com o passado, haveria que se acrescentar muito mais conhecimento no futuro. A sabedoria seria irmã do Tempo. Era a época dos primeiros grandes saltos tecnológicos – imprensa, pólvora e bússola –, mudando o estado geral na literatura, na guerra e na navegação. Bacon deixou sugerida a proposta do New Atlantis, um colegiado de cientistas investigadores voltados a novas descobertas que pudessem alterar as condições de vida do ser humano. Nessa direção, surgiram a Royal Society em Londres (1660) e a Academia de Ciências de Paris (1666).

Já Descartes (ibidem, p.115-7) foi o articulador de algumas das mais brilhantes descobertas matemáticas do século XVII, dando inúmeras contribuições ao conhecimento prático. O cartesianismo assentava-se em dois axiomas: a supremacia da razão – que se chocava com o autoritarismo e a tradição – e a invariabilidade das leis da natureza, que colidia frontalmente com a teoria da Providência divina. Para Descartes, as regras para a aquisição do conhecimento eram quatro: nunca aceitar nada como verdade, a não ser que fosse axiomático; dividir toda a complexidade do que se examina nas menores frações possíveis, pois não se pode lidar logo de início com grandes proposições; conduzir o pensamento sempre numa ordem lógica, começando do mais simples e fácil para o mais difícil; e raciocinar rigorosamente, como numa ciência exata, tendo certeza de que nada escapou à lógica empregada.

Faltava, no entanto, uma projeção para o futuro que pudesse estruturar a ideia de progresso como ela acabou se fixando mais tarde. Foi Fontenelle (Bury, 2004, p.109-10) quem assumiu implicitamente a certeza da inexorabilidade do progresso por meio da evolução da ciência e do conhecimento. Para ele "cada ciência desenvolve-se após um certo número de ciências precedentes terem se desenvolvido, e somente então há que esperar seu turno para abrir a concha" (ibidem, p.110). Mas foi a popularização da ciência, um dos ícones daquele século, que marcou o sucesso definitivo de uma doutrina geral de progresso. O avanço da astronomia – com a perda do privilégio cósmico da Terra – e a necessidade de admitir que podemos não estar sós no universo tiveram uma profunda influência no pensamento humano.

O destino universal do homem, defendido pela Igreja, sofreu forte abalo; restava-nos, perdidos na imensidão do universo, encontrar uma teoria menos grandiosa para iluminar nosso futuro de habitantes desse pequeno planeta.

Os puritanos do século XVII já haviam promovido uma verdadeira revolução nas artes e ciências, tendo como base a fé religiosa de que o progresso melhoraria a vida. Vem daí, segundo Weber (Nisbet, 1980, p.125), o surgimento do espírito capitalista. Acreditavam num milênio glorioso, com a volta final de Cristo. Viam no progresso um meio de apressar essa era dourada; interpretando a Bíblia, achavam no conhecimento, que se espalharia por toda a Terra. Portanto, fé e conhecimento eram inextricavelmente ligados para pessoas como Isaac Newton (ibidem, p.125), para quem, além de tudo, a ciência era uma maneira de se conhecer a Deus. Mas os puritanos tinham em mente que, antes da glória final, haveria um cataclismo social, um período de destruição para a criação de uma vida melhor. A ideia era de constante avanço, ainda que com tropeços e retrocessos.

Leibniz (ibidem, p.156-9), criador do cálculo infinitesimal e da lógica simbólica, foi depois muito citado por Comte, Marx e Darwin. Doutor em direito, diplomata e conselheiro político do rei da Prússia, Leibniz acreditava que a Providência divina era fundamental às questões relacionadas ao *progresso*; embora o mal existisse, ele achava que

> [...] cada coisa tem sua função no universo. Já que foi Deus quem decidiu essa necessidade, esse é o melhor universo possível [...]. Para perceber em sua complementaridade a beleza universal e a perfeição do trabalho de Deus, nós devemos reconhecer um certo perpétuo e livre progresso de todo universo, pois ele está sempre indo em frente, rumo à perfeição. (Nisbet, 1980, p.157)

ainda que "o fim do progresso nunca seja alcançado". Identifica-se aqui, já com certa clareza, a futura percepção freudiana de que o homem constrói mentalmente realidades sem as quais ficaria impossível suportar sua solidão e seu desamparo. Imaginar um mundo movido pelo acaso, sem Deus ou sem uma direção inexorável de progresso, ainda que no futuro remoto, seria insuportável à finitude humana.[6] Já Vico (Nisbet, 1980, p.160-7), em pleno século XVIII, apesar de extremamente ligado à ideia de Providência, deu importante contribuição à ideia de progresso nas reflexões a respeito do método e dos sistemas de pensamento. Ele concebia a ciência como relativamente autossuficiente para explicar os caminhos da evolução.

Os séculos XVIII e XIX: dos enciclopedistas à riqueza das nações

Foram intensas as disputas ocorridas nos séculos XVIII e XIX sobre se a ciência, a literatura e a filosofia dos modernos teria sido, de fato, uma evolução sobre o conhecimento dos gregos e dos romanos. William Wotton (ibidem, p.151) argumentou que um certo consenso foi atingido em relação à ciência, fundamentalmente por causa de seu caráter cumulativo. Já na literatura e na filosofia a disputa foi muito mais acirrada. Nisbet lembra vários intelectuais e obras que, à época, dedicaram-se exclusivamente a esse debate. A partir desse momento, a discussão sobre a *ideia de progresso* passa a ser feita de maneira mais aberta.

6 Voltaremos a esse tema no final deste capítulo.

Com o aumento da influência do racionalismo, o avanço intelectual foi assimilado ao progresso geral do homem. Alcançar a felicidade dependeria de superar a ignorância e aumentar o conhecimento. Nos círculos eruditos franceses, e nos seus salões, essas ideias circularam intensamente durante o século XVIII. O Abade de Saint-Pierre (Bury, 2004, p.129-43) era um de seus divulgadores. Em seu *Projeto para aperfeiçoar o governo dos Estados* (1773) a era de ferro tinha sido a primeira infância da sociedade entre os selvagens da América e África; depois viria a de bronze, com algumas leis e o início das artes; em seguida a de prata: a Europa estaria situada nesse momento. A era de outro estaria se aproximando, então, com a possibilidade de a civilização poder evitar a guerra. Ele antecipou o humanismo dos enciclopedistas, que fizeram definitivamente do homem o centro de suas preocupações. Voltaire e Montesquieu também deram intensas contribuições à teoria do progresso. Voltaire (ibidem, p.149-53), lidando com questões que mais tarde estruturaram o corpo conceitual da filosofia da história, tinha um otimismo temperado de cinismo. Ele se preocupava com o encadeamento causal dos eventos e com as motivações imediatas dos homens; os acontecimentos que não eram guiados pela razão humana o seriam pelo acaso. Já Montesquieu (ibidem, p.145-8) investigava as grandes causas gerais e preocupava-se em como os problemas da sociedade poderiam ser controlados pela lei. Turgot (ibidem, p.153-8), digerindo as ideias de Montesquieu, estruturou sua grandiosa *História universal*. Ele constrói uma mútua interação entre todos os fenômenos sociais como religião, ciência, artes, governo e moral, encadeando-os com o progresso. Ao passo que a revolução do conhecimento de Fontenelle e Voltaire era destinada a uma pequena elite, mais tarde Rousseau apontaria os contrastes entre o luxo e a opulência da corte e a miséria das massas de camponeses, levantando a bandeira da igualdade como alternativa à degradação. É a questão social entrando em cena mais diretamente na discussão sobre o *conceito de progresso.*

Para Nisbet, da segunda metade do século XVIII ao final do século XIX, a *ideia de progresso* foi dominante no Ocidente. Mas em paralelo a ela foram surgindo com peso outros conceitos como igualdade, justiça social e soberania popular. Os pensadores deixavam de lado a influência de Deus e abriam espaço para que o progresso se realizasse por meio da ação humana. Se na era de Agostinho entendia-se a "Providência como progresso" e, entre os puritanos reformistas, entendia-se o "progresso como Providência", para autores como Marx o progresso poderia ser explicado pelo engenho humano. É verdade que Comte e Spencer ainda atribuíam papéis a Deus. Mas, no geral, a ciência havia se dissociado de Deus. A partir daí, os termos evolução, desenvolvimento e progresso passaram a ter o mesmo sentido, sempre muito associados à evolução tecnológica. Mais uma vez é curioso notar que, em pleno início de século XXI, voltam a se propagar com intensidade ideias ultraconservadoras no coração da potência hegemônica planetária, negando ideias consagradas pela ciência como a evolução darwiniana das espécies, substituindo-as por imagens religiosas arcaicas referentes à origem do homem.

No século XVIII, o Iluminismo desafiou a posição teológica de que o céu estava longe da terra. A Revolução Industrial parecia tornar possível o paraíso, e sua imagem era confundida com a das capitais europeias se transformando em brilhantes espetáculos, especialmente no fulgor da Paris de mercadorias e arcadas monumentais, ambas transformadas em fetiche (Buck-Morss, 2002, p.112). Mas progresso também foi nessa fase, muitas vezes, associado a crescimento econômico. Voltaire, por exemplo, gostava de dizer que comércio, liberdade e progresso eram inseparáveis. Com a ideia de liberdade também já consagrada entre os pensadores dessa época, a crença era que o progresso conduziria necessariamente à liberdade: mais livres as pessoas, mais progresso haveria.

Na França, o abade Morellet (Bury, 2004, p.192) dizia que a história das sociedades representava uma contínua alternância entre luz e escuridão, razão e extravagância, humanidade e barbarismo, embora acreditasse na tendência de uma melhora gradativa nas sucessivas gerações. A *utopia do progresso* estava sendo construída aos poucos, mas com resistências. Quando Sébastien Mercier (ibidem, p.193-8) escreveu, em 1770, *L'an 2440*, sua obra foi imediatamente proibida na França. Ele tomava como referência a frase de Leibniz: "O presente está grávido do futuro" (apud Bury, 2004, p.194). Visto assim o futuro seria, pois, uma inevitável consequência da marcha da história. Turgot – considerado o filósofo do progresso – uniu com mais precisão progresso e liberdade. Um discurso seu marca a ideia "moderna" de progresso ao afirmar que "o curso geral do avanço da humanidade" é marcado por "uma corrente de causas e efeitos que unem o estado atual do mundo com tudo o que ocorreu antes" (Nisbet, 1980, p.180). Nesse avanço, por meio de "interesse próprio, ambição e vanglória", as maneiras são "refinadas, a mente humana iluminada, nações isoladas são juntadas; laços políticos e econômicos finalmente unem toda parte do globo" (Nisbet, 1980, p.180). Mesmo com dificuldades, a humanidade caminhava "vagarosamente, rumo à perfeição". A grande obra de Turgot é a *História universal*, inspirada pelo *Discurso sobre a história universal* de Bossuet; no entanto, ao contrário dele, Turgot não utiliza épocas marcadas por eventos religiosos, mas sim pelos avanços da humanidade, como o domínio da agricultura. Para Turgot, que vivia nos tempos em que a classe burguesa era revolucionária, a liberdade é um estímulo à criatividade e ao progresso, enquanto "o despotismo perpetua a ignorância, e a ignorância perpetua o despotismo" (Nisbet, 1980, p.182). Outra inovação sua foi atribuir ao nível de cultura das civilizações a medida do seu estágio de avanço. Isso ia contra o pensamento de Montesquieu (ibidem, p. 183), por exemplo, que afirmava ser a geografia a explicação determinante para o grau de "civilização" dos povos. Turgot antecipou-se a Adam Smith quanto à necessidade de livre-iniciativa e de liberdade individual para o funcionamento mais eficaz de um sistema econômico; e a Marx, quanto à ideia de progresso de sistemas econômicos.

Os pensadores franceses tiveram grande influência sobre as ideias contestadoras da burguesia ascendente nas últimas décadas do século XVIII; e os governos tentaram proibir a divulgação de suas ideias, consideradas perigosas aos tronos e aos altares. As instituições começaram a balançar, preparando a Revolução de 1789. Certamente, o exemplo norte-americano também foi muito importante. Inicialmente os teóricos pensavam em reformas, mas o estímulo da Declaração dos Direitos de 1774 e a vitória das colônias acabaram levando a uma convulsão. O otimismo dos enciclopedistas somou-se às ideias de soberania popular de Rousseau. As teorias de igualdade deixaram de ser especulação, mais uma vez mirando na democracia igualitária que fundava a Constituição Americana. Bury nos lembra que, no primeiro período, a Revolução estava tomada por um entusiasmo ingênuo de que poderia ser possível, virando a política e o poder de ponta-cabeça, inaugurar-se um reino de justiça e felicidade. Sustentado com a crença do *progresso*, esse movimento acabou ignorando o poder da memória social e das tradições. A ilusão da grande mudança acabou se transformando com terror, mas persistiram as esperanças de que mudanças radicais seriam possíveis.

Condorcet (Bury, 2004, p.206-16), um jovem enciclopedista, passou os últimos meses de sua vida esperando pela guilhotina e pensando na História do progresso humano. Ele escreveu uma biografia sobre Turgot e apaixonou-se pela *teoria do progresso*. Em seu trabalho "Esboço de um retrato histórico do progresso da mente humana", Condorcet não só apostava no progresso, como também identificava seu rumo em detalhes, dividindo a História em dez períodos de evolução, que corresponderiam a etapas de conhecimento. Os três primeiros passam pelas sociedades primitivas, a era pastoral e agrícola, e chegam à invenção do alfabeto escrito na Grécia antiga. O quarto é a História grega e as ciências na época de Aristóteles. No quinto, o progresso sofre avanços e recuos sob as leis romanas; e, no sexto, enfrenta o obscurantismo das cruzadas. O sétimo preparou o mundo para o oitavo: a invenção da imprensa. Finalmente, Descartes fez a revolução científica do nono período, que teria conduzido ao último: a república francesa. Começando pela selvageria primitiva, Condorcet achava que se havia chegado ao último estágio, livre da superstição e marcado por enormes avanços das ciências e das artes. A décima etapa, especulativa, referia-se ao mundo pós-Revolução Francesa, onde a liberdade individual triunfaria.

O progresso humano rumaria para o aperfeiçoamento das condições de vida, no qual a liberdade do indivíduo era fundamental. Para ele, "a natureza não determinou um período para a perfeição das capacidades humanas, pois o aperfeiçoamento do homem é realmente indefinido". O *progresso*

> nunca será revertido enquanto a Terra ocupar esse lugar no vasto sistema do universo, enquanto as leis gerais desse sistema não produzirem um cataclismo geral ou depravação das capacidades e dos recursos necessários à raça humana. (Bury, 2004, p.211)

Condorcet acreditava que o progresso resolveria também questões relativas à igualdade e à liberdade. Em seu otimismo, via na educação a peça-chave para a solução dos problemas que surgiriam da própria evolução. Ele era discípulo, amigo e biógrafo de Turgot e deu asas às ideias de seu mestre; mas Turgot escrevia com o espírito calmo do pesquisador e não acreditava na necessidade de mudanças violentas, ao passo que Condorcet falava com o estilo de um profeta. Para ele, o sol ainda brilharia "numa terra de homens livres [...] onde tiranos e escravos, padres e suas estúpidas e hipócritas ferramentas teriam desaparecido" (Bury, 2004, p.208). Condorcet fez a ligação entre o progresso do conhecimento e a ideia de progresso social, avançando para melhorar as massas enquanto raça humana. Mas, para Bury, ele ignorou que esse progresso dependeria sempre das instituições e da tradição que dão estabilidade às sociedades. Sua limitação foi ter concebido um homem abstraído do seu contexto social, exercitando sua razão no vazio.

Em meados do século XVII, o novo mundo em construção na América do Norte tomava as mentes dos intelectuais. Especulava-se, então, sobre as possibilidades de sucesso daquela aventura. Do lado norte-americano, esse debate foi notadamente respondido por Franklin, Adams, Jefferson, Benjamin Rush e Paine (Nisbet, 1980, p.193-206). Eles afirmavam que o continente, especialmente o futuro território dos EUA, tinha todas as condições demográficas e naturais para o sucesso; e acreditavam na vanguarda norte-americana.

Os fundadores do país sempre tinham sido muito ligados ao puritanismo. Acreditavam no milênio dourado e numa missão que teria sido delegada a eles por Deus: libertar o mundo e tirá-lo da ignorância. Ligados à ideia de "progresso-como--Providência", viam em cada avanço que obtinham a prova de que seu trabalho era expressão do plano divino. Muitos intelectuais dedicaram-se ao tema, entre eles John Adams, que tinha grande fé no futuro das instituições políticas dos EUA. Outro deles, Benjamin Franklin, escreveu a um amigo:

> Tanto tenho me impressionado com [...] o crescimento da felicidade da humanidade, dos avanços da filosofia, moral, política e, até mesmo, [...] com a aquisição e invenção de novos instrumentos e utensílios que, às vezes, desejei ter sido meu destino nascer dois ou três séculos mais tarde. (Nisbet, 1980, p.200)

Mas, sem dúvida, a grande obra produzida na Inglaterra a respeito de questões sociais e do desenvolvimento humano, no século XVIII, foi *A riqueza das nações*, de Adam Smith (ibidem, p.187-93). Ele elegeu a ideia de liberdade econômica individual ou "liberdade natural" como motor de um sistema econômico eficiente para levar ao "progresso da opulência". A metáfora da "mão invisível" do mercado garantia que ele funcionaria melhor com menor interferência do Estado. No entanto, o fundamental em Smith foi a exigência do "esforço natural de cada indivíduo para melhorar sua condição". Ele analisou a História gradual do progresso econômico da sociedade humana e explorou o conceito de bem-estar, enfrentando o valor da riqueza para a civilização e da felicidade para o ser humano. Para Smith, o livre-comércio entre povos e nações seria de grande vantagem para todos e um elemento essencial de sua *ideia de progresso*.

Outra importante contribuição dos progressistas ingleses – aproveitando os ventos da Revolução Francesa e driblando a censura imposta pelo governo – foi o trabalho de Willian Goldwin (ibidem, p.212-6), *Justiça política* (1793). Sua tese defendia a ideia de que as instituições sociais eram intrinsecamente perversas, perpetuavam injustiças e entravavam o desenvolvimento. Ele atacava a monarquia e pregava a abolição dos governos. Embora reconhecesse certos progressos do passado, achava a História uma sequência de horrores. Goldwin e Rousseau são os campeões do século XVIII na defesa das massas oprimidas e sofridas. Mas Goldwin foi além, denunciando o governo como fonte de corrupção e pregando que esse "demônio" desaparecesse, junto com a autoridade política e social; só então a humanidade poderia ser feliz. Um pouco depois, quase na virada para o século XIX, aparece Malthus (ibidem, p.216-20) com seu famoso *Ensaio sobre o princípio da população*, apresentado ainda de forma anônima, em 1798. Como sabemos, ele afirmava que a população mundial dobraria em 25 anos, mas os recursos para produzir alimentos cresceriam muito menos, criando uma situação insolúvel que geraria grave fome sistêmica em cinquenta anos. Essas teses alarmantes e pessimistas de Goldwin e Malthus tiveram grande impacto na sociedade da época. As condições para o surgimento das ideias socialistas estavam germinando.

A palavra *socialista* surgiu simultaneamente na Inglaterra e na França. Entre os ingleses, foi em artigo de um periódico editado por H. Hetherington, em 1883. No ano seguinte, *socialismo* apareceu em oposição a *individualismo* em artigo de P. Leroux para a *Revue Encyclopédique*. A partir daí, a *ideia de progresso* foi associada ao conceito de socialismo. Sua primeira fase, chamada de utópica, surgiu com Saint-Simon na França e Robert Owen na Inglaterra. Se as instituições haviam sido responsáveis por criar o vício e a miséria, caberia mudá-las para que abolissem os monstros que criaram. Firmavam-se, portanto, duas linhas gerais sobre os conceitos de progresso. A primeira, que se baseava nas doutrinas políticas do liberalismo, dizia que a liberdade individual era a chave e a força motivadora para a evolução e o progresso das sociedades; a segunda – com os socialistas e idealistas – afirmava que o desenvolvimento do homem seria um sistema em que a autoridade de um novo Estado era fundamental, visão não compartilhada pelos anarquistas.

Do lado alemão, a gênese das *teorias do progresso* iniciou com Leibniz – e sua teoria sobre o otimismo cósmico – para afirmarem-se definitivamente em Kant (Nisbet, 1980, p.220-3). Leibniz é exceção entre os pensadores alemães de sua época, para os quais o pensamento dominante relacionava-se sempre com aspectos supraindividuais. Para ele, o propósito do progresso é a viabilização da liberdade individual, por meio da política:

> A história da humanidade, vista como um todo, pode ser entendida como a realização de um plano secreto da natureza para trazer ao mundo a constituição política [...], o único estado no qual todas as capacidades implantadas por ela (natureza) na mente humana podem se desenvolver completamente. (Nisbet, 1980, p. 222)

Não que Kant acreditasse na futura perfeição, como Condorcet, mas apostava no contínuo avanço da humanidade:

> Eu irei arriscar admitir que a raça humana esteja continuamente avançando na civilização e cultura como um propósito natural;

> consequentemente, está fazendo contínuo progresso para uma melhor relação com a moral e sua existência. É progresso; embora possa ser interrompido algumas vezes, nunca será completamente parado. (Nisbet, 1980, p.223)

Kant considerava o progresso algo provável, embora seu maior obstáculo fossem as guerras e suas graves consequências. Portanto, tudo devia ser feito para aboli-las; daí seu clássico *A paz perpétua*. Kant apropriou-se da teoria do progresso, da ideia de reforma universal e da doutrina política da igualdade e as pôs a serviço de sua teoria metafísica da ética. A ele seguiu Fichte (ibidem, p.272-6), em cuja principal obra – datada dos primeiros anos do século XIX – acentuou que o universo tenderia à plena realização da liberdade, seu fim e objetivo. Ele construiu cinco períodos históricos e humanizou a moral, rejeitando completamente a concepção individualista de Kant. No entanto, foi em Hegel (ibidem, p.276-86) que a história passou a ser identificada plenamente com a política e o desenvolvimento do Estado. Arte, religião, filosofia e as criações do homem social pertenceriam a um estágio superior do Espírito. Ele ignorou a História primitiva e definiu o começo de tudo na civilização chinesa, que chamou de "infância"; depois viria o período da "juventude", na Grécia; a "idade adulta" com Roma; ao mundo germânico, que inclui a idade medieval e modernidade europeia, chamou de "período final". O progresso já desempenhara seu papel, e a monarquia prussiana seria, para Hegel, a última etapa da História; tão boa quanto podia ser.

O fracasso da Revolução Francesa permitiu a reabilitação do catolicismo e de valores do classicismo. Chateaubriand (Bury, 2004, p.263-5), um pensador de grande talento, em *Gênio do cristianismo* (1802) declarou guerra ao espírito do século XVIII, que tinha tratado o cristianismo como um sistema bárbaro, cuja queda seria indispensável ao progresso. Com uma alma artista, ele tentava provar ser o cristianismo mais valioso por sua beleza que por sua verdade. Victor Hugo (ibidem, p.264), em seu prefácio do *Cromwell* (1827), deixou ainda mais claro do que Chateaubriand – contrastando a arte moderna com a antiga – que a Antiguidade Clássica teria sido o tempo da virilidade; diante dela, sua época era mera espectadora. Enquanto isso, a filosofia de Vico (*Scienza nuova*, 1832) era traduzida pela primeira vez na França por Michelet; voltava-se assim no espírito do refluxo, adaptando-se a teoria do progresso a um movimento em espiral, mais ou menos como na época de gregos e romanos. Agora, no entanto, tratava-se de uma espécie de espiral ascendente, onde cada novo retorno se daria num patamar mais alto que o anterior, trazendo a humanidade de volta para um ponto sempre mais elevado.

A Igreja Católica da Idade Média havia oferecido o exemplo de uma grande organização social baseada em uma doutrina geral de natureza religiosa. Agora era necessária uma doutrina geral científica. O poder espiritual passou a ser dos sábios e não mais dos religiosos; os cientistas seriam os novos religiosos e dirigiriam o progresso da ciência e da educação pública. Cada membro da comunidade deveria ter papel e obrigações definidas, e os novos caminhos seriam conquistados por uma mudança gradual, não mais uma revolução. Nessa etapa, foi Auguste Comte (ibidem, p.290-306) quem deu a colaboração mais decisiva à ideia de progresso como grande farol do caminho humano, criando uma lei que pertencia exclusivamente a uma "nova" ciência. Comte pretendia lançar as bases de uma nova sociedade baseada no positivismo, usando para tanto até a força – se necessário fosse. O lema para o desenvolvimento dessa sociedade seria "Ordem e Progresso"; e o problema mais importante era a determinação de suas leis.

Com apenas 22 anos, Comte publicou o *Plano para as operações científicas necessárias para a reorganização da sociedade* (1822), no qual esboçava sua filosofia positivista e a *lei dos três estágios*. Todos os principais conceitos e avanços da humanidade passariam por três etapas: a teológica, em que a mente inventa; a metafísica, em que ela abstrai; e a científica, em que ela se submete aos fatos positivos. A prova incontestável do terceiro estágio seria o reconhecimento da invariabilidade das leis naturais. Mas como explicar a História do homem como consequência de eventos históricos? Para ele, a História era governada por ideias; e todo o mecanismo social era baseado em opiniões. O estudo do fenômeno físico já teria atingido o estágio positivo, mas o fenômeno social permanecia no segundo estágio, e era imperioso passá-lo ao terceiro. Outro princípio da teoria de Comte era o do consenso ou solidariedade, que asseguraria a harmonia e a ordem do desenvolvimento. O movimento através das três etapas não estaria sempre alinhado, mas oscilando de maneira desigual em razão da raça, do clima e da ação política deliberada; esses fatores aceleravam ou retardavam esse movimento; nunca, entretanto, poderiam inverter sua ordem ou mudar sua natureza.

No entanto, para Nisbet (1980, p.229-36), foi Spencer quem mais perfeitamente uniu a ideia de progresso ao individualismo liberal no final do século XIX. Seu pensamento era baseado na ideia de um processo que partia de um estado homogêneo para um heterogêneo. No campo social, isso significa dizer que o progresso parte de uma sociedade monolítica, estática e repressiva, para uma organização social mais diversificada, plural e individualista. Em outras palavras, toda forma de autoritarismo, seja do Estado, seja da Igreja, estaria destinada ao desaparecimento. Sua síntese é: "Meu objetivo é a liberdade de cada um, limitada somente pela liberdade de todos" (Nisbet, 1980, p.230). Spencer também era um crítico do Estado e do governo. Entendia-os como formas artificiais de coerção, como uma persistência do uso primitivo e selvagem da força, ainda que o Estado fosse fruto do progresso natural das coisas.

Já o pensamento original de Rousseau (ibidem, p.240-5) foi essencial à humanização do *progresso*. Pensando o homem a partir do estado de natureza, Rousseau afirma que ele tinha sido feliz, mas seria impossível voltar à vida anterior. Isso ocorreria porque "a faculdade de autoevolução que, por força das circunstâncias, gradualmente desenvolve o resto de nossas faculdades, é inerente às espécies e aos indivíduos" (Nisbet, 1980, p.243). Ou seja, uma volta seria uma regressão, algo contrário à natureza humana. Mas, para Rousseau, à medida que o homem evoluiu e acumulou propriedade, houve crescente insegurança e surgiu a exigência da criação do Estado, que acabou assumindo feições tirânicas.

> Essa pode muito bem ter sido a origem da sociedade e da lei, que colocou novos grilhões nos pobres e deu novos poderes aos ricos; esses poderes destruíram a liberdade natural, fixaram eternamente a lei da propriedade e desigualdade, converteram a usurpação em direito inalterável e, para a ambição de poucos indivíduos, sujeitaram a humanidade à escravidão e trabalho perpétuos. (Nisbet, 1980, p.244-5)

Para acabar com a tirania, Rousseau propunha desenvolver uma forma de governo com instituições apropriadas para colocar o homem novamente na trilha do progresso benéfico. Essa seria a função de um governo que se ancorasse no princípio da vontade geral. Investido no poder desse novo tipo de governo, o homem poderia restabelecer liberdade e igualdade.

Mas o que consolidou, de fato, a ideia contemporânea de progresso foi a revolução provocada por Darwin com sua *A origem das espécies*, publicada após muita hesitação, em 1859. Galileu já havia abalado definitivamente a ideia narcisista e onipotente da Terra e do homem como centros do universo. Agora, mais uma degradação: o homem não seria mais uma criação original de Deus, mas teria evoluído do macaco; e só prometia um eventual futuro melhor por meio da evolução. A partir daí, e até um pouco antes do início da Segunda Guerra Mundial, o mundo produziu uma vasta literatura em ciência social em que o *progresso* era sempre suposto com axioma. Mas, para aqueles que adotaram essa crença, a "lei" central que os regeria continuava um mistério, ainda que se a associasse ao crescimento da ciência moderna e do racionalismo, bem como à liberdade política e religiosa.

Sobre as vinculações entre progresso e poder, foi na Alemanha que elas se desenvolveram com mais latitude. Isso resultou numa concepção de Estado-nação com grande concentração de poderes, que deveria ser o principal agente incentivador e fornecedor de condições para o progresso. Johann Gottfried von Herder (ibidem, p.269-72) acreditava no avanço da humanidade ao longo do tempo, especialmente por meio da educação. Era contra qualquer tipo de constrangimento ao desenvolvimento individual, entre eles o Estado despótico. Mas a nação era a coletividade na qual a ideia de progresso encontrava seu campo mais fértil. Por meio da dedicação à nação, os homens estariam dispostos a avançar nos campos do conhecimento, fazendo a humanidade progredir como um todo. Já Johann Gottlieb Fitche, no início de sua carreira, era um individualista kantiano. Mas, aos poucos, tornou-se um apóstolo da coletividade, especificamente da *nação alemã*. Para ele, os alemães representavam a vanguarda do progresso humano, e o Estado-nação a potencializaria, contribuindo para o progresso desse povo. O progresso agora perdia parte de sua dimensão universal; passava-se a trabalhar com algumas coletividades que estariam na vanguarda. Esse era o caso do Estado-nação alemão, para o qual os cidadãos deveriam ter devoção; e, em troca, esperar por proteção e impulsos para o seu desenvolvimento.

Essa ideia de progresso, como vimos, permeou a quase totalidade da obra de Hegel (ibidem, p.276-86), estruturada sobre a dialética. Hegel afirmava o conceito de Estado-nação, especialmente pela ideia de um Estado germânico absolutista, como vanguarda da humanidade. O Estado tinha o dever de garantir as condições para que os homens se desenvolvessem, conscientes de sua participação na obra maior do Estado. Nesse sentido, afirmava que

> O poder estatal é [...] um ganho de todos [...] onde os indivíduos encontram sua natureza essencial expressada, e onde sua existência particular é a consciência de sua própria universalidade [...], é a base absoluta para todas as suas ações. (Nisbet, 1980, p.281)

Hegel, que era capaz de justificar a guerra por razões étnicas e progressistas, foi um dos que melhor trabalharam o tema do "progresso-como-poder". Finalmente, no final do século XIX, Karl Marx também acreditou profundamente no progresso histórico e inexorável da humanidade. O estágio último seria o fim da burguesia e o advento do comunismo.

Porém, com a história marcada pela luta de classes, seria necessário o emprego do poder até que se instaurasse o comunismo, por meio da ditadura do proletariado.

O sentido da História em crise: do socialismo real ao capitalismo global

Sintomas de descrença do ambiente intelectual em torno da ideia de progresso já haviam aparecido durante o século XIX, por influência – entre outros – de Tocqueville, Buckhardt, Schopenhauer, Nietzsche e Weber. Apesar de Tocqueville parecer um otimista quanto ao futuro da democracia, ele apontava para o risco da tirania da maioria – que poderia ser resolvido com instituições sólidas – e para a equalização da sociedade, que se arriscaria à homogeneização das pessoas, arruinando a civilização ocidental ao eliminar as particularidades dos indivíduos. Visão semelhante teve Ortega y Gasset, já no século XX, ao temer a mediocridade das massas emergindo para a cena principal da História. Buckhardt via sinais de degradação no militarismo crescente. As novas tiranias estariam nas mãos de comandantes militares que se denominariam republicanos, dizia ele. Schopenhauer, por sua vez, voltava ao modelo da história das nações como cíclica, indo e voltando do sucesso ao fracasso. Nietzsche entendia que a Europa iluminista era pior que a do Renascimento e continuaria se degradando. E, finalmente, Weber denunciava a burocratização como um vetor para a eliminação da criatividade.

Com o tempo, o número de intelectuais partilhando dessas ideias ampliou-se. É certo que houve motivos para tanto, notadamente em razão das duas guerras mundiais, tão atreladas à ideia de progresso. O entusiasmo com que a juventude e as lideranças europeias – não poupando sequer importantes próceres comunistas e socialistas – se entregaram à Primeira Guerra Mundial, como se se tratasse de um exercício de purificação civilizatória, foi sintomático de um profundo desarranjo nos padrões intelectuais durante o final do século XX. Finalmente, a escalada nazista e a "solução final" acabaram sendo liquidadas com dois brutais ataques nucleares considerados, por muitos, desnecessários e cruéis. Tudo isso deu o tom de pessimismo às ideias de progresso que até então vigoravam. O fato é que, a partir daí, passou-se a criticar, de modo geral, a divisão do trabalho, a quebra de instituições, o militarismo, o culto à tecnologia e o esquecimento da moral. O livro de Huxley, *Admirável mundo novo*, ilustra essas críticas.

A ideia de progresso, herdada do século anterior, persistiu pelo menos até o primeiro quarto do século XX; mas foi quase abandonada no período das duas guerras mundiais e, depois, fundida com o Estado-nação, gerando um vetor de forças que levou ao conflito seguinte. Hayek chegou a afirmar que

> a confiança implícita no benefício do progresso, que nos últimos dois séculos marcou o avanço do pensamento, tem sido tratada como um sinal de mente "rasa". Apesar de a grande massa da população, na maior parte do mundo, ainda ter esperança no contínuo progresso, é comum entre intelectuais questionar-se se existe tal coisa ou, pelo menos, se o progresso é desejável. (Nisbet, 1980, p.299)

Mas, ainda assim, ele ressalvava que a preservação do tipo de civilização que conhecemos depende da operação de forças que, sob condições favoráveis, produzem progresso.

Entre os comunistas do *socialismo real* – implantado finalmente como experiência histórica na URSS, nos países do Leste Europeu e na China – a ideia do progresso inevitável consolidou-se por outra vertente. Ela incorporava a visão marxista do inexorável caminho do mundo para uma sociedade sem classes. A progressiva revelação do aparato ditatorial e repressor do regime de Stálin encarregou-se de introduzir as decepções que primeiro relativizaram e, depois, destruíram o que muitos esperavam ser a prova definitiva do determinismo do progresso. Já a reação predominante nas esquerdas social-democratas diante do protagonismo da técnica foi inicialmente otimista, tentando tranquilizar quanto ao risco da desumanização e robotização do homem. O mito alimentado foi de uma sociedade futura do lazer puro e intelectual, onde se poderia receber sem trabalhar, numa espécie de Terra Prometida baseada no progresso técnico. O domínio da racionalidade científica e técnica conduziria o homem à liberdade e ao bem-estar. Essa interpretação falhou ao conceber que as relações entre o homem e a máquina se estabeleceriam democraticamente, com os homens decidindo o uso que fariam dos novos recursos técnicos, para além dos interesses econômicos do capital.

Mas, entre as vertentes críticas dentro do próprio pensamento marxista, a mais original, quando se trata de reflexão sobre o conceito de progresso, são as teses de Walter Benjamin (Löwy, 2005a) em *Sobre o conceito de História*. Esse trabalho, de extrema riqueza imaginativa e conceitual, mais parece um desvio para uma rota desconhecida, um manifesto para a *abertura da história* sem nenhuma ilusão sobre graus excessivos de liberdade absoluta, mas pleno de novas possibilidades. Ele inicia abandonando os trechos da obra de Marx e Engels que atrelavam o progresso inexorável às "leis da história" e à "fatalidade natural". A partir daí, elabora um marxismo novo, herético e messiânico, um *marxismo da imprevisibilidade*: se a história é aberta, se o "novo" é possível, é porque o futuro não é o resultado inevitável de uma evolução histórica dada, não é produto de leis "naturais" da transformação social; e não é fruto inevitável do progresso econômico, técnico e científico.

Walter Benjamin foi um crítico revolucionário da filosofia do progresso e um adversário marxista do "progressismo"; ou seja, um desconstrutor do discurso do progresso. Michael Löwy vê seus ensaios sobre a História bebendo no romantismo alemão, no messianismo judaico e no marxismo; são uma crítica cultural à civilização capitalista, denunciando a quantificação e a mecanização da vida, a reificação das relações sociais, a dissolução da comunidade e o desencantamento do mundo.

Benjamin realiza o ataque à ideologia do progresso em nome da revolução. As verdadeiras questões que se impõem para a sociedade não são problemas técnico-científicos, mas questões metafísicas de Platão e de Espinosa, dos românticos e de Nietzsche. A vida da humanidade é um processo de *realização* e não um caminhar rumo ao tempo infinitamente *vazio*, característico da ideologia moderna do progresso; isso já basta para distinguir Benjamin radicalmente do marxismo "oficial" dominante na sua época. Ele não concebe a revolução como o resultado natural ou inevitável do progresso econômico e técnico ou da contradição entre forças e relações de produção; pelo contrário, prega a interrupção de uma evolução histórica que levaria à catástrofe. Sua preocupação é com as ameaças que o progresso técnico e econômico, promovido pelo capitalismo, faz sobre a humanidade.

Para Benjamin, o *otimismo* dos partidos burgueses e da social-democracia é apenas um "poema de primavera de má qualidade". Contra esse "otimismo de diletantes" ele opõe um pessimismo ativo, organizado, prático; prega que acionemos um freio de emergência, voltado para impedir a todo custo o advento do desastre. Único dos pensadores marxistas que antecipou com premonição as catástrofes que ameaçavam a Europa e a civilização industrial-burguesa na sua época do entreguerras, ele atacou o "marxismo social-democrata", mistura de positivismo, evolucionismo darwiniano e culto ao progresso científico, que acabou alimentando, sobretudo, a técnica da guerra. E afastou-se cada vez mais do marxismo oficial de Stálin, embora guardasse admiração por Trotski.

O ensaio *Sobre o conceito de História* foi salvo pouco antes de sua tentativa de fuga tardia e fracassada, seguida de suicídio, após intensos alertas dos amigos que já haviam abandonado Paris. Ele conseguiu enviar o manuscrito a Adorno, nos EUA, aparentemente por meio de Hannah Arendt. A dimensão universal das proposições de Benjamin reside na sua capacidade de compreender a História "do ponto de vista dos vencidos" e dos oprimidos em geral, os párias – no sentido de Arendt – de todas as épocas e de todos os continentes. Segue um resumo comentado de algumas das teses desse ensaio, as mais diretamente envolvidas na temática de que tratamos aqui, essencialmente extraído de Michael Löwy.

TESE I – Diante do tabuleiro, que repousava sobre uma ampla mesa, sentava-se um boneco em trajes turcos. Um sistema de espelhos despertava a ilusão de que essa mesa de todos os lados era transparente. Na verdade, um anão corcunda, mestre no jogo de xadrez, estava sentado dentro dela e conduzia, por fios, a

> mão do boneco. Pode-se imaginar na filosofia uma contrapartida dessa aparelhagem. O boneco chamado "materialismo histórico" deve ganhar sempre. Ele pode medir-se, sem mais, com qualquer adversário, desde que tome a seu serviço a teologia que hoje, sabidamente, é pequena e feia e que, de toda maneira, não deve se deixar ver. (ibidem, p.41)

O materialismo histórico percebe a História como um tipo de máquina que conduz "automaticamente" ao triunfo do socialismo. Assim, as "leis da história" levariam, necessariamente, à crise final do capitalismo e à vitória do proletariado – na versão comunista – ou às reformas que transformariam gradualmente a sociedade, na versão social-democrata. Para Benjamin, esse boneco mecânico não será capaz de ganhar a partida. Löwy o vê precisando da ajuda da teologia, que é o pequeno anão escondido na máquina, e do espírito messiânico, sem o qual a revolução não pode triunfar. A teologia "velha, feia e enrugada", numa época racionalista, precisa se esconder; e só pode agir de forma oculta no interior do materialismo histórico. Essa teologia é de rememoração e redenção messiânica. Numa complementação dialética, teologia e materialismo histórico são ora mestre, ora servo um do outro, formando um par mutuamente necessitado.

Para Benjamin, a teologia está a serviço da luta dos oprimidos e tem como missão restabelecer a força explosiva, messiânica e revolucionária do materialismo histórico, reduzido a um pobre boneco. "O materialista histórico enfrenta o presente como marxista, e o passado como teólogo da rememoração" (ibidem, p. 45). Nele o marxismo é tão necessário à compreensão do passado quanto a teologia para a ação presente e futura. Löwy lembra a esse respeito os movimentos rebeldes baseados na teologia da libertação na América

Latina, articulando de maneira sistemática o marxismo e a teologia. No caso, foi a teologia que se tornou um boneco imobilizado; e a introdução do marxismo a revitalizou.

> TESE II – A imagem da felicidade que cultivamos está inteiramente tingida pelo tempo a que, uma vez por todas, nos remeteu o decurso de nossa existência. Com a representação do passado, que a História toma por sua causa, passa-se o mesmo. Não nos afaga, pois, levemente um sopro de ar que envolveu os que nos precederam? Não ressoa nas vozes a que damos ouvidos um eco das que estão, agora, caladas? Um encontro secreto está então marcado entre as gerações passadas e a nossa. Fomos esperados sobre a terra. Foi dada a nós, assim como a cada geração que nos precedeu, uma fraca força messiânica. (ibidem, p.48)

Benjamin atribui uma qualidade teológica redentora à rememoração; ela seria uma das tarefas do anão teológico escondido no materialismo. Mas, para que a redenção aconteça, é preciso a reparação do sofrimento, da desolação das gerações vencidas e a realização dos objetivos pelos quais elas lutaram em vão. Uma espécie de pacto secreto nos ligaria aos derrotados e oprimidos da história. Cada geração possui uma parcela do poder messiânico e deve se esforçar para exercê-la. Enfim, cabe aos homens fazer sua própria história. A redenção não está nada garantida, é apenas uma possibilidade muito pequena, que é preciso saber agarrar.

> TESE IV – *A luta de classes é uma luta pelas coisas brutas e materiais, sem as quais não há coisas finas e espirituais. Apesar disso, estas últimas* [...] *porão incessantemente em questão cada vitória que couber aos dominantes.* (ibidem, p. 58)

Os personagens de Brecht em *A ópera dos três vinténs* cantam: "Em primeiro lugar, a comida, depois a moral" (Löwy, 2005a, p.59). Já Benjamin atribui uma importância capital às forças espirituais e morais, fé, coragem e perseverança, mas também inclui o humor e a *astúcia* dos oprimidos. Acreditava que a motivação dos atores sociais é essencialmente espiritual; e que a classe dominada não conseguiria lutar por sua libertação se não fosse estimulada por algumas qualidades morais. Para Löwy, o olhar de Benjamin tem a perspectiva dos vencidos e uma visão evolucionária da história como acumulação de "conquistas".

> TESE VIII – A tradição dos oprimidos nos ensina que o "estado de exceção" no qual vivemos é a regra. Precisamos chegar a um conceito de história que dê conta disso. Então surgirá diante de nós nossa tarefa, a de instaurar o real estado de exceção. (ibidem, p.83)

Um dos trunfos do fascismo teria sido a confusão entre seus adversários; inspirados pela ideologia do progresso, eles se iludiram achando que a evolução científica, industrial e técnica não seria incompatível com a barbárie social e política. Benjamin compreendeu perfeitamente a modernidade do fascismo e sua relação íntima com a sociedade industrial-capitalista da época. O *verdadeiro estado de exceção*, aquele que interessava a Benjamin, teria de ser a serviço da abolição da dominação, da sociedade sem classes. Esse estado de exceção utópico é marcado por todas as revoltas e sublevações da história, que interrompem apenas por um breve momento o cortejo triunfante dos dominantes.

> TESE X – [...] os políticos, em quem os adversários do fascismo tinham colocado as suas esperanças, jazem por terra [...]. A crença obstinada desses políticos no progresso, sua confiança em sua "base de massa" e, finalmente, sua submissão servil a um aparelho incontrolável foram três aspectos de uma única e mesma coisa. (ibidem, p.96)

> TESE XI – O conformismo que, desde o início, sentiu-se em casa na social-democracia, adere não só à sua tática política, mas também às suas ideias econômicas [...]. Não há nada que tenha corrompido tanto o operariado alemão quanto a crença de que ele nadava com a correnteza. O desenvolvimento técnico parecia-lhe o declive da correnteza em cujo sentido acreditava nadar. (ibidem, p.100)

A ideologia do "trabalho", promovida pela social-democracia, era apenas uma forma secularizada da ética protestante do trabalho, cujos laços íntimos com o espírito do capitalismo tinham sido mostrados por Max Weber. A ilusão de nadar na corrente do desenvolvimento técnico, o que levaria necessariamente ao triunfo do socialismo "científico" no sentido positivista, na realidade somente poderia levar o movimento operário à passividade e ao imobilismo. Benjamin percebera claramente o aspecto moderno, tecnicamente "avançado" do nazismo, associando os maiores "progressos" tecnológicos – notadamente no domínio militar – aos mais terríveis retrocessos sociais. O que, é claro, não quer dizer que – para Benjamin – o progresso técnico seja necessariamente nefasto. Radicalizando o argumento, Enzo Traverso (ibidem, p.103) lembra que nos campos de extermínio nazistas encontramos uma combinação de diferentes instituições típicas da modernidade: o presídio descrito por Foucault, a fábrica capitalista de que falava Marx, a organização científica do trabalho de Taylor e a administração racional/burocrática segundo Max Weber. A transformação radical da sociedade, o final da exploração "não são uma aceleração do progresso, mas um salto para fora do progresso" (ibidem, p.99).

> TESE XII – Nessa escola a classe trabalhadora desaprendeu tanto o ódio quanto a vontade de sacrifício. Pois ambos se nutrem da visão dos ancestrais escravizados, e não do ideal dos descentes libertados. (ibidem, p.108)

Na mesma linha de Nietzsche, para quem "a história é útil apenas quando serve para a vida e para a ação" (ibidem, p.108), Benjamin afirma:

> Não sou daqueles que pretendem que o progresso seja óbvio, que a humanidade não possa recuar. Não há fatalidade, caso contrário a história da humanidade, que se escreve de hora em hora, seria toda escrita antecipadamente. (ibidem, p.114)

Para ele, como comenta Löwy, um elo fundamental liga essa história: o proletariado moderno seria o herdeiro de uma longa linhagem que passa pelos escravos revoltados contra o império romano, seus ancestrais escravizados no Egito, os exilados da Babilônia, os torturados e queimados vivos pelas Cruzadas, os "mártires de Chicago" – que inspiraram o ritual do primeiro de maio –, os heróis libertadores da América Latina como José Martí, Emiliano Zapata e Che Guevara, e assim por diante. No poema "Aos que vierem depois de nós", Brecht pede às gerações seguintes que se lembrem dos sofrimentos da sua. "Pedimos àqueles que vierem depois de nós não a gratidão por nossas vitórias, mas a rememoração de nossas derrotas. Isso é o único consolo dado àqueles que não têm mais esperanças de serem consolados" (ibidem, p.115).

> TESE XIII – O progresso, tal como ele se desenhava na cabeça dos social-democratas, era um progresso da própria humanidade (e não somente das suas habilidades e conhecimentos), era interminável e tido como essencialmente irresistível. (ibidem, p. 116)

O progresso da própria humanidade implica uma dimensão moral, social e política que não é redutível ao progresso científico e técnico. O movimento da História é necessariamente heterogêneo. "A experiência de nossa geração [*é*]: que o capitalismo não morrerá de morte natural" (ibidem, p.117). Não há, portanto, progresso "automático" e contínuo da História. Os únicos momentos de liberdade são interrupções, descontinuidades, quando os oprimidos se sublevam e tentam se autoemancipar.

> TESE XIV – A história é objeto de uma construção, cujo lugar não é formado pelo tempo homogêneo e vazio, mas saturado pelo tempo-de-agora. A moda tem faro para o atual, onde quer que este se mova no emaranhado do outrora. Ela é o salto do tigre em direção ao passado. Só que ele ocorre numa arena em que a classe dominante comanda. O mesmo salto sob o céu livre da história é o salto dialético, que Marx compreendeu como sendo a revolução. (ibidem, p.119)

Cada instante contém uma chance única, uma constelação singular entre o relativo e o absoluto; o modismo, ao mesmo tempo que cultiva "a absurda superstição do novo", tenta a eterna repetição do mesmo, sem fim, nem ruptura, e serve às classes dominantes de camuflagem para ocultar seu horror a qualquer mudança radical. A revolução, para Benjamin, é um salto dialético, descontínuo, inicialmente rumo ao passado e – em seguida – ao futuro. Salvar a herança dos oprimidos e nela se inspirar para interromper a catástrofe presente constitui o "salto do tigre em direção ao passado", presença explosiva de momentos emancipadores da herança cultural revolucionária no presente, o salto dialético sob o livre céu da História inspirando-se de um momento explosivo do passado carregado de "tempo-de-agora". Fuchs dizia ser preciso tecer a trama do presente com os fios da tradição que se perderam nos séculos:

> TESE XV – Os calendários não contam o tempo como relógios [...]. Ainda na Revolução de Julho [...], chegado o anoitecer do primeiro dia de luta, ocorreu que em vários pontos de Paris, ao mesmo tempo – e sem prévio acerto –, dispararam-se tiros contra os relógios das torres. Uma testemunha ocular, que, talvez, devesse à rima a sua intuição divinatória, escreveu então: Quem poderia imaginar! Dizem que irritados contra a hora, novos Josués – ao pé de cada torre – atiraram nos relógios para parar o dia. (ibidem, p.123)

A civilização industrial-capitalista foi dominada progressivamente, desde o século XIX, pelo tempo do relógio – de bolso, de pulso, da torre, agora digital e visto em toda parte –, que mede o tempo de maneira exata, estritamente quantitativa e obsessiva. Löwy lembra que as páginas de *O capital* são cheias de exemplos terríveis da tirania do relógio sobre a vida dos trabalhadores. Nas sociedades pré-capitalistas, o tempo era carregado de significados qualitativos; eles foram progressivamente sendo substituídos, durante o processo de industrialização, pelo tempo único e vazio do relógio de cada um.

Os calendários representam o contrário do tempo vazio: são a expressão de um tempo histórico, heterogêneo, carregado de memória e de atualidade. Já os feriados são dias de lembrança, de rememoração, que expressam uma verdadeira consciência histórica. Há o caso dos atos emblemáticos em que se atiraram nos relógios durante a Revolução de Julho de 1830. Ela era a tentativa de interromper o tempo vazio, como Josué, segundo o Antigo Testamento, suspendeu o movimento do sol para ganhar o tempo necessário à sua vitória. Trata-se da interrupção tanto messiânica quanto revolucionária do curso catastrófico do mundo. Löwy lembra que essa rememoração simbólica curiosamente apareceu quando, durante algumas manifestações populares de protesto contra a maneira como ocorriam as comemorações oficiais do 500º aniversário da "descoberta" do Brasil pelos navegantes portugueses, um grupo de índios atirou flechas contra um relógio patrocinado por uma grande rede de televisão que marcava os dias e as horas do centenário.

> TESE XVI – O Historicismo arma a imagem "eterna" do passado; o materialista histórico, uma experiência com o passado que se firma como única, deixando aos outros se desgastarem com a prostituta "era uma vez", no prostíbulo do Historicismo. Permanece senhor de suas forças, viril o bastante para fazer explodir o contínuo da história. (ibidem, p.128)

A prostituta "era uma vez", instalada no bordel "historicismo", recebia os vencedores um após outro. Não tinha escrúpulos para se dar a um e, em seguida, abandoná-lo em prol do seguinte. Tanto fazia ser Júlio César, Magno ou o papa Bórgia. Já o adepto do materialismo histórico vive com uma imagem do passado como experiência única. Trata-se de perceber – "num lampejo" – a constelação crítica que esse fragmento do passado forma repentinamente com o presente. Mais uma vez, Löwy faz uma associação com movimentos recentes na América Latina.

Na sublevação zapatista de Chiapas, em janeiro de 1994, por um "salto de tigre em direção ao passado", os combatentes indígenas do EZLN – Exército Zapatista de Libertação Nacional – contaminaram-se com as energias explosivas da lenda de Zapata rompendo o conformismo e rompendo a pretensa continuidade oficial entre a Revolução Mexicana de 1911-1917 e o regime autoritário do PRI. A utopia foi resgatada no discurso do seu comandante:

> Nas palavras dos mais antigos de nossos antepassados se encontrava também a esperança para nossa história. Apareceu a imagem de um homem como nós: Emiliano Zapata. E aí vimos o lugar para onde deveriam evoluir nossos passos para se tornarem verdadeiros, e nossa história feita de luta retomou nossas veias, e nossas mãos se encherem dos gritos dos nossos, e a dignidade voltou às nossas bocas, e vimos um mundo novo. (ibidem, p.129)

Quanto à esperança, por enquanto é vã.

TESE XVIIa – [...] Na realidade, não há um só instante que não carregue consigo a sua chance revolucionária – ela precisa apenas ser definida como uma chance [...] inteiramente nova em face de uma tarefa inteiramente nova [...] a partir da situação política [...] e coincide estritamente com a ação política. A

> sociedade sem classes não é meta final do progresso na história, mas sim sua interrupção [...] finalmente efetuada. (ibidem, p.134)

O reino messiânico e o tempo mecânico produziram o Iluminismo, a ideia bastarda de progresso. O que Benjamin critica na social-democracia de inspiração neokantiana é seu imobilismo, a calma olímpica com a qual ela espera, confortavelmente instalada no tempo vazio e homogêneo, a chegada inevitável da "situação revolucionária" que, é claro, jamais virá. A alternativa que ele propõe é que cada momento histórico tem suas potencialidades revolucionárias, as quais os revolucionários devem aprender a utilizar em prol do rompimento da marcha do progresso associada ao capitalismo.

Para Löwy, essas teses iluminam um novo horizonte de reflexão: "A busca de uma racionalidade dialética que, quebrando o espelho liso da temporalidade uniforme, recusa as armadilhas da 'previsão científica' de gênero positivista e leva em conta o *clinamen* rico de novidades, o *kairos* cheio de oportunidades estratégicas" (ibidem, p.150). Essa constatação decorreria da própria natureza da política como atividade humana coletiva e plural, certamente condicionada pelas estruturas sociais e econômicas existentes, mas capaz de ultrapassá-las, de transformá-las, de perturbá-las, criando o novo.

Quando se leva a sério o momento trágico na visão benjaminiana da história, essa ação política inovadora não incita necessariamente o otimismo. Ela pode, perfeitamente, provocar, como demonstra abundantemente a história do século XX, resultados aterrorizantes. Mas, para ele, o pior não é inevitável; a História continua aberta e comporta várias possibilidades, revolucionárias e emancipadoras, mas também conservadoras.

Revisitadas neste início de século XXI, essas teses de Benjamin podem parecer revelar um pensador totalmente utópico. Mas ele estava muito menos preocupado com o "princípio da esperança" do que com a necessidade urgente de *organizar o pessimismo*; ou, como diz Löwy, menos interessado no "amanhã que canta" do que nos perigos iminentes que ameaçam a humanidade. E, nessa perspectiva, o material que esse momento histórico nos oferece é fartíssimo.

Do ponto de vista de um futuro diferente, o discurso único dominante atual traduz uma concepção categoricamente *fechada* da história; em suma, o *não há alternativa ao modelo que está aí* transformou-se até em sigla (NHA). De acordo com essa perspectiva dominante, após a queda do socialismo real, o triunfo do capitalismo global levaria o progresso científico e técnico a avanços ainda mais formidáveis. Essa perspectiva triunfalista, uma tentativa de resgate do sentido do progresso perdido entre os destroços das duas guerras mundiais e de suas trágicas consequências, durou pouco. O sinal de alarme mais estridente parece ter sido os ataques terroristas às torres de Nova York. Durante vários séculos, a busca utópica da humanidade teve a forma da viagem marítima, do barco que sai em busca da descoberta da felicidade.

No século XIX, o das grandes invenções, predominou a imagem do trem que avança para um futuro resplandecente. Benjamin inverte dialeticamente essa imagem, numa perspectiva que se torna de novo muito adequada aos graves impasses que os tempos atuais apresentam à discussão sobre o conceito de progresso, como veremos durante os capítulos seguintes. O trem da História estaria mais uma vez avançando em direção ao abismo. É preciso acionar urgentemente o freio de emergência. E procurar novos caminhos para evitar que essa viagem coletiva termine em catástrofe. Trata-se de um brado de alerta, uma tentativa desesperada – e fundamental – de impedir o pior. Benjamin refere-se muitas vezes às classes oprimidas como os sujeitos da *práxis* emancipadora. Mas, na metáfora do trem, é toda a humanidade que ele faz acionar "os freios de emergência". Essa abordagem universalista é, na atualidade, ainda mais fundamental, pois permite repensar a emancipação social e a supressão da dominação do ponto de vista da multiplicidade dos sujeitos coletivos e individuais.

Para uma concepção aberta da História, a ação emancipadora-revolucionária deriva, em última análise, de uma espécie de *aposta* em que não há nenhuma garantia de sucesso. O imperativo categórico ético que preside essa ação, Marx o havia formulado assim: "Lutar para derrubar todas as condições sociais em que o ser humano é um ser rebaixado, subjugado, abandonado, desprezado. Lutar pela supressão dos sistemas sociais injustos e desumanos" (ibidem, p.157). A contribuição fundamental de Benjamin ao sentido da história, segundo Löwy, é fugir da celebração das rotas históricas de mão única escritas pelos vencedores e da inevitabilidade da vitória dos que triunfaram, assumindo a constatação essencial de que cada presente abre uma multiplicidade de futuros possíveis. Muita coisa é evitável, como teria sido a eventual decisão de não fabricar a bomba nuclear, apesar de dominar o ciclo atômico completo. Ou, pelo menos, de não lançá-la sobre Hiroshima e Nagasaki. A profunda mensagem de esperança de Benjamin é que o futuro pode reabrir os dossiês históricos fechados, reabilitar vítimas caluniadas, reatualizar aspirações vencidas, redescobrir bons combates esquecidos – ou considerados utópicos e anacrônicos –, especialmente por estarem contra o discurso hegemônico de progresso.

As contribuições da psicanálise e a da Escola de Frankfurt

A noção de progresso foi afetada também, durante a maior parte do século XX, pelo advento das novas doutrinas psicanalíticas. Sigmund Freud, seu fundador, dedicou algumas de suas reflexões à questão do progresso. Para ele a civilização humana – entendida como tudo aquilo em que a vida humana se elevou acima de sua condição animal

> Inclui todo o conhecimento e capacidade que o homem adquiriu com o fim de controlar as forças da natureza e extrair a riqueza desta para a satisfação das necessidades humanas; por outro, inclui todos os regulamentos necessários para ajustar as relações dos homens uns com os outros e, especialmente, a distribuição da riqueza disponível. (Freud, 1987, p.16)

Mas "fica-se com a impressão de que a civilização é algo que foi imposto a uma maioria resistente por uma minoria que compreendeu como obter a posse dos meios de poder e coerção" (ibidem).

Embora reconhecesse que a humanidade tinha efetuado avanços contínuos, Freud não via evidências de que um progresso semelhante tivesse sido feito no trato dos assuntos humanos. Ele não parecia confiar na possibilidade de um reordenamento das relações humanas que removesse as fontes de insatisfação para com a civilização. Seria necessário que, não perturbados pela discórdia interna – e renunciando à coerção e à repressão dos instintos –, os homens pudessem dedicar-se plenamente à aquisição de riqueza e à sua fruição. No entanto, ele achava que a civilização teria que se erigir sobre aquela coerção e a renúncia ao instinto, já que estariam presentes em todos os homens tendências destrutivas e, portanto, antissociais e anticulturais; e que, num grande número de pessoas, essas tendências seriam suficientemente fortes para determinar o comportamento delas na sociedade humana.

Freud só consegue esboçar um certo otimismo – um pequeno espaço para a utopia – utilizando a bela construção intelectual seguinte:

> Só através da influência de indivíduos que possam fornecer um exemplo e que se reconheçam como líderes, as massas podem ser induzidas a efetuar o trabalho e suportar as renúncias de que a existência depende. Tudo correrá bem se esses líderes forem pessoas com uma compreensão interna *(insight)* superior das necessidades da vida, e que se tenham erguido à altura de dominar seus próprios desejos instintuais. Gerações novas que forem educadas com bondade, ensinadas a ter uma opinião elevada da razão e que experimentarem os benefícios da civilização numa idade precoce terão uma atitude diferente com ela. Senti-la-ão como posse sua e estarão ao trabalho e à satisfação instintual que forem necessários para a sua preservação. Estarão aptos a fazê-lo sem coerção e pouco diferirão dos seus líderes. (ibidem, p.18)

Nada parece tão distante dessas premissas quanto o quadro mundial nesse início de século XXI.

Herbert Marcuse, alimentando-se das construções psicanalíticas de Freud – e embebido nas ideias da Escola de Frankfurt –, retoma a questão sobre o progresso afirmando que conceito dominante sobre essa discussão no período moderno da civilização ocidental foi aquele *desprovido de valores*, preocupados que estávamos apenas com o aumento dos conhecimentos e das capacidades humanas utilizados para uma submissão cada vez mais ampla da natureza e do meio ambiente. A aplicação desse conceito, associado à lógica capitalista de produção, gerou apenas mais riquezas como acúmulo geral de bens. Não cabem aqui considerações sobre o caráter excludente desse sistema de produção, que acabou também gerando mais concentração de renda e miséria em amplas partes do mundo. Até porque, ao tempo das reflexões de Marcuse sobre o tema – feitas nos anos 1960 e contidas na chamada fase "dourada" do capitalismo –, ainda parecia como crítica maior ao modelo vigente a alienação do trabalho. Para Marcuse, no entanto, a questão é se o progresso "técnico" estava contribuindo igualmente para o aperfeiçoamento humano, para uma existência mais livre e mais feliz.

A crítica vinha utilizando a vertente idealista de Hegel e do progresso como conceito qualitativo, a saber: um maior número de homens cada vez mais livres que, conscientes do valor dessa dimensão de liberdade, pudessem incitar sua ampliação. Esse caminho poderia levar à humanização progressiva dos homens, ao desaparecimento da escravidão, do arbítrio, da opressão e do sofrimento. À época de Marcuse, tentava-se resolver a contradição entre esses dois conceitos colocando a evolução técnica como pré-condição para todo progresso humano: o domínio crescente da natureza reduziria a escravidão e a miséria, gerando a riqueza social e possibilitando a realização das necessidades humanas. Aprendemos nas décadas finais do século XX que progresso técnico não conduz automaticamente ao desenvolvimento humano, que a riqueza gerada não é repartida de modo que minimize a exclusão, as diferenças de renda e de capacidades. Mas seria o progresso técnico, ao menos, condição necessária, ainda que insuficiente, à maior liberdade e felicidade?

O argumento de Marcuse era que, dentro do conceito de progresso, o trabalho havia se tornado o conteúdo essencial da vida, não importa o quão satisfatório ao indivíduo ele fosse. Inaugurava-se uma separação entre a necessidade social e a necessidade individual que a sociedade industrial havia radicalizado. O trabalho alienara-se de seu conteúdo e havia se tornado fim último da própria vida. As capacidades e as necessidades humanas ficaram relegadas para os *hobbies*, as horas de lazer após o trabalho.

No novo conceito de progresso, satisfação, realização, paz e felicidade passaram a ser subordinados, deixando de ser finalidades em si mesmas. Mas, para ele, o ser humano é formado de razão e pulsão. A razão aparece essencialmente como um princípio de renúncia, dirigindo e reprimindo os instintos. Segundo a ideia de progresso em vigor, a liberdade é definida em relação à coação das pulsões e dos sentidos como transcendência. Essa transcendência, que é essencial à liberdade, aparece como fim em si, do mesmo modo que a produtividade, cujo crescimento deve ser considerado o valor supremo e o princípio motor. A liberdade assim definida como fim em si, e rigorosamente dissociada da satisfação, torna-se liberdade infeliz, aparecendo como um fardo (Marcuse, 1968).

Várias questões eram levantadas por Marcuse, todas gravitando em torno do mesmo eixo central. Felicidade, alegria e paz seriam incompatíveis com progresso? Seriam a guerra e a luta pela vida a base de todas as invenções que alimentam o progresso? Frustração e sofrimento seriam estímulos necessários à construção da civilização? Marcuse trazia à cena, então, o centro da problemática freudiana. Segundo Freud, o "princípio de prazer" acaba cedendo lugar ao "princípio de realidade" se quisermos que a sociedade humana avance do estágio animal ao humano. Felicidade e liberdade não poderiam ser, assim, subprodutos de uma civilização que está fundada na restrição, no recalque das pulsões sensuais. O ser humano regido pelo "princípio de prazer" nada mais quer do que evitar a dor e obter prazer; assim, a renúncia às pulsões tornar-se-ia decorrência inevitável do trabalho penoso e das frustrações que, enquanto energia pulsional transformada repressivamente, tornariam possível o progresso da civilização.

O princípio de realidade seria essencial ao progresso porque as duas pulsões fundamentais – eros e pulsão de morte – não são base para a construção de uma sociedade onde a satisfação das necessidades seja possível: eros só aspira a um prazer sempre mais intenso e duradouro; e a pulsão de morte tende à regressão ao estado pré-natal e à aniquilação da própria vida. Para haver cultura e civilização seria preciso conter as pulsões por meio de renúncias, substituições e sublimações que a sociedade deve impor aos indivíduos para transformá-los de portadores do princípio de prazer em trabalhadores em prol da sociedade. Nesse sentido, o princípio de realidade seria idêntico ao princípio do progresso, canalizando energia pulsional para o trabalho desprazeroso e socialmente produtivo. Na linha freudiana, Marcuse lembrava que tudo começara com a proibição do incesto.

> A interdição definitiva da mãe, imposta pelo pai, significa a derrota permanente da pulsão de morte, do princípio do Nirvana, e a sua subordinação às pulsões de vida. Pois no desejo incestuoso pela mãe vive também o fim último da pulsão de morte, a regressão a um estado sem dor, sem necessidades e, nesse sentido, ao estado prazeroso anterior ao nascimento, que se torna tanto mais desejável quanto mais a própria vida é sentida como desprazerosa e cheia de dor. (ibidem, p.4)

Transformada dessa forma, a energia da pulsão de morte tornar-se-ia socialmente útil de duas maneiras: para fora, destrói a natureza, dominando-a; e destrói inimigos socialmente reconhecidos dentro e fora da nação; para dentro, transforma energia destrutiva em moral social, localizada no superego, impondo ao ego as exigências do princípio de realidade. É por meio dessa transformação repressiva das pulsões que o progresso cultural se torna possível e garantido (Marcuse, 1968). Submetida ao princípio de realidade, a libido se desviaria de seus fins pulsionais originais, prazerosos mas socialmente nefastos, e se transformaria em produtividade social. Mas, com isso, recusa-se aos homens a plena fruição, e o indivíduo acumula um potencial ainda maior para mais produtividade, levando sucessivamente o progresso a patamares sempre mais altos. Essa estrutura psíquica refletiria, na sociedade industrial avançada, uma espécie de círculo vicioso do progresso. As inclinações dos homens estariam condenadas a ser continuamente sacrificadas à razão, a uma eterna postergação da felicidade, para que eles fossem mantidos no trabalho alienado, permanecendo produtivos.

Tudo teria começado com a imposição absoluta do pai primitivo, o mais forte da horda, estabelecendo sua dominação ao monopolizar a mulher – a mãe ou as mães –, excluindo da fruição dela todos os outros membros. Em suma, um déspota que se aproveitava da escassez e da fraqueza e reservava apenas para si a fruição, atribuindo tarefas aos outros membros da horda. O segundo passo da repressão das pulsões foi a rebelião dos filhos contra o despotismo do pai. O pai acabava assassinado pelos filhos e devorado coletivamente numa refeição fúnebre. A dominação teria acabado, segundo Freud, quando os filhos rebeldes ou irmãos entenderam que é impossível não haver dominação e que o pai era necessário, por mais despótico que fosse. O pai é reposto como moralidade; renúncias e restrições são autoimpostas às pulsões, no lugar daquelas exigidas pelo pai primitivo. Essa interiorização da dominação paterna – origem da moralidade e da consciência moral – iniciara a cultura e a civilização. A repressão das pulsões tornar-se-ia obra voluntária e interiorizada; e a dominação paterna reapareceria na figura dos muitos novos pais que irão impor ao próprio clã restrição das pulsões e assegurar sua transmissão às novas gerações.

Essa dinâmica repetir-se-á de uma forma atenuada, segundo a interpretação marcusiana de Freud, durante toda a história da cultura e da civilização: na puberdade, como rebelião de todos os filhos contra todos os pais; no recuo a essa rebelião após a puberdade e, finalmente, na forma de adaptação dos filhos ao contexto social, numa submissão voluntária à renúncia pulsional exigida pela sociedade; em seguida os filhos tornam-se eles mesmos pais. O mesmo teria ocorrido na história mundial, nas revoluções e seus retornos, caso típico da Revolução Francesa. Marcuse propunha que o *princípio de realidade* repressivo poderia se tornar supérfluo à medida que a civilização se aproximasse de um estágio em que a eliminação da repressão das pulsões se tornasse uma possibilidade histórica realizável. Ele constrói, então, a sua utopia ainda típica dos tempos anteriores à globalização e seus efeitos radicais: a crescente mecanização do trabalho permitiria que uma parte crescente da energia pulsional desviada para o trabalho alienado voltasse a ser energia das pulsões de vida.

Nesse caso, com todos os indivíduos providos de suas necessidades básicas pela acumulação geral de uma sociedade mecanizada e justa, o tempo da vida seria o tempo livre. Para isso, seria preciso que um princípio de realidade qualitativamente diferente substituísse o princípio de realidade repressivo, trazendo consigo uma mudança radical no plano psíquico, bem como no próprio plano histórico-social. A primeira consequência seria que todas as forças e todos os comportamentos eróticos que haviam sido restringidos e dessexualizados pelo princípio de realidade repressivo poderiam ser reativados. Em consequência, a sublimação "não só não acabaria, mas, inversamente, se intensificaria como energia erótica, visando novas forças criadoras de cultura (ibidem, p.6). E, na medida em que a energia erótica fosse verdadeiramente liberada, "deixaria de ser mera sexualidade para tornar-se uma força que determinaria o organismo em todos os seus comportamentos, dimensões e finalidades. Buscar a satisfação em um mundo de felicidade, tal seria o princípio sob o qual se desenvolveria a existência humana" (ibidem, p.6).

A experiência fundamental da vida já não seria a luta pela existência, e sim a sua fruição. O trabalho alienado transformar-se-ia no livre jogo das forças e das capacidades humanas. O tempo já não apareceria como linear, mas como curso circular, eterno retorno, da forma que Nietzsche o pensou como "eternidade do prazer". Assim, a busca da satisfação, apropriada à natureza conservadora das pulsões, seria capaz de realizar-se na própria existência, sob um princípio de progresso não repressivo; se o trabalho se transformasse em livre jogo das capacidades humanas, o sofrimento deixaria de ser necessário para coagir os homens a trabalhar. Por si mesmos, e tão somente por ser a satisfação de suas próprias necessidades, os homens trabalhariam para construir um mundo melhor, onde a existência se satisfaria a si mesma. É óbvio que a premissa básica para o ócio criativo e prazeroso – o que alguns sociólogos fazem de conta que não percebem – é que as sociedades tivessem garantido uma divisão justa da riqueza entre seus membros, de modo que suas necessidades materiais estivessem satisfeitas e que o ócio aparecesse como sinônimo de prazer, e não de "barriga vazia" por falta de trabalho.

Marcuse deixava claro, no entanto – relembrando que o fazia na década de 1960 –, que a realidade de sua época já nada tinha a ver com as hipóteses utópicas que levantou; ela parecia exatamente o contrário. Ele concluiu:

> É certo que não se pode imaginar maior contraste entre essa utopia e a realidade do que aquele que existe atualmente. Mas talvez a importância desse contraste marque justamente um limite. Quanto menos a renúncia e as restrições são biológica e socialmente necessárias, tanto mais os homens precisam ser transformados em instrumentos de uma política repressiva que os desvia da realização de possibilidades sociais em que teriam pensado por conta própria. Talvez seja hoje menos irresponsável pintar uma utopia fundamentada que difamar como utopia condições e possibilidades que já há muito se tornaram possibilidades realizáveis. (ibidem, p.8)

Mais uma vez, também essa utopia marcusiana, compreensível diante das realidades dos anos 1960, parece soar totalmente inverossímil diante das duras realidades deste início de século XXI.

No campo das grandes inovações, na discussão sobre o progresso e a filosofia da história, vale a pena mencionar dois pensadores importantes do século XXI. O primeiro, Teilhard de Chardin – durante o pós-guerra e ao estilo de Benjamin –, tenta conciliar religião, ciência e humanismo com o conceito de evolução da história. O segundo, Jürgen Habermas, desnuda – já em tempos de Guerra Fria – a transformação da ciência e da técnica em instrumentos ideológicos do capitalismo que se afirmava definitivamente como hegemônico. Pierre Teilhard de Chardin morreu prematuramente, em 1955, condenado pela Igreja por heresia. Na primeira metade do século passado, esse jesuíta e paleontólogo havia tentado reconciliar as ciências com as crenças. Foi visto pelo Vaticano como uma ameaça à integridade da fé, proibido de ensinar e falar sobre assuntos religiosos. Dizia Chardin: "Através de todas as coisas criadas o divino nos assalta, nos penetra, nos molda" (Dupas, 2005c, p.A2). Como um cientista, ele sugeria que a primeira fonte da verdade religiosa deveria ser encontrada no mundo real e não no magistério da Igreja.

Assim como Marx, que havia virado de cabeça para baixo a filosofia e a sociologia, Chardin tentava o mesmo com a teologia. Para ele, a ciência poderia ser um espelho no qual se poderia ver refletida a imagem de Deus:

> Se eu perdesse a fé em Cristo, como resultado de alguma revolução interior, sinto que continuaria a acreditar no mundo. É por essa fé que eu vivo; e por ela, no momento da morte, elevando-se sobre todas as minhas dúvidas, eu me entregarei. (ibidem)

Essa visão magnífica de um cientista que não queria perder a fé foi sua perdição pessoal. Mas, com ele, durante poucas décadas a Igreja ganhou novas perspectivas e abriu brechas em suas rígidas couraças para que cristãos invocassem Cristo como motivação para seu compromisso com o mundo da natureza e dos homens, sentindo-se responsáveis pelas suas angústias e suas misérias.

Estava aberto o caminho para a "consciência histórica" numa perspectiva religiosa. Sacralizar esse mundo (e não esperar pela vida eterna), lutar pelos oprimidos e pelos excluídos, proteger a natureza como uma expressão do próprio Deus foram belas metáforas que engajaram seguidores da Igreja com a política e com os movimentos de esquerda. De alguma forma recuperando a ideia de progresso, agregando a ela mais uma vez os valores sociais como objetivo maior, Teilhard de Chardin tentou unir cristianismo e ciência numa visão de história do cosmo em que o processo evolutivo aperfeiçoaria o homem e, em consequência, o mundo e a sociedade. Tentativas semelhantes estavam sendo feitas para conciliar fé com ideologia por Benjamin, como já vimos neste capítulo: "Não há um Messias enviado do céu; somos nós o Messias, cada geração possui uma parcela de poder messiânico e deve se esforçar por exercê-la" (ibidem). A ideia de associação entre marxismo e religião causou grande perplexidade e incompreensão na Igreja e inspirou as teses da "Teologia da Libertação".

A liquidação da utopia do socialismo real, com a falência do império soviético, também provocou uma forte reação das áreas mais conservadores da Igreja. Wojtyla, um religioso que sofreu duramente as consequências da repressão religiosa, era um homem tomado por certas prioridades. Já como papa, não só ajudou a apressar o fim dos regimes comunistas, mas não tinha ilusões com utopias ideológicas. Segundo o teólogo espanhol Tamayo-Acosta, a relação de Wojtyla com a Opus Dei, movimento conservador liderado pelo padre Escrivá de Balaguer – feito santo pela Igreja –, começou nos anos 1960; ela desenhou a estratégia para a sua eleição como papa e consolidou-se a partir de 1980, quando esse movimento ascendeu aos postos-chave do Vaticano, restaurando a Igreja sob a orientação do próprio cardeal Ratzinger. Os expurgos na Companhia de Jesus foram intensos e os ataques contra a Teologia da Libertação muito duros. Foi assim que o teólogo brasileiro Leonardo Boff, meio século depois de Chardin, sofreu duas condenações e foi obrigado a afastar-se da Igreja. Ele tentou, ao estilo de Chardin, reconciliar não a ciência, mas sim a política com a fé, no sentido da obrigação moral para com os excluídos. Mais uma vez a dimensão de sacralizar o mundo foi rejeitada na prioridade pela fé, pelos dogmas e pela vida eterna.

Assim, a Igreja foi perdendo oportunidades de iluminar caminhos para o renascer de utopias terrestres e da transformação do mundo. E também não se engajou duramente no compromisso de preservação da vida por meio da luta pela proteção do meio ambiente, esse novo "imperativo categórico" batizado por Hans Jonas. Ao contrário de João XXIII, a prioridade de João Paulo II foi o pastoreio das "almas". Afinal, nenhuma grande surpresa. Dogmas são incompatíveis com ciência e filosofia, que exigem espaço aberto para o questionamento, o susto da descoberta e a busca de valores éticos, tomando-se como base o homem. Quanto à política – gostem ou não, e seja na ação ou omissão –, nada escapa a ela no seu sentido amplo de organização da ação coletiva para a busca do bem comum. Já no início do século XXI, a Igreja Católica fez sua aposta escolhendo o que Ratzinger representava. Em vez de abrir espaços para o social e o político, ainda que correndo os riscos já conhecidos, optou por manter-se no plano dos dogmas e dos valores estritamente espirituais, tentando sobreviver pela contínua revitalização de seus mitos, dependente de comportamentos de massa sensíveis ao estímulo midiático capaz de mobilizar multidões na morte de seus papas.

Feita essa opção, ela estará competindo com outros processos psicossociais competentes que com ela concorrem. É o que evidencia o avanço dos evangélicos com seus templos gigantescos e a promessa de curas e conquistas aqui na terra, o fascínio da realeza – que mobilizou praticamente o mesmo número de "fiéis" presentes no enterro do papa nos funerais da princesa Diana –, ou ainda o esoterismo turbinado pelo vazio da globalização que garante a Paulo Coelho milhões de leitores pelo mundo afora. A Igreja, sempre muito sensível aos sinais dos tempos – que chama de "luzes do Espírito Santo" –, já fez outras escolhas complicadas e sobreviveu. Optando por Bento XVI, ela parece ter voltado a ficar mais distante dos homens e mais próxima do seu Deus. E, com isso, o discurso hegemônico da globalização perdeu um de seus críticos potenciais importantes.

O trabalho seminal de Habermas sobre o tema do sentido do progresso foi *La technique et la science comme "idéologie"*, publicado em 1968. Em seu prefácio, Jean-René Ladmiral ressalta que o positivismo supervalorizou a ciência a ponto de torná-la quase uma nova fé; e o tecnicismo transformou o saber científico numa ideologia que pode solucionar todos os problemas. Como o progresso científico e técnico é acumulativo, a partir daí toda outra forma de progresso começava a ser questionada como sua mera analogia. Habermas reconhece que a técnica não é um "tigre de papel" e busca uma arqueologia da noção de progresso. Ele lembra que no século XVIII a ciência prometia progresso intelectual e moral para todos: era a chegada do espírito das luzes. No século seguinte o progresso técnico prometeu amenizar as condições do proletariado a fim de atenuar sua prática revolucionária. Foi depois das grandes invenções do século XIX que ciência e técnica entraram numa relação de dependência recíproca, num duplo processo de *feedback*.

Essa "tecnificação" da ciência foi acompanhada de uma "cientificação" de todo o saber, perdendo ela essa dupla dimensão pedagógica e cultural que define o conceito de *Bildung* (construção), deixando de fazer sentido as convicções do idealismo alemão quanto às virtudes formadoras da ciência. A própria instituição universitária muda de natureza e o complexo cientifico e técnico integra-se definitivamente à produção de bens e serviços. O modo de produção capitalista exige permanentemente a renovação das técnicas para operar o seu conceito motor schumpeteriano de destruição criativa: ou seja, produtos novos a serem promovidos como objeto de desejo, sucateando cada vez mais rapidamente o produto anterior e mantendo a lógica de acumulação em curso. Integrado à grande corporação, e com a primazia crescente do setor técnico-científico, o pesquisador contemporâneo está vinculado aos mesmos princípios da divisão do trabalho que vigora na economia geral.

Ao discutir a tese de Herbert Marcuse sobre como o poder libertador da tecnologia se converte em obstáculo à liberação do homem, Habermas lembra que Max Weber (Habermas, 1973, p.3) introduziu o conceito de *racionalidade* para caracterizar a forma capitalista da atividade econômica, a forma burguesa das mudanças no nível do direito privado e a forma burocrática da dominação. A racionalização crescente da sociedade estaria, assim, ligada à institucionalização do *progresso* científico e técnico. Marcuse (ibidem, p.4) estava convencido de que aquilo que Weber chamava de racionalização era uma forma disfarçada de dominação política sobre a natureza e sobre a sociedade. Para ele, o conceito de razão técnica era – ele mesmo – ideológico, pois técnica já é dominação metódica, científica e calculada.

Nas sociedades capitalistas industrialmente desenvolvidas, a dominação tendeu a perder sua característica de exploração e de repressão, para cobrir-se com o manto da racionalidade.

O crescimento das forças produtivas veio acoplado ao progresso científico e técnico, associado ao crescente domínio da natureza e da produtividade que asseguraram aos indivíduos condições de existência sempre mais confortáveis a partir da idade de ouro do capitalismo (anos 1960-1970). Nesse universo da tecnologia, a falta de liberdade se apresenta sob a forma de uma submissão à aparelhagem técnica que dá mais conforto à existência e aumenta a produtividade do trabalho. Assim, a racionalidade tecnológica não põe em causa a legitimidade da dominação; ao contrário, ela a defende num contexto de uma sociedade racionalmente totalitária.

A racionalização de que fala Max Weber é um processo de transformação a longo prazo de estruturas sociais cuja verdadeira intenção é a de manter uma dominação ocultada por uma referência aos imperativos técnicos. Deformada pelo capitalismo, a técnica moderna teria perdido a inocência de uma simples força produtiva. A estrutura própria ao progresso científico-técnico necessitaria de novos valores. Afinal, a tecnologia é tipicamente dual: um computador pode estar a serviço de uma sociedade capitalista ou socialista; um foguete lançador pode carregar tanto um míssil nuclear quanto um satélite de comunicações. Como determinar, então, o que significa dizer que a forma racional da ciência e da técnica se amplia tomando as dimensões de uma forma de existência, ambicionando a totalidade da história? Para Habermas, as civilizações evoluídas são estabelecidas sobre uma técnica relativamente desenvolvida da divisão de trabalho, que permite gerar um excedente de produção; o problema consiste na repartição do trabalho e das riquezas que é feita de maneira *desigual*, no entanto *legítima*. Ele lembra que as civilizações apoiadas sobre uma base agrícola e artesanal, operando com inovações técnicas muito limitadas, durante três séculos nunca geraram um produto muito superior a duas centenas de dólares por ano *per capita*.

O modelo estável de produção pré-capitalista nas *sociedades tradicionais* jamais atingiu uma extensão tal que a sua racionalidade tivesse sido considerada um perigo para as autoridades e suas tradições legitimadoras da dominação – na visão marxista, das ideologias – suportadas em interpretações míticas, religiosas ou metafísicas. Foi só depois que o modo de produção capitalista dotou o sistema econômico de um mecanismo que assegurasse à produtividade do trabalho um crescimento contínuo – com exceção das crises – que a introdução contínua de inovações, novas tecnologias e estratégias foi institucionalizada. Como Schumpeter e Marx disseram, cada um à sua maneira, o modo de produção capitalista é um mecanismo para garantir um alargamento das atividades racionais que buscam um fim.

Para Habermas, o capitalismo é o primeiro modo de produção na história universal a ter institucionalizado o crescimento econômico e sua autorregulação. O que passa a ser novo é um nível de desenvolvimento das forças produtivas que gera permanente expansão racional das atividades, buscando um fim; e põe em questão a forma de legitimação da dominação por uma interpretação cosmológica do mundo, então em vigor. São visões míticas do mundo tentando responder duas questões fundamentais: o sentido da vida coletiva e o destino individual. O capitalismo se define por um modo de produção que situa tanto o problema como sua solução. Sua legitimação já não emana da tradição cultural, mas é estabelecida sobre a base da divisão do trabalho social. A instituição do mercado como lugar de troca da força de trabalho promete a "justiça" da equivalência nas relações de troca. Por conseguinte, o poder político pode ser legitimado a partir de baixo.

O modo de produção capitalista e a legitimação do quadro institucional estão diretamente ligados ao sistema social do trabalho, ou seja, cada um é livre para vender seu trabalho no mercado pelo melhor preço. O quadro institucional é diretamente econômico e apenas indiretamente político. A legitimação econômica permite ao sistema de dominação adaptar-se às novas exigências de racionalidade.

No processo de secularização, as visões do mundo tradicional perdem seu poder e são transformadas em *éticas*, crenças subjetivas que asseguram o caráter obrigatoriamente privado das orientações modernas em relação a valores. As novas legitimações criticam o dogmatismo das interpretações de mundo legadas pela tradição e reivindicam caráter científico. Habermas vê, até meados do século XIX, a produção capitalista já devidamente implantada na Inglaterra e na França para que Marx pudesse reconhecê-la nas relações de produção e no quadro institucional da nova sociedade. Na sua *Economia política*, ele estruturou sua teoria do valor-trabalho destruindo a ilusão de liberdade que havia explicitado a instituição jurídica do livre contrato de trabalho, disfarçando a relação de violência social. Após a última quadra do século XIX, os países do capitalismo avançado desenvolvem um crescente intervencionismo do Estado para, segundo Marcuse, legitimar a nova dominação. A regulação permanente do processo econômico pela intervenção do Estado foi uma reação defensiva para certas disfunções, perigosas para o sistema, que ameaçavam o capitalismo se fosse deixado a si mesmo. A forma privada de exploração do capital exigia corretivos estatais, no mínimo para estabilizar os ciclos econômicos. Além disso, o Estado combinava o tema da ideologia burguesa de desempenho com a garantia de um certo bem-estar, incluindo-se a perspectiva de segurança de emprego. Com o Estado visando estabilizar as disfunções do sistema, a política adquiriu um caráter negativo: orientava sua ação para evitar riscos que poderiam pôr o sistema em perigo, não para realizar finalidades práticas que interessam diretamente ao cidadão; e voltou-se para temas técnicos que escapavam à compreensão e ao interesse público direto.

Para Habermas, isso exigiu uma despolitização da grande massa da população, com a opinião pública perdendo sua função política. Para tornar plausível diante das massas sua própria despolitização, surge a ideologia do progresso técnico, no qual ciência e técnica assumem o papel de garantidores da inevitável redenção. Com o aparecimento da pesquisa industrial em grande escala, ciência, técnica e desenvolvimento industrial são integrados num só sistema. A pesquisa industrial funde-se à pesquisa científica, até então fundamentalmente sob comando do Estado, voltada sobretudo ao domínio militar e só depois refluindo para o setor civil. Foi assim, diz Habermas, que a ciência e a técnica transformaram-se na força produtiva principal, liquidando as condições de aplicação da teoria de valor-trabalho da maneira como Marx a concebeu. Não havia mais sentido em calcular o montante de capital investido em ciência e tecnologia na base do valor da força de trabalho não qualificada, pois o progresso técnico-científico havia se transformado numa fonte independente de mais-valia em relação àquela outra que Marx considerava, reduzindo agora a importância da força de trabalho direta na produção.

Os interesses sociais, nessa altura bastante confundidos com os de manter o sistema de acumulação, continuavam a determinar a direção, as funções e a rapidez do progresso técnico. A forma privada da exploração do capital, junto com um sistema de repartição das gratificações sociais compensatórias, assegurava uma certa lealdade das massas. Foi assim que o progresso quase autônomo da ciência e da técnica transformou-se em variável independente. Para Habermas, daí resultou a percepção de que a evolução do sistema social *parece* ser determinada pela lógica do progresso científico e tecnológico. A política fica reduzida a atender as necessidades funcionais do novo sistema. Implantada a ilusão do progresso técnico redentor, a propaganda se encarregou de explicar e legitimar as razões pelas quais, nas sociedades modernas, um processo de formação democrática da vontade política deve abdicar de questões práticas que interessam ao cidadão e conformar-se com decisões plebiscitárias restritas a temas tais como quem será o novo chefe de Estado. O capitalismo regulado pela intervenção do Estado bloqueou durante várias décadas do século passado o conflito entre as classes, assegurando a lealdade das massas com gratificações compensatórias e evitando conflitos. Durante esse período, apenas nas periferias do sistema capitalista essas tensões permaneceram.

O Estado moderno constituiu-se com base nas necessidades de uma administração centralizada das finanças em relação com as trocas comerciais das economias nacionais e regionais nascentes. Já que, teoricamente, a ação política não tem um fundamento racional – ela faz, ao contrário, uma escolha entre ordens de valores e crenças –, nessas circunstâncias a "cientificação" da política tornou-se uma tendência clara. A questão é que as insuficiências do modelo tecnocrático atual são evidentes: pressupõe-se que a mesma racionalidade que permite a solução de questões técnicas o faça para questões práticas. Senão, como legitimar o modelo? A tese de Habermas é que o processo de tradução que se instaura entre ciência e política acaba remetendo, em última instância, à opinião pública. Isso cria confrontação entre saber e poder técnicos, de um lado, e compreensão-de-si, de outro – essa dependente de fatores e valores tradicionais. Para ele, uma sociedade "cientificizada" não poderá se emancipar a não ser que, passando pelo espírito dos homens, faça-se uma mediação entre técnica e prática cotidiana.

Na verdade, ainda no início da segunda metade do século passado, o novo liberalismo, apesar de manter premissas sobre a liberdade individual, ainda advogava o planejamento estatal para catalisar o crescimento econômico. Havia os que – como Ward, Veblen e Dewey – também apoiavam a reforma da ideia de progresso, por meio da instrumentalização do Estado. Mas essas tendências foram atropeladas pelas ideias neoliberais que sustentaram – e foram sustentadas – pelo intenso processo de globalização que se instalou a partir do final da década de 1980. Nele, o Estado voltou a ser o grande vilão e o mote bíblico "abram, privatizem e estabilizem que tudo lhes será dado por acréscimo" varreu os céus como verdade que prometia o progresso e a redenção. Foi justamente em meio a esse aprofundamento da crise sobre o conceito de progresso que, nas últimas décadas do século findo, uma nova doutrina – batizada de neoliberalismo – tentou ressuscitar o conceito de progresso associando-o à liberdade dos mercados globais e a um ciclo benévolo da lógica do capital. A queda do muro de Berlim e o desmoronamento final da utopia do império soviético permitiram ao capitalismo, agora plenamente globalizado, um novo discurso hegemônico batizado por alguns intelectuais deslumbrados e imaturos como "o fim da História". Para eles, os benefícios da globalização dos mercados eliminariam a miséria, as guerras e o papel dos Estados nacionais mundo afora, realizando em curto prazo a grande utopia do progresso, agora fortemente amparado por um marketing também global. Os resultados concretos estão sendo muito diferentes; e mais uma fantasia do mito do progresso, construído como discurso hegemônico, se foi, não restando muito a comemorar.

Nos capítulos seguintes, examinaremos como a evolução das novas lógicas de produção e do conhecimento científico e tecnológico acabaram afetando várias áreas da sociedade e interferindo nas concepções de progresso.

2
Conhecimento e progresso como verdade

> Em algum remoto rincão do universo [...] houve uma vez um astro em que animais inteligentes inventaram o conhecimento. Foi o minuto mais soberbo e mentiroso da "história universal". *(Friedrich Nietzsche)*

> A história tira ainda mais daqueles que tudo perderam e dá ainda mais àqueles que tudo tomaram. A história nunca confessa. *(Merleau-Ponty)*

Torna-se necessário, logo de início, enfrentar o tema da relatividade do conceito de *verdade*. Há muitas formas de tentar distinguir "aparência" de "realidade", operação fundamental ao trato da verdade. Existe a "verdade"? Qual a definição ou descrição de um fato ou objeto que mais os aproxima da sua verdade – ou realidade – tal como ela seria em si mesma? O que é a realidade "em si mesma"? Richard Rorty (2000) propõe que, se temos dúvidas a respeito da "verdade" de uma de nossas crenças, só podemos avançar perguntando-nos se conseguimos justificá-la. Para os pragmatistas, embora haja muito que dizer sobre a justificação de diversos tipos de crença, poderia haver pouco que dizer sobre a "verdade" de cada uma delas. Nessa abordagem minimalista do valor na filosofia, "verdadeiro" seria o nome de qualquer coisa que demonstre ser boa como crença, por razões definidas e demonstráveis. Assim, a verdade estaria reduzida à sua justificação; de fato, seriam sinônimos. Quanto maior a justificação que se ofereça para uma crença, tanto mais provável é que seja verdadeira. Nessa linha, a linguagem e a mente penetrariam tão profundamente no que chamamos "realidade" que qualquer "projeto de vermos a nós mesmos como 'cartógrafos' de algo 'independente da linguagem' torna-se fatalmente comprometido desde o princípio (Rorty, 2000, p.63). A própria visão que cada indivíduo tenta ter de si mesmo ficaria fundamentalmente comprometida por sua própria subjetividade e pelo olhar do outro.

É útil ver a filosofia como nossa própria época colocada em pensamento. Houve períodos nos quais se propagou que a justiça não poderia reinar se os reis não se fizessem filósofos, e os filósofos reis. Mais recentemente, muitos de nós achávamos que não reinaria justiça se, para tanto, o capitalismo não fosse superado e a cultura desmercantilizada. Platão e Marx supunham inevitável a existência de grandes argumentos teóricos para averiguar como acabar com a injustiça. Mais recentemente, a esquerda pareceu se conformar com a social-democracia proposta por Clinton e Mitterrand; depois se seguiu o "capitalismo com misericórdia" dos tempos de G. W. Bush. E agora? Os Estados democráticos burgueses seriam a única alternativa à qual poderemos nos agarrar? Nossas fantasias sobre o futuro já passaram pelo Paraíso, pelo processo evolutivo, pela história da linguagem ou pelo progresso científico e tecnológico. A proposta marxista, como legado de Hegel, resgatou a esperança na história como expansão da liberdade; fez crer na história como movimento inelutável que emergirá no momento adequado.

O fracasso do socialismo significa que sociedades complexas não se viabilizam sem a autorregulação da economia de mercado? Se isso permanecer verdade, Rorty se pergunta o que faremos agora com as expressões *capitalismo* – realçada como oposição ao *comunismo* –, *ideologia burguesa* e *classe trabalhadora*. Enquanto não tivermos um modelo alternativo viável a propor, continuaremos a usar essas expressões? Ao inventar "História" como nome de um objeto que podia ser captado conceitualmente, Hegel e Marx possibilitaram que conservássemos do cristianismo tanto o romantismo como o sentido de solidariedade contra a injustiça. É o que Nietzsche quer dizer ao afirmar que cristianismo e socialismo são, no fundo, "farinhas do mesmo saco". Como construir um novo metarrelato que assuma o frio e o cruel capitalismo e que, ainda assim, possua a força dramática e a compulsão do relato marxista? Não parece tarefa fácil propor às novas gerações a imagem do caubói bushiano ou do sorridente vendedor Tony Blair para substituir no seu imaginário figuras como Lênin ou Guevara. Sabemos que cada situação histórica é única, requer sua própria teoria. Como substituir a teoria marxista por outra doutrina geral de dominação que amarre as complexidades da era global e reintroduza utopias e propostas de solução?

Os filósofos, muitas vezes, mantêm suas premissas filosóficas sem questionar e seguem filosofando baseados em equívocos. A questão central é a qualidade da pergunta inicial. Se a pergunta é ruim, a resposta sempre será um equívoco porque ela aceita e inclui a premissa ruim. Assim, é fundamental diferir a má resposta da má pergunta. Em ciência, pode-se sempre ir adiante conseguindo respostas melhores a alguma boa pergunta como "é possível prever certo movimento de um astro no universo?", ou "podemos encontrar a cura para a Aids?". A tarefa da filosofia, para Rorty, consiste em clarificar as ideias dos homens em relação às batalhas sociais e morais de seu próprio tempo. A filosofia se diferencia da ciência porque não precisa de comprovação empírica: as explicações filosóficas o são *a priori*. Mas na filosofia, assim como na ciência, a justificação de uma teoria exige uma rede de teorias anteriores. E assim como o real não é independente de nossas crenças, a história da filosofia não se pode escrever fora da história cultural.

A física define a realidade por oposição à aparência. Mas o que são aparências? Uma má resposta seria: são ideias que não correspondem à essência real das coisas. Os pragmatistas propõem que se desista da pergunta "quais entre minhas distinções são distinções reais?" e a substitua por "quais entre minhas distinções são úteis para que propósitos?"; ou ainda "em que medida posso partilhar meus conceitos com outras pessoas?". O que nos levaria a pensar que o objetivo da política não é necessariamente fazer que a pessoa reconheça o verdadeiro e o correto, numa espécie de subjetivação final da verdade, mas sim dar-lhe liberdade para que ela mesma decida o que é verdadeiro e o que é correto. Habermas (ibidem, p.318) fala que a autoridade adviria de acordos que cidadãos livres pudessem alcançar livremente. Claro está ser preciso – nesse caso – questionar que liberdade existe num espaço em que a propaganda e a mídia global induzem incessantemente seus "valores" e suas "verdades".

A intuição fundamental pós-hegeliana foi o abandono de um "marco de referência trans-histórico muito além dos diferenciais linguísticos". Para Dewey (ibidem, p.323), ficamos entre os extremos do historicismo – uma certa desconexão entre linguagem e mundo – e o cientificismo, que atribui à ciência natural o privilégio de ser a mais confiável. No entanto, a ciência natural é apenas um dos conjuntos de imagens do mundo; além do mais, ela não resume a verdade. Até porque fazer ciência é construir metáforas, sempre destinadas a ser ultrapassadas por novas, que, por sua vez, foram possibilitadas pelas anteriores. Kant, Fichte e Hegel já falavam sobre o equívoco de supor a ciência natural coincidente com a realidade. Radicalizado pelo relativismo dos pragmatistas, *verdadeiro* transformar-se-ia apenas no nosso pensamento mais conveniente, exatamente como *correta* seria apenas a nossa conduta mais conveniente. Quem julgaria o grau de conveniência seria a sociedade, convencida pelos argumentos dos filósofos. Dewey insistiu em que substituamos a distinção *aparência-realidade* por uma distinção entre crenças úteis para uns propósitos e crenças úteis para outros. Assim, as ideias *se tornam* verdadeiras, ou *se fazem* verdadeiras. Estar de acordo, em sentido amplo, com uma interpretação de realidade apenas significaria operá-la e manejá-la melhor do que se não se estivesse de acordo. Em suma, perseguir a verdade e perseguir a conveniência passariam a ser sinônimos (ibidem, 2000). Ainda assim, a questão-chave seria: conveniente para quem? Para a maioria, ou para uma elite econômica e política para quem convém induzir um conceito de verdade ou de progresso?

Parafraseando Ortega y Gasset (2002), que analisa a relatividade do conceito de *decadência*, poderíamos dizer que *progresso* também é um conceito comparativo. Para os antigos fabricantes de piteiras de âmbar, por exemplo, o mundo estaria progredindo se cada vez mais pessoas desejassem fumar com elas. Para os atuais fabricantes de telefones celulares e telas de plasma, *progresso* significa conseguir transformar esses aparatos eletrônicos em objetos de desejo do maior número de pessoas. Para obter esse resultado, a manipulação midiática induz o indivíduo a acreditar que ele será muito mais feliz se substituir seu aparelho de TV por outro com tela do mesmo tamanho, mas profundidade muito menor, ainda que custe dez vezes mais. Ainda sobre a relatividade do conceito de progresso, vale a observação de Ortega y Gasset: "A única coisa que podemos – no momento em que vivemos – compreender do passado, do presente ou da antecipação sobre o futuro é sua estrutura muito geral. Quem quiser ver bem sua época e entender seu sentido deverá olhá-la de longe, 'à distância exata que o impeça de ver o nariz de Cleópatra'" (ibidem, p.86).

É preciso, pois, investigar como o *progresso* obtido pela evolução do conhecimento, entendido no sentido de um desenvolvimento significativo na *qualidade* de nossa civilização, acaba sendo aceito por amplos segmentos da sociedade como uma verdade (Adorno; Horkheimer, 1985). No conceito mais amplo de progresso, o esclarecimento livraria os homens do medo e os faria senhores: dissolveria os mitos e afirmaria a superioridade humana pelo saber e não pela imaginação.

Para Adorno e Horkheimer, o saber transformado em poder não hesita sequer diante da escravização da natureza e da própria criatura humana. O *ser* dissolvido no *lógos* leva à submissão do mundo pelo domínio do homem, quer dizer, de alguns homens; e resume o reconhecimento do poder como o princípio de todas as relações. *Fórmula* substitui *sentido*, e tudo que não pode ser reduzido a números e estatística transforma-se em ilusão.[1] O esclarecimento perpetua a injustiça

---

1 A esse respeito, ver frase de abertura do Capítulo 3 de uma personagem de Agustina Bessa-Luiz.

na mediação universal do mercado. O mercado é indiferente à origem das pessoas que nele vêm trocar suas mercadorias; mas não é neutro porque reafirma que as possibilidades de cada um são restritas pelas mercadorias que pode comprar. A nivelação é feita por uma indústria que transforma todas as coisas na natureza em algo reproduzível com regras rígidas e valor de troca.

Com o fim do nomadismo, a ordem social foi instaurada sobre a base da propriedade fixa e da aversão ao "estrangeiro". Essa fixação das pessoas e das propriedades teve consequências importantes (Maffesoli, 2001). O vagar, o perambular, além de seu aspecto fundador de todo o conjunto social, traduz a pluralidade da pessoa, a duplicidade contraditória da existência. Também exprime a revolta, violenta ou discreta, contra a ordem estabelecida, e fornece uma boa chave para compreender o estado de rebelião latente das gerações jovens e das massas de excluídos do mercado global, transformados em imigrantes clandestinos. Maffesoli lembra que o nomadismo é totalmente antiético em relação à forma de Estado que privilegia o conhecimento. Fixar significa a possibilidade de dominar, controlar essa imersão na "fantasia do uno", característica da violência totalitária moderna. A especialização provoca um bloqueio da circulação social. O poder se empenha para que tudo "funcione perfeitamente", esteja "bem canalizado", que nada escape ao controle. Aquilo que era artesanal nas sociedades pré-modernas transformou-se pelo conhecimento em controle e padronização exacerbados. Afinal, o que se move escapa, por definição, à câmera sofisticada do "pan-óptico" do Big Brother de Orwell.

Esse ideal de poder só é atingido pela imobilidade absoluta, da qual a morte é, com toda a segurança, o exemplo acabado. Nada nem ninguém deve, nem pode, escapar. A sofisticação dessas técnicas marca o apogeu da agressão racionalista: a de saber tudo, esclarecer tudo e, portanto, dominar tudo. O fechamento, o amestramento, a normalização são consequências. Numa dialética sem fim, o saber e o poder vão se fortalecer mutuamente. A internet, o telefone celular e a monitoração permanente pretendem capturar tudo a controles centrais. A figura do sábio antigo, tolerante quanto às zonas de sombra no conhecimento do mundo, dá lugar à do especialista ao qual nada escapa, que pode falar de tudo e para o qual tudo é transparente. No entanto, o desejo de errância sempre foi um dos polos essenciais de qualquer estrutura social. Ele significa a rebelião contra a funcionalidade, contra a divisão do trabalho, contra uma descomunal especialização que transformou a todos numa simples peça de engrenagem na mecânica industriosa que seria a sociedade. Na pós-modernidade, era o operário da linha de montagem; agora é o operador de telemarketing. O contraponto salvador está no ócio conquistado – não aquele imposto pela falta de trabalho –, na importância da vacuidade e do não agir do vagar humano. É o que Benjamin (ibidem, p.33) chamou de "passeio sem destino", espécie de protesto contra um ritmo de vida orientado unicamente para a produção. O andarilho violenta, por sua própria situação, a ordem estabelecida: e lembra o valor de se pôr a caminho.

Para Maffesolli, essa "parte de sombra" é sentida como um perigo, e aí é que se confunde com o trauma das origens e com as dilacerações das diversas mudanças. Platão (ibidem, p.42) já chamava a atenção para o caráter inquietante do viajante, uma espécie de "ave de passagem". Ele deveria ser acolhido, certamente, mas fora das muralhas da cidade. Os magistrados deveriam vigiar para que "nenhum dos estrangeiros dessa espécie introduza qualquer novidade". O viajante é testemunha de um "mundo paralelo", no qual o sentimento é vagabundo e a anomia tem força de lei. "Com isso se incomoda o sábio organizador cuja única ambição consiste em prever – e para isso tem de repelir o estranho e o imprevisível" (ibidem, p.43). O bárbaro assusta porque é nômade, por sua *aptidão ao movimento*, perturbando a quietude do sedentário e podendo deflagrar o imprevisível. "Nada incomoda tanto um burocrata como a liberdade desses errantes" que servem de intermediários com a exterioridade.

A fixação dos errantes e a instauração da propriedade privada significaram que não se pode mais colher livremente frutos, flores e caçar animais. Tudo tem dono, qualquer coisa precisa ser comprada. Viver sem dinheiro é impossível. Dominação e trabalho separam-se. Adorno e Horkheimer (1985, p.28) lembram o exemplo de um proprietário tal como o herói Ulisses, que

> dirige à distância um pessoal numeroso, meticulosamente organizado, composto de servidores e pastores de bois, de ovelhas e de porcos. Ao anoitecer, depois de ver de seu palácio a terra iluminada por mil fogueiras, pode entregar-se sossegado ao sono; ele sabe que seus bravos servidores vigiam, para afastar os animais selvagens e expulsar os ladrões dos coutos que estão encarregados de guardar.

É o comando dos homens livres organizando uma forma de vida.

Na religião grega, a busca do conhecimento provinha do medo do desconhecido. Tanto o mito – *a crença* – quanto a ciência – o *conhecimento* – supunham que o homem está livre do medo quando acredita ou conhece. E só o conhecimento pleno poderá livrá-lo do todo o medo. Temos aí o positivismo em plenitude; qualquer ponto obscuro é fonte de angústia. Adorno e Horkheimer lembram que Platão baniu a poesia, assim como o positivismo o fez com as doutrinas. A razão e a religião declaravam guerra à magia. A natureza deveria ser dominada pelo trabalho. A obra de arte teria de mostrar a sua utilidade, já que arte tem coisas em comum com a magia; a arte reclama dignidade absoluta. Para Schelling (ibidem, p.32), a arte entra em ação quando a ausência de saber deixa os homens desamparados. O selvagem nômade participava da magia e se disfarçava no animal caçado para surpreendê-lo; mais tarde o comércio com os espíritos ficou com os poderosos e os símbolos assumiram a expressão do fetiche. Os conceitos filosóficos nos quais Platão e Aristóteles expõem o mundo vieram da praça do mercado de Atenas. Eles refletiam com precisão a igualdade dos cidadãos plenos e a inferioridade das mulheres, das crianças e dos escravos. Na medida em que se reforçava o poder social da linguagem, as ideias se tornavam mais supérfluas, até que a ciência acabou com elas. A metafísica permitia entrever a injustiça, pelo menos, na inconsistência entre conceito e realidade. A linguagem científica e o esclarecimento acabaram com os símbolos e os conceitos universais; da metafísica sobrou o medo, já que o esclarecimento obviamente não é suficiente para deixar ninguém seguro.

Visto dessa forma, o esclarecimento é totalitário. Na matemática, o desconhecido se torna a incógnita, portanto conhecido ou identificado, embora ainda não tenha valor. A natureza é o que pode ser apreendido matematicamente. Tudo é cercado por fórmulas e teoremas. Com isso o esclarecimento, confundindo pensamento com matemática, acredita estar a salvo do retorno mítico. O procedimento matemático tornou-se, por assim dizer, o ritual do pensamento, transformando pensamento em coisa e instrumento. De bom grado o censor positivista deixa passar o culto religioso oficial e a arte como domínios particulares da atividade social, nada tendo a ver com o conhecimento. Não há nenhum ser no mundo que a ciência não possa penetrar.

O preço da dominação não é só o da alienação dos homens em relação aos objetos dominados, mas também é o da coisificação do espírito. O animismo havia dotado os seres inanimados de uma alma; o capitalismo industrial, por seu lado, coisifica suas almas. Os agentes econômicos e sua propaganda transformam em mercadoria e fetiche os valores que decidem sobre o comportamento dos homens. Quem não está conectado à internet ou a um celular é um pária, um excluído. Assim como também não pode ser feliz quem não tem uma tevê de tela de plasma. Utilidade *versus* fetiche, eis a questão. O processo técnico, pelo qual o sujeito se coisificou após eliminada sua consciência, está livre do pensamento mítico e de toda a significação porque ele mesmo se transformou em mito, e a razão se tornou um instrumento universal da economia que tudo engloba. Esse entrelaçamento entre mito, dominação e trabalho é descrito por Adorno e Horkheimer a partir da narrativa de Homero sobre o encontro com as sereias. Ulisses libertou-se da sedução das sereias pelo sofrimento. Os perigos mortais que teve de enfrentar deram-lhe unidade e identidade. Ele amarra-se ao mastro, como atado à práxis, e neutraliza o canto das sereias transformando-o em objeto de contemplação.

Ulisses assiste a um concerto onde seu brado penoso parece um aplauso. As medidas preventivas tomadas por Ulisses pressagiam alegoricamente a dialética do esclarecimento. "Quanto mais complicada e mais refinada a aparelhagem social, econômica e científica, tanto mais empobrecidas as vivências de que o indivíduo é capaz" (ibidem, p.47). Quanto mais cresce a capacidade de eliminar toda a miséria, mais aumenta a própria miséria enquanto antítese da potência e da impotência. O poder do sistema sobre os homens cresce na mesma medida em que ele subtrai poder à natureza. O progresso renova concomitantemente a dominação e a perspectiva de seu abrandamento. Abandonando o pensamento, o esclarecimento abdicou de sua própria realização. Enquanto mera construção de meios, ele é tão destrutivo quanto os inimigos românticos que o acusam. Multiplicando o poder pela mediação do mercado, a economia capitalista também multiplicou seus objetos e suas forças a tal ponto que, para sua administração, precisa de todos. O esclarecimento organizou o mito convertendo-o em mistificação das massas, assim como o episódio das sereias mostra o entrelaçamento do mito com o trabalho racional.

Nietzsche conhecia como poucos a dialética do esclarecimento. Foi ele quem formulou sua relação contraditória com a dominação, ou seja, de deixar claro aos príncipes e aos estadistas seu procedimento de enganar as massas por meio das promessas da democracia e das falsas noções de progresso. A epopeia e o mito têm em comum a dominação e a exploração. Para Adorno e Horkheimer, as aventuras nas quais Ulisses sai vitorioso são perigosas seduções que desviam o *eu* da trajetória de sua lógica; ele as experimenta como um aprendiz curioso e incorrigível, arriscando-se a perder para ganhar.

> Para libertar-se da natureza ele se abandona a ela; essa natureza inexorável que ele comanda triunfa quando ele volta para casa, como juiz e vingador do legado dos poderes de que escapou.

> Está aí a astúcia do *eu* para sair vencedor: perder-se para se conservar. O navegador Ulisses engana as divindades da natureza, como o viajante civilizado enganará os selvagens oferecendo-lhe contas de vidro coloridas em troca de marfim. (ibidem, p.56)

A astúcia de Ulisses é dar à natureza o que a ela pertence e, com essa manobra, lográ-la. É possível ouvir as sereias e não sucumbir a elas: só não se pode desafiá-las. A astúcia é a arma racional para vencer o desafio. Ulisses não altera a rota pela ilha das sereias. Tampouco é presunçoso alegando a superioridade de seu saber; ele se apequena, cumpre o contrato de sua servidão e se debate amarrado ao mastro para não se atirar aos braços fatais das corruptoras. "Ele descobriu no contrato uma lacuna pela qual escapa às suas normas, cumprindo-as" (ibidem, p.64). Não há nada naquele contrato sobre a proibição de se amarrar e encher de cera o ouvido dos remadores para que não ouçam seus suplícios de que o soltem nem o canto das sereias. "Tecnicamente esclarecido", amarra-se e faz usar a cera.

O desamparo de Ulisses diante da fúria do mar soa como a legitimação do viajante que se enriquece à custa do nativo. Foi isso que a teoria econômica capitalista fixou posteriormente no conceito de risco: a possibilidade da ruína é a justificação moral do lucro. Se uma empresa pode falir – e seu dono ou acionistas perderem o investimento –, o maior lucro possível está justificado. A aventura de Ulisses é a descrição dos riscos do caminho para o sucesso, dentro do princípio primordial que estruturou no passado a sociedade burguesa. A escolha era entre lograr ou arruinar-se. O logro era a marca da racionalidade. Perceba-se aqui a importância do duplo sentido da palavra *logro*: ser bem-sucedido ou enganar. Na linguagem contemporânea, vencem os mais espertos ou os que não se deixam apanhar nos comportamentos ilícitos ou antiéticos.

Se os caminhos da tecnologia, resultado da "cópula do capitalismo com a ciência experimental" (Ortega y Gasset, 2002, p.141), levam-nos ao tipo de progresso que hoje temos, a questão central é quanto desse *progresso* poderemos suportar? O excesso de conhecimento e de razão não é uma sobrecarga excessiva às estruturas psíquicas do ser humano? Dito em outras palavras, como o fez Bauman, "a mente humana pode dominar o que a mente humana tem criado?" (2002, p.7). Safranski (2004), por sua vez, pergunta-se, de modo paradoxal, se nossa debilidade não vem por conta justamente dessa riqueza de conhecimento e perspectiva. Nietzsche discorria sobre o homem como um "animal não fixado", em contínuo processo de acabamento por meio da produção de cultura. Diante do relâmpago, ele foi capaz de passar da oração ao para-raios, reduzindo seu medo e limitando o risco. A mesma técnica e o conhecimento que nos criam blindagens, próteses, espaços protetores e roupas de abrigo também nos tornam dependentes deles e nos criam novos e imensos riscos. O que, obviamente, não significa concluir que é preferível viver na ignorância.

Na Grécia antiga, filosofia e tragédia competiam. A sabedoria da arte da tragédia estava em deixar zonas de penumbra. Platão não podia aceitar Antígona e Creonte, ambos tendo razão. Para ele, a colisão inevitável e o fim trágico eram simples insuficiências de conhecimento e lógica. No entanto, não teria Édipo vivido melhor sem conhecer seu terrível passado? A versão corrente do mito de Prometeu coloca-o possibilitando ao homem, com a introdução do fogo, sua escalada cultural. Já Eurípides coloca os homens escondidos e inativos em suas cavernas, porque conheciam a hora de sua morte.

E faz Prometeu resgatar-lhes o esquecimento, permitindo que – ainda que soubessem que iriam morrer – ignorassem quando. Livra-os do paralisante excesso de conhecimento e dá-lhes o fogo para florescer seu espírito de trabalho. Na verdade, a questão de fundo que nos coloca tanto Safranski quanto Shattuck é até que ponto o homem pode afastar-se de sua primeira natureza por ação da cultura – sua segunda natureza – sem entrar em oposição autodestruidora com a primeira. A tecnologia, componente da segunda natureza, transforma nosso potencial agressivo em uma força destruidora do planeta e de seu meio ambiente – a primeira natureza.

Desde a consciência do poder avassalador da bomba atômica, evidenciado em Nagasaki e Hiroshima – transformando em poucos segundos 200 mil pessoas em pó –, estamos mergulhados numa comunidade global ameaçada pelo próprio homem. A agressão econômica e industrial da Terra, do mar à atmosfera, associa a humanidade a um cenário de angústia e pânico acelerado pela globalização.[2] Não se pode negar os benefícios da difusão contemporânea das ciências naturais, da medicina e da técnica no prolongamento da vida humana. No entanto, o que fazer quando a doença fica mais importante que o doente e a indústria farmacêutica global transforma a droga em novo objeto de desejo?[3]

De Hegel a Marx – com o projeto socialista da luta de classes – buscou-se superar a primeira natureza – aquele curso cego, irracional e casual dos acontecimentos – emancipando a humanidade para que ela construísse e dominasse sua própria história. O homem, um animal dotado de consciência, convive inevitavelmente com um passado que o

2 Ver Capítulo 5.
3 Ver Capítulo 4.

oprime e que ele não pode esquecer. Em Hegel, a força propulsora da história trava uma luta de vida e morte pelo reconhecimento. A dinâmica do espírito – e não a da natureza – é que salvaria o homem, triunfando sobre a morte e sua angústia. No entanto, tão banalmente põe-se a vida em jogo apenas pelo reconhecimento pessoal ou para corrigir uma fronteira, defender uma bandeira, vingar-se de uma ofensa. Para Safranski, "a pobreza sofre, não luta. Só luta a honra ferida e o afã da fama e do reconhecimento. A luta pelo reconhecimento aspira a obtenção de uma diferenciação a favor de si próprio" (2004, p.37). Os dramas nas histórias antigas surgem por causa das diferenças entre os homens, terminando em recorrentes conflitos e guerras. A harmonia entre Abel e Caim teria sido quebrada pelas diferenças que Deus lhes atribuiu, perturbando a harmonia entre os dois irmãos. Caim lutou contra aquela diferença matando Abel; é uma espécie de revolta contra um Deus que quebrou o princípio de justiça.

Divergências e desejos de dominação povoam a História e são quase sempre resolvidos à mão armada, com vencedores e vencidos. O desenvolvimento tecnológico só tornou as guerras mais selvagens. A mortalidade entre civis elevou-se numa escalada sem fim desde o início do século XX. Na Primeira Guerra Mundial, 20% dos que morreram eram civis. Hoje, a maioria dos conflitos tem cerca de 80% de mortos civis. Kant (ibidem, p.55-6) via três tendências sociais que seriam favoráveis à paz: a evolução democrática, a força civilizadora do comércio e a importância crescente da opinião pública. No entanto – se não foram basicamente Estados democráticos que começaram as duas grandes guerras –, vários conflitos sangrentos como os do Vietnã, as guerras do Golfo e a do Iraque existiram por decisão do país hegemônico mundial, democracia inconteste, apoiado por outras grandes democracias. Sem esquecer que a ideia de nação – produto da época democrática – fez possível uma grande movimentação de massa a serviço das guerras. Quanto aos espírito do comércio, está cabalmente demonstrado que o poder do dinheiro continuamente vem mobilizando Estados e governos em direção a guerras de conquista. Finalmente, sobre o peso da opinião pública, os meios de comunicação – que a condicionam – estão fortemente ligados a interesses econômicos e podem conduzir a mobilizações bélicas; um bom exemplo foi a recente atitude subalterna da maior parte da grande mídia mundial à certeza americana – comprovada depois como um falso pretexto – sobre a existência de artefatos de destruição de massa no Iraque de Saddam Hussein.

O atual processo de globalização acelerada é um bom exemplo de contra fluxo do verdadeiro progresso. A ideologia liberal permite que o capital seja cosmopolita; sua pátria é onde ele pode render bem. Também são cosmopolitas os grandes jogadores de futebol e os astros da música. No entanto, os trabalhadores, em geral, continuam impedidos de circular livremente pelo mundo global. A globalização não amplia os espaços, estreita-os; não assume responsabilidades sociais e ambientais; pelo contrário, acumula problemas, transforma-se em sintoma de sobrecarga. O individualismo havia sido importante conquista da cultura política e filosófica da Europa. Era exigência do Estado e da vida social que os homens pudessem desenvolver sua individualidade respeitando uns os limites dos outros. A partir daí, o *ser* converteu-se em *dever*; e a modernidade europeia tentou evoluir calcada na liberdade de opinião e de consciência, na tolerância e na justiça. Contudo, a cultura não foi capaz de desenvolver filtros que nos defendessem dos excessos que não podemos digerir por meio de sua transformação em ação. A comunidade global de informação atual é a prova viva de que o conjunto de estímulos e informações que recebemos ultrapassa amplamente nossa área possível de ação. As próteses midiáticas tornaram a área dos sentidos irreconciliável com a área da ação.

Se esses estímulos excessivos não podem ser purgados pela ação, ficamos "distraídos" – como dizia Goethe –, mas de uma distração excitada, como após uma explosão. A globalização – por meio das suas mídias – nos golpeia de dentro, favorecendo uma histeria latente e o estado de pânico. O sistema global se converte em um todo simultâneo; o que acontece no lugar mais afastado é mostrado como se estivesse acontecendo no quarto ao lado da casa de cada um. Veja-se o caso do maremoto asiático ou de uma grave epidemia localizada; ou dos conflitos no Oriente Médio e no Iraque transmitidos em tempo real, minuto a minuto. Embora muito distantes, com probabilidade mínima de acontecerem entre nós, todos os tememos. Dissolve-se o sistema de diferenciação de percepção de horizontes construído como proteção em torno do centro corporal do indivíduo. O cenário global de ameaças – o aquecimento global, a manipulação genética, a propagação da Aids, a destruição da camada de ozônio ou o equilíbrio dos fundos de pensão –, tudo passa a pertencer a nosso mundo imediato, crescendo dramaticamente a distância entre nossa intimidade com o global e nossas possibilidades de atuação.

Uma sensação desmedida de responsabilidade pelo futuro se insinua em nós, sem nenhuma perspectiva de solução. Podemos ainda falar em árvores, mas desde que seja em relação ao desmatamento. Estamos sós com nossos medos. Contamos apenas com os contraditórios especialistas no global: um grupo de cientistas garante que o homem é responsável pelo aquecimento global, outros que não; uns dizem que telefone celular pode causar câncer e problemas de DNA; outros juram que nunca acontecerá.[4] Diante de certos indícios de risco no uso de telefones celulares, perguntada se ainda assim os usa, uma pesquisadora do tema – que admite eventuais consequências graves – afirmou que sim, mas com todo cuidado e mantém o aparelho a certa distância da cabeça, especialmente no início da conexão. E agora, o que fazer? Situação semelhante ocorre com os efeitos negativos dos alimentos transgênicos e dos raios X. Na verdade, cada um dos especialistas globais está submetido a fortes interesses próprios, ou de grupos industriais e *lobbies* variados.

Antes o mistério nos fazia pensar. Na atual civilização, no entanto, o homem se move dentro dos próprios signos que criou por meio da tecnologia. A vida ficou encapsulada quase que exclusivamente em sua segunda natureza, totalmente dependente de próteses artificiais. Um médico não mais sabe diagnosticar sem sofisticados equipamentos que, por custarem muito caro, inviabilizam os planos de saúde para a maioria.[5] Os gigantes de Giambattista Vico[6] moravam em bosques cerrados, até que terríveis relâmpagos abriram uma clareira; com um pedaço do campo aberto, eles iniciaram o drama de verem e serem vistos e começaram a se integrar na cultura. Usando essa metáfora para a realidade tecnológica atual, há que se criar clareiras na mata para poder continuar a enxergar o céu. Descartes, no *Discurso do método*, deu o sábio conselho ao viajante que se perdeu na floresta: caminhe

4 Veja-se discussão mais ampla nos capítulos 4 e 5.
5 Veja-se discussão mais ampla nos capítulos 4 e 5.
6 Ver mais detalhes em Dupas, 2001, p.86-7.

sempre em linha reta porque, por pior que seja a direção, em algum momento você irá se livrar da mata.

Hoje, a segunda natureza do homem é que se transformou numa densa floresta; para sobreviver e não se tornar totalmente dependente dela, o homem precisa manter-se crítico e lúcido: ao mesmo tempo que abre constantemente clareiras para poder respirar e olhar "para fora", ele tem de manter um sendo de direção; assim, ainda que com muito esforço, ele sabe que – se quiser e persistir – terá uma saída. O segredo para a sobrevivência do *eu* nessas circunstâncias está em saber usar as próteses tecnológicas e os aparatos com inteligência, mas nunca se transformar em escravos deles. O que está em jogo é a vida do indivíduo entrelaçado com o global; ele precisa manter abertos espaços na densa floresta para que seu espírito possa sobreviver. É preciso garantir de volta o espaço que Goethe pôs na boca de seu Werther: "Volto a mim mesmo e reencontro o mundo..." (Safranski, 2004, p.105). Se soubermos viver sem as tecnologias, poderemos usá-las com sabedoria. Rodeados pelo bosque da civilização, temos de manter certa distância e um olhar na abertura para o céu.

A História é o resultado de numerosas e complexas intenções particulares que se entrecruzam, se enlaçam e desviam. O homem não faz propriamente História, está enredado em um cipoal de histórias; ao relacioná-las, faz surgir outras novas. Para Safranski, fazer um claro na floresta significa identificar a própria história dentro de um cipoal de histórias. Não há um farol que indique o caminho a seguir. Abrir uma clareira significa ser capaz de cultivar formas de conduta e pensamento originais e não padronizados pelo pensamento único globalizante. Isso significa menos rapidez, o resgate do capricho, o cultivo do sentido de local, a capacidade para desconectar-se e não estar disponível.

No entanto, "sempre acessível e conectado" passou a ser o lema do progresso na era da tecnologia da informação; sentimo-nos culpados e temos de justificar quando não estamos "ligados". Nossas casas, última zona teórica de intimidade, são invadidas até nos fins de semana por insaciáveis operadores de telemarketing, agredindo-nos com a venda de produtos indesejáveis. Se respondemos com agressividade, sentimos culpa por lembrarmos que, do outro lado da linha, está um jovem que faz esse trabalho odioso com enorme desprazer, contra a alternativa de ser mais um desempregado. Esse dilúvio de informações e agressões ataca nosso espírito, que, para manter-se íntegro e diferenciado, exige sistemas eficientes de filtros como uma espécie de proteção imunológica contra agressões externas. Fica parecendo um enorme privilégio podermos não fazer parte obrigatória de uma rede, voltando a sermos "apenas bons vizinhos das coisas mais próximas", como dizia Nietzsche.

Aliás, a palavra de Nietzsche (Klosswski, 2000) ainda repercute na história contemporânea porque os acontecimentos continuam a exigir respostas às mesmas perguntas feitas por ele há mais de cem anos. Seu pensamento abandona a esfera propriamente especulativa para revelar a *intenção* de um complô. O pensamento lúdico, o delírio e o complô formam um todo indissolúvel em Nietzsche. Mas, quando nele surge o delírio, impressiona mais pela assustadora lucidez do que pela sua "patologia". A esse respeito comenta Pierre Klosswski: "Quanto mais cresce a crença de fracassos no mundo contemporâneo, maior se torna o pensamento de Nietzsche" (ibidem, p.17). Ao tratar da ciência, ele diz: "Ninguém vê que a ciência é ela mesma afásica. Bastaria que ela pronunciasse sua ausência de fundamentos e nenhuma realidade subsistiria. Ela calcula para não falar, sob pena de cair no vazio" (ibidem, p.20). Ou, então, ao se referir à verdade do filósofo:

> O filósofo é ainda possível hoje em dia? Não seria quase uma maneira de desistir do jogo? Uma espécie de evasão? Não teria sido necessário experimentar cem maneiras diferentes de viver para estar autorizado a falar sobre o valor da vida? Essa inocência existe também nos grandes filósofos: eles não têm consciência de que falam e tratam apenas de si mesmos; eles têm a pretensão de tratar da verdade. (ibidem, p.21-2)

Para Nietzsche, a verdade do filósofo é a sólida hierarquia do seu sistema, esquecendo-se de que moral é uma *questão de gosto*. Ele chama a literatura moralista e religiosa de *a mais mentirosa*. E adverte, com imensa atualidade:

> Paralelamente às guerras de religião se desenrola a *guerra moral*: quer dizer, um impulso quer escravizar a humanidade; e à medida que as religiões forem extintas, essa luta será cada vez mais *sangrenta e visível*. Estamos apenas no começo! (ibidem, p.23)

A que fica reduzido, então, o comportamento do filósofo? Será que apenas a espectador, ao mesmo tempo lúcido e impotente, dos acontecimentos? Não necessariamente, pois todo pensamento que se deixa surpreender por um novo questionamento – a partir de um acontecimento íntimo ou exterior – demonstra uma capacidade de recomeço.

Para Nietzsche, a questão moral de saber o que é *verdadeiro* ou *falso*, *justo* ou *iníquo* é colocada nos seguintes termos: o que é *mórbido* ou *são*? O que é *gregário* ou *singular*? Assim ele a desenvolve:

> Vejo, por toda parte, que levam vantagem e subsistem justamente aqueles que comprometem a vida, o valor da vida. Apenas os medíocres conseguem produzir naturezas excedentes cujo excesso de vida é uma ameaça para a segurança da espécie. Existem, portanto, duas potências: a *niveladora*, do pensamento gregário; e a *erétil*, dos casos particulares. (ibidem, p.26-7)

Para ele, a metafísica de Kant é *a raposa que entra de novo na jaula depois de tê-la quebrado*. A "morte de Deus", fiador da identidade do *eu responsável*, abre para a alma todas as suas possíveis identidades. O Eterno Retorno permite as realizações sucessivas de todas as identidades possíveis: "Todos os nomes da história, no fundo, sou eu" (ibidem, p.77). É o remédio de Zaratustra: "Querer de novo o que *não foi querido*, como se desejasse assumir o fato realizado; logo, torná-lo *irrealizável*, querendo-o de novo *inúmeras vezes*. *Artimanha* que subtrai do acontecimento seu caráter de '*uma vez por todas*': centrada sobre o querer" (ibidem, p.87).

Só o *esquecimento* permite empreender as antigas criações como se fossem criações novas. É a cura do querer pelo querer de novo aquilo que passou. Ao querer de novo, o eu *muda*, torna-se *outro*. É aí que reside propriamente a solução do enigma. Para Klosswski (ibidem, p.89-90),

> o querer de novo aquilo que passou – embora seja apenas uma *maneira de assumir o que não foi querido* pela vontade, como recuperação criadora (no sentido em que o horripilante acaso, o fragmentário, o enigma são reconstituídos numa unidade significativa) [...] quebra, a partir daí, as correntes da sua escravidão querendo novamente aquilo que não foi querido e se reconhecendo na reversibilidade do tempo como vontade de potência, logo, como vontade criadora.

O *círculo vicioso* é fatalista no seu movimento sem começo nem fim, destino feito círculo, onde só se pode *querer de novo*, tendo sempre que se recomeçar. É um fatalismo integral, porque o *conceito de vontade* foi eliminado. Por um lado, o Eterno Retorno suprime a identidade do *eu* e o conceito tradicional do querer. Todo querer transforma-se em *potência*. Mas, paradoxalmente, o *ato de pensar* não é um sintoma de total impotência? O real seria então o que pode ser pensado; ou, ao contrário: tudo o que pode ser pensado é irreal. Para Nietzsche, afinal, "não é a dúvida, mas a certeza que nos enlouquece. A certeza toma o caráter ofensivo do delírio" (ibidem, p.227). O que nos permite voltar à ideia de progresso como delírio – no sentido de puro desejo – ou manipulação a serviço das classes dominantes.

Modernidade, ocidentalismo e eurocentrismo

O termo *sociedade moderna* surgiu em torno da década de 1950 (Habermas, 2000, p.4), associado estreitamente à nova lógica de desenvolvimento econômico capitalista com democracia, mobilização social e abertura cultural universalista. No entanto, vários autores marxistas viram no conceito de sociedade moderna ou pós-moderna uma maneira de evitar falar de capitalismo. Assim, a modernidade teria se iniciado com a Revolução Industrial e as inovações tecnológicas que, no mais das vezes, são profundamente identificadas com a ideia de *progresso* (Bonny, 2004, p.34). Durante a Guerra Fria, o confronto entre Oeste e Leste foi simbolizado pela vitrine de modernidade e *progresso* representada por Berlim ocidental – com seus magazines e produtos de consumo fascinantes – em contraposição ao *atraso* ou *arcaísmo* do modelo soviético de sociedade padronizada e sem *encanto*. Mesmo em certas áreas em que a URSS apresentava nível tecnológico competitivo – aviação civil, militar e exploração espacial –, ainda aí a ideia de progresso era matizada por observações sobre atrasos e falta de sofisticação. Nas artes e na arquitetura, por mais excepcionais que fossem o Balé Bolshoi ou o metrô de Moscou, na percepção da cultura ocidental faltavam-lhe modernidade e refinamento.

Sobre essa assunção de progresso associada à frenética lógica capitalista, Sigmund Freud já advertia sobre a relatividade e o real significado das "extraordinárias realizações dos tempos modernos"; para ele, essas foram alcançadas por meio de tais exigências impostas à eficiência dos homens "que, só reunindo todos os seus poderes mentais, eles podem atendê-las" (1987, p.170-1). A consequência foi um aumento "das necessidades individuais e da ânsia dos prazeres materiais" (ibidem), do descontentamento e da cobiça em amplas esferas sociais. "Tudo é pressa e agitação [...]. As crises políticas e financeiras atingem círculos muito mais amplos [...]. Os nervos exaustos buscam refúgio em maiores estímulos e em prazeres intensos, caindo em ainda maior exaustão" (ibidem).

Em interessante diálogo entre o filósofo Jean-François Revel e o monge budista Matthieu Ricard (Revel; Ricard, 1998), ambos concordaram que o bem-estar trazido pelo progresso técnico pode ser bem-vindo. Mas esse avanço só resolve problemas secundários: deslocar-se mais depressa, enxergar mais longe, subir mais alto, mergulhar mais fundo etc. Viver uma longa vida graças aos progressos da medicina só vale a pena se for uma boa vida, plena de valores e sentido. Eles acham que o sucesso do Ocidente está na sua ciência, mas que seu fracasso está na sua filosofia. Essa filosofia acredita no desenvolvimento histórico, na fecundidade do tempo, ou seja, no progresso inevitável; essa crença firma-se na convicção de que a História só trará melhorias à condição humana; e de que elas decorreriam da razão, que nos explicaria os mecanismos ocultos do universo e do funcionamento da pessoa. Para Revel e Ricard, conhecimento e sabedoria transformaram-se em falsos sinônimos e a certeza de que a combinação razão-progresso nos traria a felicidade. Eles admitem, obviamente, que vivemos num mundo transformado e tornado mais confortável pela ciência. Mas acham que certeza científica não conduz à sabedoria, já que se abandonou a questão socrática fundamental: "Como devo viver?".

Aliás, as características do progresso atual encaixam-se muito bem na tese da futilidade do seu caráter dinâmico, bem representada seja por Lewis Carroll em *Alice no País das Maravilhas* ("Aqui é preciso correr o máximo que se pode para ficar no mesmo lugar"), seja por Lampedusa em *Il Gatto Pardo* – quando fala que é preciso mudar para ficar no mesmo lugar. Na verdade, como acentua Hirschman (1992), o progresso nas sociedades humanas é tão problemático que qualquer novo passo à frente parece causar vários danos a realizações anteriores. Ele lembra que, de um modo geral, as pessoas se sentem mais confortáveis e menos impotentes confiando *que a história está ao seu lado*, por mais vaga que seja a esperança. Esse conceito foi o sucessor, no século XIX, da percepção anterior dos combatentes de que *Deus estava ao seu lado*. Hoje ele seria substituído por algo como *o progresso da tecnologia – e as grandes corporações que o viabilizam – está do seu lado*. Tomado radialmente, esse argumento desencoraja a ação humana; e talvez seja exatamente o objetivo daqueles que o propagaram.

As tentativas de legitimação da ciência como busca do verdadeiro têm sido um dos papéis da filosofia. Elas constituem um metadiscurso que recorre explicitamente a algum grande relato do tipo *liberdade do espírito, emancipação do trabalhador* ou *desenvolvimento da riqueza*; ou outros equivalentes, que buscam legitimá-la como se ela trouxesse o progresso. Para Jean-François Lyotard (1998) foi assim que o saber dos relatos reforçou o discurso eurocentrista que dominou a cultura e a história ocidental. Ele trouxe uma solução para o problema de quem tem o direito de decidir pela sociedade. Em perfeita consonância com a nova atitude científica, o nome do novo herói seria o povo; e seu consenso o sinal da legitimidade. Por meio da deliberação, estabelecer-se-iam as normas: o povo definiria o que é justo e o que é injusto; a comunidade de cientistas, o que é verdadeiro ou falso. O povo acumularia a lei civil; e os cientistas, as leis científicas. Isso seria o *progresso*. Afinal, todos os povos devem ter direito à ciência.

O pressuposto é que o jogo de linguagem que orienta a prática ética, social e política "comporta necessariamente decisões e obrigações baseadas em enunciados que se espera sejam não só verdadeiros, mas justos" (ibidem, p.60). Mas ocorre que os enunciados transformam-se em discursos hegemônicos, e os povos meramente assistem – perplexos ou seduzidos – às ações que deles emanam. E ciência sem legitimidade não é ciência verdadeira; é ideologia ou instrumento de poder. Os critérios atuais de legitimação não passam nem pelo justo ou pelo belo, mas puramente pelo eficiente: uma opção técnica é boa quando é bem-sucedida ou custa menos. Não se contratam técnicos e cientistas, ou compram-se aparelhos, para saber a verdade. No discurso dos financiadores da ciência e da tecnologia, a única disputa que interessa é a do poder para aumentar a acumulação.

Um dos casos interessantes de relativismo do conceito de verdade é a visão marcadamente eurocêntrica da história divulgada no Ocidente, colocando-o como o *locus* maior do progresso. Para esse relato dominante, o lado "ocidental" do globo teria construído o topo do mundo científico, militar e político nos últimos quatro séculos, incluindo-se o cristianismo e a Revolução Industrial. No entanto, a versão ocidental eurocêntrica sobre a história e o capitalismo parece outra verdade a demolir. Dentro dos vários milênios do sistema mundial contemporâneo, a ascensão da Europa e do Ocidente como dominantes parecem eventos muito recentes; ainda assim, o eurocentrismo domina a cena das análises políticas e econômicas que fazemos sobre o mundo. Gunder Frank (2005a) procura um outro ângulo para ver a História; ou seja, a competência em acumular capital e exercer poder aparece sempre com uma força motriz do processo histórico. Para ele, existe no "sistema mundial" uma clivagem do tipo centro-periferia, por meio da qual a mais-valia foi sendo transferida entre zonas hierárquicas, implicando numa certa divisão internacional do trabalho.

Nenhuma parte desse sistema seria como é ou como foi se outras partes não fossem como elas são ou foram; ou seja, as partes do sistema estão intrinsecamente ligadas por conexões comerciais amplas e persistentes, relações políticas recorrentes com determinadas regiões ou populações específicas, dinâmicas centro-periferia, situações hegemônicas e compartilhamentos de ciclos econômicos, políticos e culturais curtos ou longos. Para Frank, em torno de 1500 a.C., as relações existentes entre Egito e Mesopotâmia deram origem à "Civilização Central". Durante ciclos longos de duzentos a trezentos anos, vastas e distantes áreas da Afro-Eurásia experimentaram fases alternadas de expansão e de contração. A mais notável e bem conhecida foi a da crise da Idade do Bronze, em 1200 a.C. Atestando essas profundas interconexões, Cícero já havia mencionado que problemas políticos existentes nas fronteiras com a China estavam causando pânico financeiro em Roma. Plínio falou às mulheres romanas a respeito do déficit da balança de pagamentos causado por seus vestidos luxuosos feitos com seda importada da China.

Os quatro séculos que se seguiram a 200 a.C. foram uma espécie de divisor de águas, pois houve expansão e ascensão simultâneas dos grandes impérios da China, da Índia, do Irã, da África Oriental e da Roma imperial. O império nômade de Hsiung-nu, na região das estepes, foi provavelmente criado e fortificado pela importação do ferro e das sedas da China; a expansão, o poder e o prestígio da China de Han não eram derivados apenas de sua prosperidade econômica, mas também do comércio com a Mongólia, Coreia, Ásia Central, Sul da China e Norte da Índia. Os deslocamentos nas rotas de comércio afetaram o *locus* da acumulação, causando ascensões e quedas. Desde o século I d.C., o comércio direto de Roma com a Índia e com a África proporcionou golpes violentos nos centros urbanos da Arábia, especialmente nos do sul da Arábia e do Iêmen, dependentes do comércio de incenso. Esse período de hegemonias interligadas caracteriza-se por constantes rivalidades entre Roma, Armênia, Irã e Extremo Oriente. A guerra em Tarim ocasionou uma interrupção do comércio da seda, e isso despertou hostilidades em vários pontos ao longo da rota, chegando até as longínquas regiões do oeste, como a região do Eufrates.

Os séculos IV e V d.C. aparentam ter sido o período em que ocorreu o maior declínio político-econômico de todo o sistema eurasiano. A Europa Ocidental tornou-se economicamente estagnada no sistema mundial, incluindo suas instituições políticas. Ela permaneceria numa posição secundária durante o período ascendente seguinte da economia mundial, que se iniciou durante o século VI d.C. Quando a Europa Ocidental finalmente começou a demonstrar alguma recuperação, foi como parte de um processo de reintegração à economia mundial, cujo centro, durante séculos, esteve localizado no Oriente.

No entanto, a história antiga foi europeizada, as outras culturas aparecendo apenas em "contribuições momentâneas" como os números e a matemática, o compasso e a pólvora. A própria imprensa existia na China séculos antes de Gutenberg nascer. Dá-se a impressão de que não existiu uma história econômica relevante em nenhuma outra parte do mundo e que não houve nenhuma conexão dessa "outra parte" com a Europa, tentando tornar o *progresso* do Ocidente uma verdade solitária incontestável. Blaut (Frank, 2005a, p.28) vê na viagem de Colombo em 1492 a ruptura crucial para o início da história moderna mundial. Cientistas políticos focados nos processos hegemônicos preferem o ano de 1494, em que Portugal e Espanha dividiram o mundo ao meio pelo Tratado de Tordesilhas. Já as viagens de Colombo e Vasco da Gama, em 1498, são identificadas tanto por Adam Smith como por Karl Marx como as mais importantes da história da humanidade.

Fernand Braudel (ibidem, p.30), em anos mais recentes, tentou libertar-se do eurocentrismo. Ele descreveu a vida histórica e econômica, desde tempos remotos até os últimos séculos, como um processo contínuo e indivisível através da zona afro-eurasiana, único contexto grande o bastante para abranger a compreensão do quadro histórico geral, relativizando o papel da Europa: "Devemos reconhecer o papel limitado do nosso Ocidente na história, como uma região entre outras, e saber que durante boa parte do seu desenvolvimento ocupou posição periférica" (ibidem, p.33). Para ele, a transformação ocidental somente ocorreu "porque os mercados acessíveis do Extremo Oriente deram forma a economias coesas, conectadas entre si numa economia mundial totalmente operacional, às quais o capitalismo mercantil da Europa foi capaz de sitiar e utilizar-se de sua própria vitalidade" (ibidem, p.33-4). Para Frank, a assim chamada "hegemonia europeia" no sistema mundial moderno desenvolveu-se tardiamente e de certa forma incompleta, nunca unipolar. Durante o período entre 1450 e 1470 – algumas vezes denominado período da "acumulação primitiva" que conduziu ao capitalismo pleno – o sistema mundial ainda permanecia sob influência predominante da hegemonia asiática, onde se localizava muito do dinamismo real da economia mundial.

Os europeus não criaram o sistema de economia mundial e tampouco o capitalismo, embora os tivessem utilizado de maneira muito competente. A Europa não foi uma potência de primeira grandeza nem um núcleo regional econômico durante aqueles três séculos. Os núcleos principais de produção industrial encontravam-se na China e na Índia, que eram os principais centros de acumulação de capital do sistema mundial, permanecendo economicamente mais importantes do que a Europa. Politicamente, a influência hegemônica da China, da Índia e dos otomanos era consideravelmente maior do que a dos europeus. A China achava-se na dianteira, exportando quantidades enormes de produtos valiosos e importando grandes quantidades de lingotes de prata. A Índia tinha centros industriais significativos, particularmente de produtos têxteis, além de ser grande compradora de ouro. Tanto o Sudeste Asiático quanto a Ásia Central cresciam com o transporte dos lingotes e de mercadorias entre as regiões.

A Europa não era um dos principais centros industriais exportadores para o resto da economia mundial. Apenas sua influência colonial nas Américas explicava seu peso na economia mundial, sem a qual não poderia prosperar em virtude de seus enormes déficits no comércio de mercadorias com a Ásia.

A expansão geográfica do Islã continuou durante o século XVI, e a hegemonia asiática só foi seriamente ameaçada na segunda metade do século XVIII. Para Braudel, o centro de gravidade econômico mundial só se deslocou para o Ocidente bem mais tarde. Antes da emergência, no século XIX, de uma ordem hegemônica mundial centralizada na Europa, a Ásia continuou sendo um centro onde a cultura florescia, especialmente a islâmica e a chinesa. Assim, é razoável supor que a hegemonia asiática permaneceu até o período ente 1750 e 1850, quando – então – o poder da economia europeia e de sua política se consolidou definitivamente. No entanto, apesar de todas essas evidências sobre interdependências e fortes dinâmicas extraeuropeias, grande parte do olhar moderno foi aprisionada pelo ponto de fuga eurocêntrico, distorcendo a história mundial e manipulando a exatidão das forças e eventos que teriam permitido, finalmente, a inconteste hegemonia europeia a partir do século XIX. Ainda assim, as circunstâncias da História estarão sempre a depender de um sistema global de interconexões e relações causais. Há quem veja, por exemplo, no horizonte do século XXI um ciclo hegemônico "asiático" que poderia surgir de uma crise norte-americana e do desdobramento das novas realidades em torno da China e da Índia.

Um freio de emergência para a escalada do progresso

A evolução científica e tecnológica do século XX trouxe profundas mudanças histórico-sociais – que incluíram um novo patamar de guerra e violência –, afetando o horizonte das representações culturais de Kant e de Marx. Para Kant, a natureza existia para que suas leis pudessem ser descobertas pelo conhecimento. Hoje a natureza se converteu num problema ético; ela está tão degradada por ações humanas que a nossa relação com ela converteu-se em problema decisivo na constituição do ser, afetando as condições de vida sociais e a possibilidade de sobrevivência futura da espécie.[7] Urge uma nova ética de responsabilidade, informada por um saber que ilumine as consequências deliberadas da ação humana. Hans Jonas alterou a formulação dos imperativos categóricos de Kant, incorporando as tensões entre sociedade mundial e indivíduo nas condições atuais. Ele os reconstrói assim: "Atua de um modo tal que os efeitos de sua ação sejam compatíveis com a permanência de uma vida humana autêntica na Terra" ou "não sejam destrutivos para a possibilidade de vida futura"; ou simplesmente: "não ponham em perigo as condições para a subsistência indefinida da humanidade na Terra" (Negt, 2004, p.80).

Tanto Marx quanto Kant supunham que a evolução do conhecimento e do saber – bem como o aproveitamento pragmático das ciências por meio das técnicas – ocorreria inexoravelmente em direção a um *progresso*, no sentido da ilustração e da emancipação. O saber científico converteu-se definitivamente em problema ético quando o Projeto

7 Ver Capítulo 5.

Manhattan produziu uma bomba atômica e Truman inaugurou a catástrofe nuclear com Hiroshima; pela primeira vez a humanidade estava em condições de exterminar a si mesma utilizando-se do *progresso* científico e tecnológico, tornando a Terra inabitável. Oscar Negt defende energicamente a utilidade de fazer renascer o pensamento tanto de Kant quanto de Marx pelo "método do palimpsesto". Nas épocas pré-industriais da produção de papel, esses materiais valiosos eram empregados mais de uma vez raspando várias vezes a escrita. Em mosteiros isolados começou-se a desenvolver uma arqueologia original que fazia visíveis os textos originais. Atualmente, quando as arbitrariedades pós-modernas sucateiam as ideias em nome de um curioso sentido de progresso, é imperioso recuperar as experiências encobertas do passado e propor um *basta*; ou, invocando mais uma vez Benjamin, saber acionar o freio de emergência. Benjamin trata especificamente dessas questões em pelo menos duas de suas teses em *Sobre o conceito de História.*[8]

> TESE VII – [...] o historiador do Historicismo se identifica [...] com o vencedor. Ora, os dominantes de turno são os herdeiros de todos os que, algum dia, venceram. A identificação afetiva com o vencedor ocorre, portanto, sempre, em proveito dos vencedores de turno. Chamam-na bens culturais. O materialista histórico considera como sua tarefa escovar a história a contrapelo. (Löwy, 2005a, p.70)

Benjamin aponta aqui, na submissão fatalista à ordem das coisas, a razão da atração pela majestade solene do cortejo

8 Várias das demais teses de Benjamin em *Sobre o conceito de História* são analisadas no Capítulo 1.

dos poderosos. Löwy o vê designando o cortesão como o melancólico por excelência. Sua submissão ao destino o fez sempre se juntar ao campo do vencedor. O equivalente moderno do cortesão barroco seria o historiador conformista; nele, o sucesso é o juiz supremo. Nietzsche era solidário aos que haviam caído sob as rodas das carruagens majestosas denominadas *Civilização, Progresso e Modernidade*; e sentia desprezo pelos historiadores que praticam "a admiração nua do sucesso". Para ele, o historiador virtuoso seria "aquele que se opõe à tirania do real, nada contra as ondas da história e saber lutar contra elas". Em suma, *escovar a história a contrapelo* significa não aderir ao cortejo triunfal que continua a marcha sobre aqueles que jazem por terra. A tradição dos oprimidos teria que dar conta de liquidar a versão oficial da História. A ideia de Benjamin era "organizar o pessimismo" opondo-o tanto ao fatalismo melancólico quanto ao fatalismo otimista da esquerda oficial – social-democrata ou comunista –, certa da vitória inexorável das "forças progressistas". Para Benjamin, os Arcos do Triunfo celebram a guerra e o massacre; assim como as pirâmides e outras maravilhas da civilização, eles só puderam ser feitos com sofrimentos e escravidão de multidões. A cultura e a tradição tornam-se "um instrumento das classes dominantes". Um exemplo de reação a essas forças dominantes seriam os afrescos de Diego Rivera no palácio de Cortés (1930), em Cuernavaca, marcando uma virada na história da cultura latino-americana que desmistificou o Conquistador e fez o elogio dos guerreiros indígenas. Isso porque cada monumento da cultura colonial – as catedrais do México e de Lima, ou o próprio palácio de Cortés em Cuernavaca – foram um produto da guerra, da exterminação, de uma opressão brutal.

> TESE IX – Existe um quadro de Klee intitulado "Ângelus Novus". Nele está representado um anjo, que parece estar a ponto de afastar-se de algo em que crava o seu olhar. Seus olhos estão arregalados, sua boca está aberta e suas asas estão estiradas. O anjo da história tem de parecer assim. Ele tem seu rosto voltado para o passado. Onde uma cadeia de eventos aparece diante de nós, ele enxerga uma única catástrofe, que sem cessar amontoa escombros sobre escombros e os arremessa a seus pés. Ele bem que gostaria de demorar-se, de despertar os mortos e juntar os destroços. Mas do paraíso sopra uma tempestade que se emaranhou em suas asas e é tão forte que o anjo não pode mais fechá-las. Essa tempestade o impele irresistivelmente para o futuro, para o qual dá as costas, enquanto o amontoado de escombros diante dele cresce até o céu. O que nós chamamos de progresso é essa tempestade. (ibidem, p.87)

Benjamin toca de maneira profunda a crise da cultura moderna, além da sua dimensão profética sobre Auschwitz e Hiroshima, duas grandes catástrofes da História. A tempestade que sopra do Paraíso, evocando o Jardim do Éden, é o progresso causando "amontoado de escombros que cresce até o céu". Adorno e Horkheimer assim se referiram a essa metáfora: "O anjo com a espada em chamas, que expulsou os seres humanos do paraíso em direção ao caminho do progresso técnico, é ele mesmo a imagem sensível desse progresso" (ibidem, p.89). Benjamin sugere uma correspondência entre modernidade – ou progresso – e condenação ao inferno. "É preciso basear o conceito de progresso na ideia de catástrofe. Se as coisas continuarem a caminhar assim, será a catástrofe" (ibidem, p.90). Aliás, para Strindberg, o inferno não é o que nos espera, mas "esta vida aqui". Assim também para Sartre, "o inferno são os outros" que estão aqui ao nosso redor. Já para Benjamin (ibidem), o inferno é a eterna volta à mesma punição de Sísifo e Tântalo; ou ainda a interminável tortura do operário, forçado a repetir sem parar o mesmo movimento mecânico. Ou toda a sociedade moderna, dominada pela mercadoria, submetida à repetição, ao "sempre igual" disfarçado em novidade e moda. Para ele, no reino mercantil "a humanidade parece condenada às penas do inferno".

O anjo da história gostaria de parar para cuidar das feridas das vítimas sob os escombros, mas a tempestade o leva inexoravelmente à repetição: catástrofes e hecatombes, cada vez mais amplas e destruidoras, como outros "trabalhos sanguinários" da História. Benjamin inverte a visão da História de um caminhar inevitável, desmistificando o progresso e ressaltando a dor profunda e a revolta moral sobre as ruínas que ele produz. Com isso, alude aos grandes massacres: Jerusalém destruída pelos romanos, Guernica, o Holocausto – em visão profética – e Hiroshima-Nagasaki, entre inúmeros outros. Como deter a tempestade do progresso em sua progressão fatal? Löwy vê a resposta de Benjamin simultaneamente religiosa e profana. O "correspondente" profano do Messias é a *Revolução.*

> Marx havia dito que as revoluções são a locomotiva da história mundial. Mas talvez as coisas se apresentem de maneira completamente diferente. É possível que as revoluções sejam o ato, pela humanidade que viaja nesse trem, de puxar os freios de emergência. (ibidem, p.93-4)

Em suma, se nada interromper o curso vertiginoso desse progresso, iremos para o abismo.

Essa vista *a contrapelo* sobre a *verdade* da noção de progresso e essa busca de reintegração do passado na perspectiva histórica abrem brechas imediatas para as desqualificações de *conservador* e *pessimista.* No entanto, Negt deixa claro que a verdadeira formação só pode ser entendida como se equilibrasse o ato de conservar com o de renovar. Afinal, o que possibilita a formação e a capacidade de julgar é a construção de zonas de descanso para a reflexão que ajudem a alargar a visão e abranger aquilo que é excluído do ritmo alucinante do chamado progresso. Antes, o sucedido em lugar distante tinha tempo de revestir-se de imaginações, interpretações e elaborações até chegar a nós. A queda da Bastilha e o trágico terremoto de Lisboa demoraram meses até serem noticiados em cidades mais longínquas e outros países. Hoje, tudo se converte em instantaneidade e proximidade. Mas, como bem lembra Safranski, "o que se dirige depressa demais a qualquer lugar não está em nenhum lugar" (2004, p.87). Diz-se que, quando faziam longas marchas a pé, os primitivos da Austrália sentavam-se algumas horas antes de entrar no lugar de destino para dar tempo à alma de chegar.

Em outros tempos, viajar era uma experiência da qual sempre se retornava transformado, como na lenda de Marco Polo. Agora, volta-se de uma longa milhagem parecendo ter--se ficado no mesmo lugar. A mobilidade global uniformiza aeroportos, hotéis, redes de lanchonetes e de magazines e outdoors. O indivíduo exposto e condicionado a essa monótona banalização exclui-se, descuida-se; sente-se pertencendo ao todo, mas não a ele mesmo. O local também se pasteuriza em global. Na verdade, "quando próximo e distante se mesclam em um horizonte de percepção artificialmente ampliado, as coordenadas individuais de espaço e tempo se perturbam" (ibidem, p.88). Faz-se necessário retomar os problemas do passado e trabalhá-los, num sentido qualitativo de criação de reservas intelectuais, como um ato de apropriação consciente: conservar conceitos, perspectivas e símbolos de emprego não imediato, mas que em determinadas situações do futuro podem ser decisivos. Isso colide diretamente com a ideologia dominante de "gestão industrial", que manda esvaziar de imediato – e a baixo custo – todos os estoques armazenados não utilizados por mais de certo tempo, cada vez mais curto.

Diferentemente de produtos, às ideias não se aplica o mesmo conceito de obsolescência. Infelizmente, o processo de ensino contemporâneo adota cada vez mais o conceito de que a imediata utilidade é algo que contribui à formação da personalidade. Negt mostra o perigo da aplicação de categorias empresariais aos processos de formação nas universidades – onde o aprendizado deve necessariamente permitir resultados duradouros –, que ferem de morte a lógica essencial dos ritmos lentos da verdadeira aprendizagem. Estudantes não são clientes; professores universitários não são vendedores de empresas farmacêuticas.

Sobre estarmos aqui a estruturar uma visão excessivamente pessimista, Bobbio nos lembra que, embora a arte dos profetas seja muito perigosa, "quando se quer profetizar, é mais prudente ser pessimista do que otimista" (1997, p.12). Afinal, como dizia Merleau-Ponty, "a história tira ainda mais daqueles que tudo perderam e dá ainda mais àqueles que tudo tomaram. A história nunca *confessa*" (1991, p.2). Já ao receber o Prêmio Nobel, Montale (Bobbio, 1997, p.12-3) disse que preferia considerar-se um pessimista, pois há um abismo de ignorância em quem pensa que o futuro não pode deixar de ser triunfal. Para ele, o otimismo é o pior inimigo da humanidade, uma espécie de recusa de pensar. Bobbio assim se dirige aos deterministas otimistas, arraigados defensores do progresso: "A única coisa que acredito ter compreendido é que a história – por inúmeras razões que os historiadores conhecem muito bem, mas nem sempre levam em consideração – é imprevisível" (ibidem, p.52). Portanto, talvez o melhor fosse ficarmos mesmo com Merleau-Ponty quando afirma que *caminhamos*; e não *progredimos*. Transformar *caminhada* em *progresso* seria, assim, uma mera elaboração ideológica das elites. O máximo que podemos fazer, e o que nos permite sermos julgados,

> não é a intenção e não é o fato, é ele ter ou não ter feito passar valores para os fatos. Quando isso ocorre, o sentido da ação [...] abre um campo, às vezes até institui um mundo, de qualquer modo delineia um futuro. A história é, em Hegel, essa maturação de um futuro no presente, não o sacrifício do presente a um futuro desconhecido; e, nele, a regra da ação não é ser eficaz a qualquer preço, mas principalmente ser fecunda. (Merleau--Ponty, 1991, p.76)

Parece útil terminar este capítulo com a lição esmagadora de humilde sabedoria de Nietzsche sobre as imensas pretensões do conhecimento humano de transformar progresso em verdade.

> Em algum remoto rincão do universo cintilante, que se derrama em um sem-número de sistemas solares, havia uma vez um astro em que animais inteligentes inventaram o conhecimento. Foi o minuto mais soberbo e mais mentiroso da "história universal"; mas, também, foi apenas um minuto. Passados poucos fôlegos da natureza, congelou-se o astro; e os animais inteligentes tiveram de morrer. Assim poderia alguém inventar uma fábula e, nem por isso, teria ilustrado suficientemente quão lamentável, quão fantasmagórico e fugaz, quão sem finalidade e gratuito fica

> o intelecto humano dentro da natureza. Houve eternidades em que ele não estava; quando de novo ele estiver passado, nada terá acontecido. Pois não há, para aquele intelecto, nenhuma missão mais vasta que conduzisse além da vida humana [...]. Mesmo o mais orgulhoso dos homens, o filósofo, pensa ver por todos os lados os olhos do universo telescopicamente em mira sobre seu agir e pensar. Aquela altivez associada ao conhecer e sentir, nuvem de cegueira pousada sobre os olhos e sentidos dos homens, engana-os pois sobre o valor da existência, ao trazer em si a mais lisonjeira das estimativas de valor sobre o próprio conhecer. (Nietzsche, 1974, p.53)

Ou ainda com a advertência de Ortega y Gasset:

> Não posso acreditar que a técnica poderá continuar vivendo se tiver morrido o interesse pelos princípios da cultura. Técnica é consubstancialmente ciência, e a ciência [...] não pode interessar se as pessoas não continuam entusiasmadas pelos princípios gerais da cultura. Vive-se *com a* técnica, e não *da* técnica. (2002, p.116)

O grande mito oitocentista do progresso em marcha inexorável e da emancipação pela ciência é anacrônico; a razão transformou-se ela mesma em principal agente da dominação (Rouanet, 1999, p.230). Apenas como pequena ilustração, ainda ao final da década de 1980 – e muito antes da geração Prozac –, cada francês consumia, em média, mais de uma dose de tranquilizante por semana; agora os números são muito maiores, e particularmente intensos nos EUA. Muitos milhões de pessoas em nosso mundo global só conseguem dormir após ingerir uma droga química. Mário Eduardo Costa Pereira (2003) se pergunta que cultura é essa que não permite sequer aos indivíduos que repousem em paz? Qual é o conteúdo de verdade no progresso que dizemos ter alcançado?

3
Economia política como ciência do progresso

Não se vive mais para ser feliz, para suportar uma angústia, para medir forças com o destino; vive-se para entrar numa estatística. *(Agustina Bessa-Luiz)*[1]

Perdemos a promessa do progresso, mas afinal foi um enorme progresso descobrir que o progresso era um mito. *(Edgar Morin)*

Vive-se cada vez pior, gastando cada vez mais dinheiro; e acreditamos necessitar cada vez mais dele, queremos cada vez mais ganhá-lo. *(André Gorz)*

São profundas as relações entre a lógica da ciência e o mito do progresso. Max Weber considerou que a ciência não sairia ilesa diante do radical processo de racionalização do mundo. Para ele, cada nova descoberta científica levantaria

---

1 No original, a autora utiliza o verbo viver no passado ("vivia") para se referir a um tempo metaforicamente presente. Utilizo aqui o presente ("vive").

novos problemas, tornando-a obsoleta e exigindo que fosse ultrapassada. Ele ia além, relativizando a objetividade dos resultados:

> A ciência pressupõe ainda que o resultado alcançado pelo trabalho científico seja importante em si, isto é, mereça ser conhecido. Ora, [...] a ciência só pode ser interpretada com referência ao significado último, o qual podemos rejeitar ou aceitar, dependendo da nossa posição com relação ao sentido da vida. (Weber, 1993a, p.31)

Como o alcance da verdade científica ocorreria pela separação entre conhecimento empírico e juízos de valor no momento da análise, o resultado cientificamente válido seria aquele racionalmente instrumentalizado. Assim se construiria a autonomia relativa da ciência. O máximo a que poderia chegar o cientista seria mostrar aos homens de ação que suas finalidades derivam, em última instância, de diferentes valores culturais. Caso ele ultrapassasse esse limite, teria rompido as fronteiras da ciência; estaria julgando a finalidade da ação do indivíduo, já que os procedimentos científicos não seriam capazes de fazer tal julgamento. Se o cientista induzisse alguém a uma escolha, em vez de simplesmente apresentar a necessidade de tal escolha, não estaria sendo cientista, mas sim demagogo, papel que na sua objetividade extremada ele reservava aos políticos. Por outro lado, ele lembra que a neutralidade absoluta não pode existir, até porque a subjetividade já está presente quando da escolha do próprio objeto de análise.

A partir de um determinado momento, porém, aquela neutralidade seria imperiosa para confrontar o juízo de valor à análise empírica. Por isso Weber a denomina *neutralidade axiológica.* A objetividade científica ocorreria no momento em que o pesquisador executa a separação entre conhecimento empírico e juízos de valor, propiciando assim um ordenamento racional da realidade sem interferência de sua subjetividade. Haverá sempre várias racionalidades sociais interagindo no interior da sociedade. Ao pesquisador cabe, por meio de suas ideias de valor, produzir novas fórmulas de conhecimento que continuamente devem ser revisadas e superadas. Para Weber, sujeito e objeto estão separados. O pesquisador – sujeito – no momento de sua análise, deve efetuar um recorte temático particularizado – o seu objeto – e procurar apresentar de forma ordenada e racional a realidade empírica que o objeto representa em meio ao caos.

> [...] Assim, todo conhecimento reflexivo da realidade infinita realizado pelo espírito humano finito baseia-se na premissa tácita de que apenas um fragmento limitado dessa realidade poderá constituir de cada vez o objeto da compreensão científica, e de que só ele será "essencial" no sentido de "digno de ser conhecido". (ibidem, p.119)

O objetivo do conhecimento científico seria a apresentação ordenada e racional da realidade empírica e não o conhecimento da totalidade em seu movimento e interação.

Chegamos, então, ao mito do progresso em Weber. A ciência não teria nunca condições de fornecer um significado último para a vida, pois "a crença no valor da verdade científica é produto de determinadas culturas, e não um dado da natureza" (Weber, 1991, p.125-6). Esse significado só pode ser encontrado fora dela, dado pela cultura e pela época na qual o indivíduo se insere, e isso, justamente, influi na decisão do cientista sobre o seu objeto de estudo e sobre seus limites. Assim, cabe ao indivíduo escolher entre manter-se fiel à vocação científica ou agir pautado em outros valores. Caso opte pela ciência, radicaliza ele, deve abster-se de julgar as finalidades das ações humanas e se colocar na discussão científica de valores presentes na cultura de seu tempo.

Esse enfoque reivindica a autonomia da ciência em relação à política, consagrando o mito do progresso científico em si mesmo e desqualificando a política ao afirmar que o lugar do demagogo é na praça pública. Influenciado por Kant, Weber assume ser impossível uma visão de totalidade, até porque o posicionamento do cientista é direcionado – em última instância e de forma subjetiva – por valores culturais próprios. Multiplicam-se infinitamente, assim, as perspectivas de análise de fragmentos da realidade. Nas ciências humanas essa possibilidade é ainda mais complexa porque o objeto do conhecimento social não se impõe à análise, como previamente dado, mas é constituído nela própria por meio dos procedimentos metodológicos do pesquisador. A validade do conhecimento seria medida pelo confronto com o real e não com valores ou visões de mundo.

Dessa forma, lógica da ciência e mito do progresso só podem surgir da relação entre o avanço da ciência e o processo de racionalização inerentes à cultura ocidental.

> Toda obra científica "acabada" não tem outro sentido senão o de fazer surgirem novas "indagações": ela pede, portanto, que seja "ultrapassada", envelheça [...]. Na esfera da ciência, não só nosso destino, mas também nosso objetivo é o de nos vermos, um dia, ultrapassados. Não nos é possível concluir um trabalho sem esperar, ao mesmo tempo, que outros avancem ainda mais. E, em princípio, esse progresso se prolongará ao infinito. (Weber, 1993a, p.29)

Nesse processo de contínuo "desencantamento do mundo" o homem civilizado pode sentir-se cansado da vida, mas nunca "pleno" dela. Ele pode captar apenas o provisório e nunca o definitivo; somente uma parte ínfima, nunca o todo. Nesse processo contínuo de construção interminável, é preciso ser paciente. "Não esqueça que o diabo é velho e, assim, espere tornar-se velho para poder compreendê-lo" (ibidem, p.47), aconselha Weber. Assim, em ciências políticas e econômicas, as certezas também são sempre provisórias, nunca passando de hipóteses a serem testadas; elas podem se transformar em teses, também a serem superadas nesse infindável processo de busca de modelos que possam progressivamente se adequar ao entendimento de uma realidade sempre complexa e variável. Nessas áreas do conhecimento, como em quase todas, desconfie-se das certezas e daqueles que afirmam que as têm; nelas as boas perguntas explicam mais que as respostas convictas.

A diáspora calvinista em direção ao novo continente acabou sendo o caldo de cultura que fez florescer em plenitude a economia capitalista. O *espírito capitalista* transformou esse sentimento num vitorioso *fenômeno de massa* que deu origem a um sistema econômico bem-sucedido e avassalador. Além do mais, esse sistema encontrou sempre à mão uma permanente abundância de uma das suas condições de vitalidade, já que, para sua expansão, ele requer a existência de um excedente populacional que ele possa alugar a preço baixo. John Patrick Diggins enfatiza uma herança puritana quase extinta que legará à América o que George Santayana denominou uma "consciência atormentada". A Guerra Civil abalou a arrogante aristocracia sulista das grandes fazendas e a tensão entre capitalismo e tradição foi substituída pelo poder do empresário urbano. Ao localizar a liberdade política na história da religião, Weber acabou explicando o país aos americanos melhor do que os próprios intelectuais americanos conseguiram fazer; e ele inovou profundamente em relação à maioria dos cientistas políticos e historiadores que viam a religião protestante ou como superstição do passado a ser extirpada pela ciência moderna, ou como "consciência falsa" projetando-se na economia política para racionalizar a cobiça por lucros e o desejo de poder. A suposição progressista de que os governos representativos do povo traziam ideais políticos, ao passo que o setor empresarial – com suas transações de mercado – representava meramente "interesses", nunca fez muito sentido para Weber.

Michael Löwy discorre sobre um texto inédito de Walter Benjamin, publicado em 1985 com o título de *O capitalismo como religião*, aprofundando a discussão da ética protestante. O texto de Benjamin é claramente inspirado em Weber, mas seu argumento inverte seus termos e substitui uma abordagem axiologicamente neutra por um duro libelo anticapitalista. Diz Benjamin que é preciso ver o capitalismo como uma religião puramente cultural, sem dogmas nem teologia. As práticas utilitárias do capitalismo – investimento do capital, especulações financeiras ou de mercadorias, manobras de bolsa – para ele são equivalentes a um culto religioso:

> O culto ao capitalismo comporta certas divindades que são objeto de adoração como as notas de dinheiro (imagens dos santos). O dinheiro (o deus Mammon) [...], O capitalismo é a celebração de um culto sem trégua e sem piedade. Não há dias comuns, nenhum dia que não seja de festa [...] da pompa sagrada, da extrema tensão que habita o adorador. (apud Löwy, 2005b, p.6)

Benjamin argumenta que os capitalistas puritanos aboliram a maioria dos feriados católicos, considerados culto ao ócio; as práticas capitalistas não conhecem pausa, dominam a vida do indivíduo da manhã à noite, do berço ao túmulo, inspiradas na redenção ao pecado original. Ele trata essa questão como um sistema dinâmico em expansão global, do qual ninguém pode escapar. Imagine-se o tom de sua análise se ele estivesse vivendo à época dos telefones celulares e da internet. Outra característica que ele aponta no capitalismo é a capacidade de culpabilizar. Nesse ponto, ele se aproxima muito de Nietzsche, como veremos no capítulo final.

> O capitalismo é provavelmente o primeiro exemplo de culto que não é expiatório, mas culpabilizador [...]. Torna a culpa universal para fazê-la entrar à força na consciência e, enfim e sobretudo, para implicar Deus nessa culpa, para que no fim das contas ele mesmo tenha interesse na expiação. (ibidem)

Benjamin evoca a ambiguidade da palavra *Schuld*, simultaneamente "culpa" e "dívida". Na religião capitalista, não se pode separar a culpa mítica da dívida econômica.

Em Weber, para o burguês puritano, o que consagramos para fins pessoais é roubado do serviço à glória de Deus. Ficamos, simultaneamente, culpados e endividados em relação a Deus.

> A ideia de que o homem tem deveres para com as posses que lhe foram confiadas e às quais ele está subordinado como um intendente devotado [...] pesa sobre sua vida com todo seu peso gélido. Quanto mais aumentam as posses, mais pesado torna-se o sentimento de responsabilidade [...] que o obriga, para a

> glória de Deus [...], a aumentá-las por meio de um trabalho sem descanso. (ibidem)

Benjamin usa a expressão "fazer a culpa entrar à força na consciência", o que corresponde bem às práticas puritano-capitalistas analisadas por Weber – mas vai além. Para ele, não é só o capitalismo o culpado e endividado: a culpa é universal. O próprio Deus encontra-se envolvido nessa culpa geral. Se os pobres são culpados e excluídos da graça e se, no capitalismo, eles estão condenados à exclusão, é porque se trata da vontade de Deus; no equivalente da religião capitalista, seria a vontade dos mercados. Benjamin continua sua escalada, mais uma vez aproximando-se de Nietzsche:

> O capitalismo se desenvolveu no Ocidente como um parasita do cristianismo [...]. A preocupação pelos bens externos não deveria pesar sobre os ombros de seus santos senão como um leve manto que a qualquer momento se pode retirar. Mas a fatalidade transformou esse manto numa jaula de aço. (ibidem)

Para Benjamin, a lógica impiedosa do capitalismo é produtora de um desespero crescente e sem fim; a culpa dos humanos, expressa no seu contínuo endividamento para com o capital, não deixa esperança de expiação. Para ele, "o capitalista deve constantemente aumentar e ampliar seu capital, sob pena de desaparecer diante de seus concorrentes, e o pobre deve emprestar dinheiro para pagar suas dívidas" (ibidem). É difícil resistir, nessa altura, a um paralelo sobre a tranquilidade com que os EUA de hoje encaram sua imensa dívida externa. Segundo a religião do capital, a única salvação residiria na intensificação do sistema, na expansão capitalista, no acúmulo de bens, mas isso – segundo Benjamin – só faria agravar o desespero, faria do desespero um estado religioso do mundo, do qual se deveria esperar a salvação.

O mito do capitalismo racional previa que o *progresso* ocorreria consolidando-se um ciclo virtuoso de crescimento econômico baseado no fordismo e no taylorismo como processo de produção. Ele seria apoiado pela intervenção seletiva do Estado: onde o capital tem menor interesse em investir; como gerador de infraestrutura básica; como provedor de capitais a baixos custos; e como criador de uma ampla rede de benefícios sociais à sua população, realimentando o círculo virtuoso que pressupunha a continuidade do consumo. O objetivo dessa estratégia era gerar desenvolvimento, tendo como base a manutenção constante de demanda. A procura por novos produtos incentivaria as empresas a investir crescentemente na produção, seja para o aumento de escala, seja para a renovação tecnológica. O papel da ciência seria suprir o sistema de produção com intensa inventividade; a produção de novos produtos para o mercado traria boa remuneração do capital, pleno emprego e benefícios sociais garantidos pelo Estado. Esses eram os argumentos centrais de Keynes, além da ideia de que o Estado funcionaria contraciclicamente, estimulando a demanda quando as crises surgissem.

A ideia complementa-se com evitar o domínio do capital financeiro, que transformava as empresas produtivas em meramente especulativas, praticando com moderação o livre-comércio e um certo grau de autossuficiência nacional. A social-democracia e o Estado de bem-estar social seriam, nesse contexto, as manifestações da racionalidade capitalista que conduziriam ao progresso graças ao crescimento e ao desenvolvimento econômico e social. Schumpeter adicionou a esse raciocínio a evolução tecnológica como o motor indutor de um permanente impulso para frente. Segundo ele, simultaneamente, as tecnologias destroem e criam, estabelecendo-se como uma força de "destruição criativa" na economia capitalista, cada nova tecnologia destruindo, ou diminuindo, o valor das anteriores. O progresso seria a consequência desse processo destruidor e criativo, que garantiria o constante crescimento econômico de um país. O papel da ciência nessa dinâmica capitalista seria de promover um permanente estado de inovação, sucateando e substituindo produtos e criando novos hábitos de consumo.

O progresso obtido por essa via no pós-guerra começou a apresentar limites já na década de 1960. A geração incessante de uma sobrecapacidade industrial, combinada à crescente concorrência internacional dos produtos alemães e japoneses, contribuiu para a crise estrutural na economia mundial nos anos 1970. Para André Gorz, a natureza dessa crise estrutural resultou de diferentes motivos, mas, em especial, do significativo investimento em tecnologia, visando economias de escala que geraram um ininterrupto aumento da capacidade produtiva sem contrapartida na demanda, gerando sobras de produção e capacidade ociosa no setor empresarial, com perdas de lucratividade. A ciência havia cumprido seu papel, mas sua eficácia teria conduzido ao impasse. O setor empresarial passou a buscar opções alternativas para seus investimentos, encontrando-as no setor financeiro, num primeiro momento, na expansão do mercado de eurodólares e na demanda de crédito pelos países em desenvolvimento, criando novos canais de transmissão da riqueza gerada no setor produtivo para o mercado financeiro. Era a alternância dos ciclos Mercadoria-Dinheiro-Mercado (MDM') e Dinheiro--Mercadoria-Dinheiro (DMD').

De um modo geral, o resultado foi menos investimento na produção, mais transferência de recursos para o setor financeiro, taxas de crescimento reais medíocres, aumento do desemprego, procura de proteção sob o guarda-chuva do Estado de bem-estar social, aumento de despesas públicas, desequilíbrios nos balanços de pagamento, emissão de moeda e surto inflacionário, que, por sua vez, gerou aumento da dívida pública, levando a um ciclo decrescente na economia caracterizado pela combinação de estagnação e inflação. O consenso keynesiano-fordista chegava ao fim. Esse cenário gerou a necessidade de uma nova e ampla estratégia. Seu fundamento ideológico surgiu em torno do ideário neoliberal. A raiz de todos os males estaria no intervencionismo estatal do pós-guerra e nos excessos da democracia representativa. A solução estaria na substituição dos Estados pelos mercados como agentes organizadores da vida social em nível mundial. A prática do lema "mais mercado e menos Estado" seria suficiente, apoiada por ampla liberalização dos movimentos de capitais, para resolver naturalmente todos os problemas estruturais da sociedade mundial. O capitalismo racional regulado seria substituído com vantagens por um capitalismo irracional desregulado construído sobre o mito do mercado autorregulador.

Essa combinação de consenso neoliberal, livre fluxo de capitais e reestruturação produtiva incorporando as novas tecnologias foi o que permitiu a efetiva globalização, a partir da qual ocorrerá a emergência das novas estruturas econômicas e políticas – domésticas e internacionais –, definindo a nova lógica de expansão do sistema capitalista e renovando o significado da ciência e do progresso. A incorporação das tecnologias da informação ao sistema produtivo global gerou uma espécie de "economia do conhecimento", redefinindo as categorias trabalho, valor e capital. De um lado, o trabalho passa a conter um componente de saber de importância crescente, revalorizado pela informatização. De outro, contraditoriamente, essa economia do conhecimento atribui a esses fatores tanto mais importância quanto mais barato puder ser o custo desse trabalho; e agrega crescente importância à utilização de mão de obra muito precária e pessimamente remunerada, incluindo a de característica informal, especialmente quando é mantida nos seus países de origem de modo que não demande qualquer custo social como imigrante. A equação ideal nesse modelo é: qualificação mínima adequada a trabalhos de montagem e monitoramento de máquinas automatizadas, sempre buscando a menor remuneração possível.

Desfeitas as relações salariais convencionais, o domínio do capital sobre os homens e a forma como ele os mobiliza passaram a ser estabelecidos pela rentabilidade pura do seu trabalho. Em suma, os custos de mão de obra passam a ser essencialmente variáveis. Ou seja, o capital só paga estritamente a quantidade que usa. No lugar daquele que depende do salário deve estar o minimicro empresário da força de trabalho, que providencia seu próprio transporte, refeição, aperfeiçoamento, plano de saúde etc. No lugar da exploração do trabalho, cria-se uma espécie de autoexploração via terceirizações e quarteirizações. Gorz fala que "todo conhecimento passível de formalização pode ser abstraído de seu suporte material e humano, multiplicado quase sem custos na forma de software e utilizado ilimitadamente em máquinas que seguem um padrão universal" (2005, p.10). Seu valor mercantil, no entanto, diminui com a massificação do conhecimento, tornando-se um bem comum acessível a todos. Para ter bom valor como mercadoria, o conhecimento deveria tornar-se escasso. No entanto, padronizado e socializado pela tecnologia da informação – e transformado em mera "técnica" –, ele é acessível a muitos e deprecia continuamente seu valor. Um excelente exemplo é a queda de remuneração real de várias categorias como operadores de computador e de telemarketing. Numa sociedade que tende a gerar contínuo aumento de desemprego, quanto mais indivíduos habilitados a operar um computador forem qualificados, mais baixo será o valor de mercado de sua força de trabalho.

A pesquisa tecnológica privada tem como ideal permitir à empresa que a realiza um monopólio – ainda que temporário – do novo conhecimento que lhe proporcione um rendimento exclusivo. Com investimentos em inovações e campanhas publicitárias de alto custo, o objetivo é chegar antes dos concorrentes a uma posição monopolista. Marketing e propaganda criam *objetos e serviços do desejo* manipulando valores simbólicos, estéticos e sociais, dentro do clássico modelo schumpteriano da "destruição criativa". Essência da lógica capitalista, a inovação tenta tornar obsoletos o mais rapidamente possível os produtos existentes, transformando a abundância ameaçadora de um mercado concorrencial em uma nova forma de escassez transitória, e conferindo à nova mercadoria um valor incomparável e imensurável, porque sua posse se transforma em realização de um desejo quase mítico. É o caso típico das telas de tevê de plasma nos meados desta primeira década do século XXI.

Assim, passa a ser uma contingência da própria lógica capitalista a reprodução contínua de ciclos de escassez – dos novos produtos objetos de desejo – com os de abundância, quando esses mesmos produtos tornam-se consumo de massa. Em vez da maior prosperidade geral, para que a engrenagem da acumulação funcione, assiste-se a um sucateamento contínuo de produtos em escala global, gerando imenso desperdício de matérias-primas e recursos naturais ao custo imenso de degradação contínua do meio ambiente e de escassez de energia. É a opção privilegiada e inexorável pela acumulação de capital, em detrimento do bem-estar social amplo.

A questão central é que lutar contra esse sistema, que bem ou mal mantém a máquina econômica em movimento, é atacar os próprios princípios do capitalismo num momento em que nenhum outro sistema – ainda que sob a forma de utopia – aparece no horizonte como alternativa real. As dissidências surgem como operações de ataque do sistema a partir de dentro dele. As mais eficazes têm sido na área da tecnologia da informação, incluindo desde movimentos para software livre até os hackers, uma espécie de dissidentes do capitalismo digital. Haja vista as difíceis discussões nos foros internacionais tentando socializar o controle do instrumento vital da internet, até agora em mãos de uma entidade privada norte-americana.

A ciência contemporânea ligou-se definitivamente ao capital. Os sentidos e a experiência perderam lugar para a matemática e para a eletrônica. Vivemos, cada vez mais, dependentes de próteses químicas – antidepressivos, estimuladores de ereção, reguladores de apetite, pressão e colesterol – e bioeletrônicas. Estaria a espécie humana inventando uma maneira de abolir a si mesma, transformando-se em formas de vida e de inteligência pós-biológicas e digitais? Dizia um dos personagens de Agustina Bessa-Luiz: "Não se vive mais para ser feliz, para suportar uma angústia, para medir forças com o destino; vive-se para entrar numa estatística". Acrescente-se quem sabe, agora, para transformar-se em algo como um robô pós-humano? Voltaremos a essa discussão no Capítulo 6.

Os produtos também valem não mais pela sua utilidade objetiva, mas pelo seu valor simbólico, estético ou social.

O que agrega valor é a capacidade mercadológica de transformação da invenção em objeto de desejo em forma de mercadoria ou serviço patenteado. A marca *quase que substitui* o produto por um valor simbólico que prevalece sobre seu valor utilitário. Na indústria alimentícia global, por exemplo, a grande maioria dos sabores insinuados como naturais são imitações químicas cercadas de conservantes, espessantes e acidulantes por todos os lados. Quem se der ao trabalho e ao desconforto de ler as letras muito miúdas das embalagens dos produtos que consome poderá levar um susto. Outro caso típico é o *franchising*, conhecimento ou competência patenteados e simbolizados por uma marca, alugados para quem o quiser operar. Seu valor é inteiramente ligado ao monopólio do direito de utilizá-lo, vendido a terceiros. Essas marcas, e as empresas que as controlam, em muitos casos – o exemplo dos EUA é emblemático – influenciam de tal modo o imaginário coletivo que gerações inteiras as sobrepõem a instituições seculares como escolas, igrejas e partidos políticos. O humano e suas necessidades se transformam em material de manipulação em busca de lucro. Essa lógica empobrece as relações sociais, degrada o meio ambiente e o padrão de vida. Ter mais significa estar melhor. Artificializar enganosamente – insinuando o natural – é o que agrega valor. Riqueza é o novo nome de valor.

Nova lógica global e progresso

A globalização neoliberal transformou-se no regime planetário único, exceção muito relativa feita à China e a apêndices inexpressivos como Coreia do Norte e Cuba. É preciso distinguir, no entanto, o processo de globalização contemporânea decorrente da utilização intensa das tecnologias da informação – que inclui informatização, flexibilização, regionalização e reconfiguração dos Estados – da doutrina neoliberal que a isso acrescentou desregulamentação, privatização, livre mercado e conversão de ativos por meio de financeiração e securitização. Jan Nederveen Pieterse (2004) nos lembra que o liberalismo norte-americano teve um papel essencial na formulação e na prática dessas teorias. Começando em 1933 com o New Deal e alcançando seu auge com os movimentos pelos direitos civis no início dos anos 1970, o neoliberalismo significou a confluência das ideias da Escola de Chicago com as políticas de Ronald Reagan e Margaret Thatcher. Numa etapa seguinte, ele evoluiu – especialmente no caso da América Latina – para o *Consenso de Washington* e para a ortodoxia econômica guiada pelo FMI e o Banco Mundial desde a década de 1990.

Nas décadas mais recentes, Milton Friedman (2005) passou a significar uma das vozes mais influentes no neoliberalismo. Em sua opinião, o Estado precisa ser forte onde é necessário, porém muito limitado. Ele deve dar conta de: defesa nacional; Poder Judiciário, para mediar disputas entre as pessoas; e garantia da propriedade privada. Para tudo o mais, o mercado resolveria as coisas muito melhor do que o governo; o Estado serviria melhor à economia enquanto trabalhasse pela estabilidade monetária e fiscal e agisse de maneira previsível, sem tentar se envolver em mudanças programadas por políticas. Friedman resume sua mensagem na frase: "Confie em si mesmo". Convida cada um a apostar nas próprias competências e fazer da vida uma homenagem permanente à liberdade de escolha, resumindo assim o sentido da filosofia libertária que ele sempre procurou difundir na defesa dos princípios do livre mercado e da livre-iniciativa.

Esse neoliberalismo, anuançado aqui e acolá, transformou-se na política global e hegemônica nas instituições multilaterais. Friedman fez par com Hayek, ambos se constituindo em importantes teóricos do neoliberalismo real dos EUA nos anos 1970; em 1980, sistematizou a implantação do modelo de baixos salários e baixos impostos – vigorantes no Sul do país – utilizando a racionalização econômica e intelectual da Escola de Chicago.

As grandes corporações garantiram seu aumento de acumulação transferindo várias atividades industriai para áreas de salário reduzido no Sul norte-americano, deprimido pelo "efeito México". Um dos fatores importantes para a manutenção de níveis baixos de remuneração na base da pirâmide do mercado de trabalho norte-americano, especialmente nos estados do Sul, é a pressão dos imigrantes mexicanos, notadamente os clandestinos. A alta exploração de salários baixos – seja no Sul, no México ou na China – mais a engenharia financeira de Wall Street garantiram bases capitalistas que haviam feito o sucesso dos EUA. O modelo sulista foi a saída para a crise dos anos 1970 e o fundamento da "revolução Reagan". Suas reformas atacaram a proteção do trabalho, os direitos civis, o meio ambiente e o corte de serviços públicos. Hayek contribuiu com a tese de que as forças de mercado permitem maior circulação de informação; e o monetarismo de Friedman atacou o modelo fordista de salários elevados – que havia construído a classe média americana nos anos 1950 e 1960 – e o New Deal. A curva de Laffer deu conta das justificativas para reduzir governo e os impostos que, adicionados a salários reduzidos e regime de alta exploração, determinariam altas competitividade e flexibilidade.

Um exemplo que já virou clássico da condição do trabalho na nova lógica global é o Wal-Mart, empresa que se transformou no símbolo da cultura capitalista deste início de século XXI.[2] Faturando cerca de 260 bilhões de dólares, portanto liderando uma cadeia de parceiros globais que produz o equivalente a mais da metade do PIB brasileiro ou mexicano, ela atende a mais de 100 milhões de consumidores por semana. Em cada época da história do capitalismo certas grandes corporações assumiram o caráter prototípico – como Ford, General Motors e depois a Microsoft o foram, respectivamente, em meados e no final do século passado – e passaram a ser imitadas como paradigma. Agora é a vez do Wal-Mart. Nelson Lichtenstein resumiu assim o poder de influência dessa companhia: "A direção da empresa legisla elementos essenciais da cultura social e política dos Estados Unidos" (Wal-Mart, 2004).

Ao contrário de Ford e General Motors, que ajudaram a construir a classe média americana pagando salários acima da média e oferecendo planos generosos de aposentadoria e saúde, os empregados do Wal-Mart nos Estados Unidos ganham, em média, 19 mil dólares anuais, valor muito próximo da linha de pobreza naquele país; e a empresa já foi várias vezes acusada de permitir a utilização de trabalhadores clandestinos para baratear a manutenção de suas lojas. Para Simon Head, "o Wal-Mart é um modelo para o capitalismo do século XXI; combina o uso extremamente dinâmico da tecnologia com uma cultura dirigente muito autoritária e impiedosa" (ibidem). O poder de compra do imenso grupo varejista é tão grande que ele substitui o fabricante na definição do que o consumidor quer comprar; e impõe condições tão duras aos fornecedores que, muitas vezes, só a China pode atender. Aliás, suas quase 5 mil lojas vendem 15 bilhões

2 Ver detalhes em Dupas (2005a).

de dólares de produtos chineses por ano, provocando a ira dos produtores e dos trabalhadores norte-americanos que perdem seus empregos.

Para Pieterse, W. Bush – o primeiro sulista texano conservador eleito presidente, graças à super-representação rural no colégio eleitoral – adicionou um conteúdo novo ao capitalismo, uma forma mais agressiva do sulismo, alimentada pela riqueza do petróleo. Michael Lind (Pieterse, 2004, p.5) diz que uma cultura *made in Texas* do tipo *the country church and the country club* tomou Washington; ela combina exoticamente um protestantismo fundamentalista e um militarismo ao estilo sulista, com uma abordagem econômica que favorece *commodities* elementares como algodão e petróleo em meio a manufaturas *high-tech*. Um dos resultados dessas medidas e do *downsizing* teria sido uma baixa moral nos empregados e crescimento da desigualdade de renda. Os EUA perderam competitividade em vários setores e a economia continua em forte crescimento pela combinação de expansão com déficit público e recursos de fora para compensar o gigantesco déficit externo. Esse déficit é causado principalmente pela estratégia de fracionamento das cadeias produtivas das grandes corporações norte-americanas, que vão buscar sua competitividade produzindo com os baixos salários dos grandes países pobres, especialmente a China.

Poderia o neoliberalismo ser encarado como uma sequela da Guerra Fria? É interessante recordar que, durante aquele período, os interesses econômicos e de segurança dos EUA fundiram-se no complexo industrial-militar. Foi nessa corrida que a economia soviética se exauriu. O anticomunismo de Hayek transformou-se em política do mundo livre. O tipo de capitalismo que triunfou foi o da livre empresa anglo-americana. Pieterse pensa que o fim da Guerra Fria criou um "déficit de inimigos" que exigiu uma nova lógica de sustentação. Os interesses de segurança teriam se transformado, tomando os departamentos do Tesouro e do Comércio e refletindo-se nas agências internacionais. Os dogmas centrais do Consenso de Washington são um bom exemplo dessa tese. Durante a administração Clinton, a WTO transformou-se em esquema fundamental da lógica neoliberal. Um dos *mantras* do neoliberalismo é que a ampla abertura comercial – que, obviamente, beneficia mais os mais competitivos e aqueles que adicionam mais valor às suas exportações –, representada pelos países mais ricos, seria um instrumento de redenção dos pobres. É claro que, aqui e ali, uma ou outra derrubada de barreira agrícola pode ser importante para vários países mais pobres. No entanto, a abertura é pregada de forma unilateral para o pobres, o que torna o esquema neoliberal de abertura duplamente perverso: alguma vantagem para os pobres, grandes vantagens para os ricos.

Vinte anos de cultura neoliberal tentaram criar um padrão antropológico na cultura ocidental, em que indivíduos livres e instrumentalmente racionais operam em um mundo que consiste em vendedores e compradores. E nesse contexto quem tem força impõe as regras que lhe convém. A potência hegemônica norte-americana tira suas grandes vantagens a partir do próprio papel que se atribui. Como dizia Madelaine Albright: "Nós somos a nação indispensável. Mantemo-nos altivos. Enxergamos mais longe, para o futuro" (New Republic, 1998). O poder se torna, assim, multidimensional, operando simultaneamente nos níveis político, econômico e militar. E as corporações transnacionais, apoiadas por governo hegemônicos, gerem o mundo. É interessante ler as metas estabelecidas pela *The National Security Strategy* do governo norte-americano no final de 2002:

> Os EUA usarão esse momento de oportunidade para estender os benefícios da liberdade por todo o mundo [...]. Nós trabalharemos ativamente para trazer a esperança da democracia, desenvolvimento, mercado livre e livre-comércio para todos os cantos do mundo. (Pieterse, 2004, p.41)

De fato, nesse período o discurso neoliberal varreu as economias nacionais. O vácuo teórico e a incapacidade de gestão dos Estados nacionais, fenômenos que se seguiram à crise pós-keynesiana, abriram espaço para os ardorosos defensores do *Estado mínimo*; a redução de suas dimensões foi apresentada como fundamental para resolver os problemas de um setor público estrangulado por suas dívidas. E pregou-se flexibilização do mercado de trabalho como condição importante para o enfrentamento do desemprego. Mas quais teriam sido as consequências das teses neoliberais aplicadas nas duas últimas décadas do século XX, autointitulando-se patronas de um inevitável progresso econômico e social?

A consequência desse processo foi uma sucessão de crises que afetaram principalmente a América Latina e a maioria dos grandes países da periferia, provocando um aumento significativo da exclusão social em boa parte do mundo.[3] Isso acarretou a marginalização de grupos até recentemente integrados ao padrão de desenvolvimento. Para complicar ainda mais esse quadro, a revolução nas tecnologias da informação e da comunicação elevou incessantemente as aspirações de consumo de grande parte da população mundial, até dos excluídos. O processo de globalização também constrangeu progressivamente o poder dos Estados, restringindo sua

3 Sobre esse tema, veja mais detalhes no capítulo 1 de Dupas (2005a) e em Dupas (2005b) e Dupas e Villares (2005).

capacidade de operar seus principais instrumentos discricionários. As fronteiras nacionais passaram a ser todo tempo transpostas, sendo encaradas como obstáculos à livre ação das forças de mercado.

Os Estados nacionais não mais conseguiram responder aos chamados para garantir a sobrevivência dos cidadãos que foram expulsos em grande quantidade do mercado de trabalho formal. Ocorreu claramente o que se poderia chamar "efeito democracia": aumentou o número de desempregados e pobres, crescendo sua base política. Introduzir-se-ia, assim, uma clara dissonância entre o discurso liberalizante das elites e suas práxis política. Enquanto isso, a questão quanto ao futuro papel dos Estados nacionais continua em aberto, bem como a crescente disparidade entre as demandas sociais e a impossibilidade de o Estado atendê-las de modo convencional, já que, à medida que o capitalismo global prospera e as ideologias nacionalistas avançam em todo o mundo, o Estado-nação perde parcelas consideráveis do seu poder.

Outro grave problema foi o aumento contínuo da pobreza e concentração de riqueza mundo afora. Tentando justificar alguns dos fracassos resultantes da aplicação de suas políticas, as instituições internacionais fizeram *piruetas* para provar que a miséria diminuiu por conta dos processos de liberalização por eles defendidos, no estilo "abram, privatizem e estabilizem que o céu virá por acréscimo". Para padronizar um critério em meio ao caos metodológico, criou-se um novo padrão de pobreza: pessoas vivendo com menos de um dólar por dia são ditas miseráveis e com menos de dois dólares por dia são classificadas como pobres. As conclusões do dogmático Banco Mundial foram taxativas: a pobreza reduziu-se no mundo de 1987 a 2001, coincidentemente o período em que a abertura global fez-se regra. O número de pobres teria caído de 60% para 53% da população; quanto ao percentual de miseráveis, ter-se-ia reduzido de 28% para 21%. Para além da discussão sobre se essa redução é verdadeira, os percentuais são por si só brutais e absolutamente incompatíveis com os padrões civilizacionais e avanços tecnológicos disponíveis, especialmente quando encontramos regiões imensas como o sul da Ásia e a África subsaariana com mais de 76% de pobres, tendo essa última 47% de miseráveis. Examinando, no entanto, com o mínimo de cuidado a versão otimista dos dados consolidados divulgados, encontramos um revelador disparate: é o caso excepcional da China, responsável por 20% da população mundial. É claro que esse país passa por uma fase notável, crescendo a altas taxas há mais de dez anos; mas também é óbvio que isso pouco tem a ver com a modelagem padrão sugerida pelo FMI e pelo Banco Mundial.

Pieterse mostra que, quando o primeiro maior salto na desigualdade humana apareceu, durante a Revolução Industrial, as diferenças não eram ainda tão grandes. Atualmente, o 1% dos mais ricos tem renda igual aos 57% mais pobres.[4] O crescimento do fosso de renda entre os 20% do mundo vivendo em países ricos e os 20% vivendo nos mais pobres, segundo estimativas do Programa das Nações Unidas para o Desenvolvimento (PNUD), são fortemente crescentes. Mas, afinal, por que se pesquisa mais sobre pobreza que sobre desigualdade? Basicamente porque o ponto de vista liberal clássico acha que desigualdade de renda pode ser aceitável se há "igualdade de oportunidades". Pobreza é mais sensível e desafiante politicamente, pois abala a coesão social. E por

4 Sobre esse tema, veja mais detalhes no capítulo 1 de Dupas (2005a) e em Dupas (2005b) e Dupas e Villares (2005).

que se pesquisa renda e não riqueza? Lembremos que renda é fluxo, e riqueza é estoque; o que quer dizer a riqueza que se acumula, ao passo que só a renda poupada o faz. Dado que os mais pobres poupam muito menos e não estão passíveis dos efeitos acumuladores das rendas auferidas pelas operações financeiras sofisticadas à disposição dos que têm estoque de riqueza, é de supor que a concentração de riqueza tenha sido ainda maior no capitalismo global que a de renda. Nessa matéria, entretanto, a escuridão é total nas estatísticas internacionais. Apenas os grandes bancos privados internacionais têm algumas dessas informações nas suas carteiras *private*, mas as conversam em adequado sigilo.

O crescimento da desigualdade não pode ser separado da ordem mundial que o produz. Poder-se-ia imaginar que a desigualdade dentro dos países é maior entre países pobres. No entanto, ela é maior dentro dos EUA e do Reino Unido do que dentro da Índia. A renda *per capita* (Pieterse, 2004, p.66-9) dos 20% mais pobres americanos é menor que um quarto da renda média *per capita* do país; no Japão, é quase metade. No período 1977-1990, o coeficiente Gini da distribuição da renda familiar no Reino Unido cresceu de 23 para 33%. A desigualdade prosperou enquanto avançava o livre-comércio. No período dourado do capitalismo (1950-1973) um crescimento médio de 5% garantia decréscimo de desigualdade entre e dentro dos países. Isso parece ter acabado. O crescimento da desigualdade de renda dentro dos países também ocorreu durante o milagre asiático, especialmente nos últimos quinze anos, na China, em Hong Kong, na Malásia e na Tailândia. A crescente dispersão salarial entre os países da OCDE é atribuída à crescente competição dos países de baixos salários. Iniquidade crescente em países ricos pode parecer mais aceitável diante da gritante e crescente iniquidade global. A pobreza na Inglaterra era referenciada por lembranças da Grande Depressão, mas agora o é por imagens da pobreza do Terceiro Mundo. Pieterse lembra que imagens televisivas da extrema pobreza na África e na Ásia podem trabalhar não apenas como um despertar da misericórdia, mas também como um pacificador doméstico. Iniquidade global, de forma direta ou velada, pode sustentar estruturas de poder e iniquidade dentro dos países e ajudar grupos privilegiados a manterem seu *status*.

O crescimento da iniquidade global é frequentemente associado ao crescimento do terrorismo porque o fracasso econômico aumentaria o risco de falência estatal e, em decorrência, criaria campo fértil à violência, ao terrorismo, à criminalidade internacional e à migração em massa. Robert Wade alerta que "o resultado é muito desemprego e angústia juvenil, para quem as tecnologias da informação têm dado os meios para ameaçarem a estabilidade das sociedades em que eles vivem e mesmo para ameaçarem a estabilidade social em países ricos" (ibidem, p.68). A sabedoria convencional assegura que mercados livres e democracia avançariam juntos. Mas Pieterse se pergunta como pode a democracia funcionar perante a crescente iniquidade? As políticas neoliberais estão reduzindo progressivamente as classes médias, "lumpenizando" as classes operárias e instalando as classes altas atrás de altos muros. Enquanto isso, teorias de prevenção dos conflitos tais como *Golden Arches* (Friedman, 2000) evidenciam os mitos rústicos espalhados pelos defensores da globalização dos mercados; segundo essa teoria, "duas nações que têm McDonald's nunca guerrearam entre si desde que tiveram o McDonald's". Quais as relações entre globalização e conflitos? Como o neoliberalismo afeta as políticas de violência e conflito? A necessidade de governança supranacional tem crescido, e as instituições multilaterais estão se enfraquecendo. Nesse capitalismo *nonsense*, setores não rentáveis como educação, saúde e serviços sociais vêm se reduzindo; enquanto isso, segurança privada e conflitos bélicos são indústrias em pujante crescimento.

Os países latino-americanos, por sua vez, haviam respondido com grande ímpeto ao discurso hegemônico da integração aos mercados globais que vigorou a partir da segunda metade dos anos 1980.[5] O crescimento de suas importações sobre o PIB, que saltou de um patamar de 11% para 19% durante as duas últimas décadas do século XX, evidencia com clareza esse esforço de integração. Não é exagero afirmar, no entanto, que a década de 1990 e o início dos anos 2000 foram mais um *período perdido* na economia latino-americana. Na realidade, o único aspecto claramente positivo dessa década foi o controle dos processos hiperinflacionários na região, especialmente nos casos de Brasil, Argentina e Peru. Do lado social, a forte inserção da região na lógica global na década que passou acelerou a deterioração dos seus indicadores. A população latino-americana abaixo da linha de pobreza evoluiu sucessivamente de 41% do total em 1980 (136 milhões de pessoas) para 43% em 2000 (207 milhões) e, em 2003, ela já alcançava 44% (237 milhões). Já o índice de população indigente crescia de 19% em 2001 para 20% em 2003. Esse número teve forte influência da Argentina, onde a taxa de pobreza quase duplicou de 1999 a 2003 (de 20% para 42%) e a indigência quase quadruplicou (de 5% para 19%).

5 Para mais detalhes ver Dupas (2005a), Dupas (2005b) e Dupas e Villares (2005).

O aumento da pobreza, da indigência e da fome em muitas regiões da América Latina esteve atrelado a outro fator alarmante: a contínua elevação dos níveis de desemprego e informalidade no mercado de trabalho nas últimas décadas. A tendência ao aumento da precariedade do emprego "delineou-se com o aumento na proporção de pessoas ocupadas nos setores informais ou de baixa produtividade, que atingiu (1999) cerca de 50% da força de trabalho nas zonas urbanas e percentagens ainda mais elevadas nas zonas rurais" (Dupas, 2004, p.9). Já em 2000, as estimativas são as de que essa taxa atingiu quase 60% da força de trabalho. É especialmente preocupante a situação dos setores mais jovens, nos quais as taxas de desocupação cresceram muito, expondo-os a situações de sobrevivência que os tornam "exército industrial de reserva" do crime organizado.

Com esse quadro, agrava-se a descrença na possibilidade de ascensão social e na melhora da situação pessoal e familiar por meio do próprio trabalho. Essa descrença generaliza-se em virtude da redução progressiva do número de habitantes que se situam na classe média, assim como à dificuldade crescente de permanecer nesse *status*, aumentando a estratificação social. Por outro lado, amplia-se a sensação generalizada de insegurança na sociedade. A sociedade brasileira vê os efeitos de conviver com uma geração de jovens criada em comunidades dominadas por facções criminosas e armas de fogo, para a qual parece natural participar de situações de violência extrema e barbárie. O antropólogo britânico Luke Dowdney estudou, durante cinco anos, a situação das crianças das favelas do Rio de Janeiro. Quando os jovens participam de ações bárbaras, sentem remorsos, "mas sempre dizem que veem a morte todos os dias, o que os faz considerar isso normal. Essa banalização é a maior tragédia. A vida passa a ter pouco valor".

Para ele, o número de crianças no tráfico crescerá porque elas são cada vez mais ativas e morrem cada vez mais cedo, sendo substituídas por outras ainda mais jovens. "Pela primeira vez há uma geração de adolescentes que cresceu em comunidades integralmente controladas por facções de criminosos". Eles nunca circularam por ruas onde pessoas andassem desarmadas. Vivem na extrema violência: a agressão por armas de fogo e a morte são banais. Para Dowdney, essas crianças são tanto vítimas como agressoras. A sociedade deixou que elas crescessem nesse ambiente hostil e agora tem de sofrer as consequências e assumir as responsabilidades. As crianças vão para o crime porque não têm outra opção. Perdem rapidamente a infância e são forçadas a virar adultos do dia para a noite; e sabem que, quando as normas internas não são seguidas, a penalidade é a morte.

O número de homicídios cresceu 40% na América Latina durante a década de 1990, atingindo um índice seis vezes maior que o observado nos países da Europa ocidental (Banco Mundial, 2004). Este aumento contínuo tornou a região a segunda do mundo em maior criminalidade, somente atrás da África subsaariana. Na classificação geral mundial, três países latino-americanos ocupam posição entre os quatro mais violentos: Colômbia é o líder mundial (68 homicídios por 100 mil habitantes); em seguida vem El Salvador, com trinta; Rússia e Brasil têm, respectivamente, 28 e 27. Esse contexto de "nova pobreza" também tem criado uma onda de migração – até mesmo dos indivíduos da classe média – sem precedentes nos países latino-americanos. A questão da imigração está se tornando, na agenda continental, um problema de graves proporções, caso não seja enfrentado o mais breve possível.

Ao mesmo tempo, cristaliza-se a unanimidade entre as organizações internacionais de que a América Latina é a região mais desigual do globo. A desigualdade de renda tem avançado em setores importantes da vida dos cidadãos, tais como a dificuldade no acesso ao consumo, ao crédito, à educação, à saúde e à inclusão digital, entre outras. Assim, essa crescente espiral de miserabilidade possui impactos regressivos no desenvolvimento social que realimentam altas taxas de desigualdade. Por sua vez, as taxas de desigualdade afetam toda a sociedade, ao reduzir a possibilidade de poupança nacional e o mercado doméstico, impossibilitando a produção em escala e contribuindo para a geração de intensas iniquidades que têm efeitos perversos sobre a governabilidade democrática, o clima de confiança interpessoal e o capital social.

A última fronteira da acumulação: o mercado da pobreza

As profundas alterações acarretadas no mercado de trabalho mundial pelas lógicas globais de produção das últimas décadas parecem estar, surpreendentemente, tendendo a reduzir a renda real, até mesmo, de diretorias médias, gerências superiores e pessoal especializado das corporações; eles costumavam ser, como principais executivos de nível superior das grandes empresas, fartamente remunerados por um pacote que incluía participação nos lucros. Pesquisa (Achatamento..., *O Estado de S. Paulo*, 2005) feita em 19 países pela consultoria norte-americana RightSaadFellipelli entre técnicos especializados, gerentes e diretores de empresas revela que a maioria deles considera que seria difícil – ou muito difícil – encontrar colocação parecida, ou com o mesmo salário, caso fossem demitidos atualmente. O Brasil possui a segunda colocação entre as declarações mais pessimistas em relação ao nível de remuneração do próximo emprego. Mas os percentuais são sempre acima de 60% e incluem Alemanha, Brasil, França, Suíça, Itália, Holanda, Dinamarca, EUA, Canadá, Hong Kong, Suécia, Bélgica, Reino Unido, Irlanda, Japão, Noruega, Espanha, Austrália e Coreia do Sul, ordenados aqui de modo decrescente de preocupação. Na Alemanha, o número foi de 97%, seguido do Brasil com 93%. Para a empresa pesquisadora, a razão principal dessa situação é o aumento crescente do desemprego, que tira poder de barganha desses profissionais.

O rebaixamento dos níveis salariais parece, pois, ser uma tendência geral. Nos níveis inferiores do mercado de trabalho, para além da forte tendência de flexibilização e das terceirizações com redução dos contratos de trabalho, a síndrome Wal-Mart relatada neste capítulo ilustra bem a questão para as duas pontas geradoras de emprego, a da oferta e a da demanda: salários cada vez mais baixos e a necessidade de baixar preços ao máximo no varejo para buscar faturamento. Mas essa tendência tende a ser radicalizada, e com as redes de varejo se aproximando das largas e crescentes bases da pirâmide de renda da sociedade, deixa claro que o mercado da pobreza é o novo alvo que o capitalismo global deve visar para manter sua taxa de acumulação, já que as rendas caem por restrições do mercado de trabalho que o próprio sistema acarreta. Os supermercados superbarateiros estão transformando o cenário do varejo no mundo. A Save-A-Lot (Supermercado..., *O Estado de S. Paulo*, 2005) já é uma das redes de supermercado de maior sucesso nos EUA por atender aos pobres, um mercado que muitos ignoravam. Seu alvo é caminhar para a base da pirâmide de renda dos EUA, visando famílias com renda média inferior a 35 mil dólares por ano. Enquanto as cadeias tradicionais oferecem sessenta sabores de marcas de mostarda, ela vende apenas duas de marca própria: a amarela e a escura, de um só tamanho. Com isso mantém preços baixos e tem aumentado seu lucro operacional em 15% ao ano. A rede possui 1.229 lojas em 29 Estados e está abrindo mais 65 em 2006. Na Alemanha, a Aldi Group (No reino..., *IstoÉ*, 2003) usa a mesma estratégia: já possui 775 lojas também nos EUA e vai inaugurar outras 45 em curto prazo.

Para além do próprio Wal-Mart, que agora faz uma escalada definitiva em países como o Brasil, existem situações semelhantes em vários outros países.[6] No próprio Brasil, o dono de uma das maiores e mais eficientes redes de varejo no país, as Casas Bahia (ibidem), explicava seu segredo: aprender a dar crédito aos pobres que trabalham no informal e fazem compras de até 500 reais; entregar os produtos em casa para checar o local da moradia e localizar lojas cada vez mais nas periferias. Outro caso que segue o modelo Wal-Mart é o das Lojas Americanas (Lojas..., *Valor Econômico*, 2004). O valor de mercado da empresa triplicou desde dezembro de 2002 até o início de 2004, vendendo sobretudo produtos de baixo valor unitário, com fatura média de 15 a 20 reais. São os próprios funcionários que trabalham no caixa e em outros setores que fazem eventualmente a faxina das lojas. São raros os telefones e é permanente a pressão para redução de custos seguindo o lema corporativo "nós queremos sempre mais". Utilizar sofisticada tecnologia e logística de ponta – para vender em grande escala e a preços menores a uma população com renda cada vez mais baixa –, empregando pessoal muito

6 Ver detalhes em Dupas (2005a).

mal remunerado, é um dos principais fatores da alta taxa de acumulação de muitos setores do capitalismo global.

Torna-se claro, nesse sistema – que depende crescentemente da destruição criativa schumpteriana e de consumidores mantidos ávidos por novidades, ainda que cada vez mais pobres –, que o futuro do consumo está nos jovens das classes C, D e E. No Brasil – cuja população de jovens é de 80 milhões –, em 2005, mais de 70% dos jovens já possuíam um celular. Detendo a maior concentração de renda e uma das maiores populações de jovens pobres do globo, esse país tem um dos maiores coeficientes de penetração mundial de telefones celulares. O jovem pobre sem um telefone celular, ainda que pré-pago, é induzido pela propaganda maciça e global a sentir-se mais ainda um pária, um infeliz, um *out-group*. Para compreender esse processo basta observar a intensidade e o conteúdo das imensas campanhas publicitárias vendendo o produto, de longe as que mais ocupam espaço na mídia global. Para cada criança brasileira considerada classe A (Futuro..., *O Estado de S. Paulo*, 2005), existem 10 das classes D e E. O computador é o objeto de desejo principal de 12 a 14 anos. De 15 a 20 anos, é o automóvel. Como muito poucos conseguem um carro, optam por um celular novo, o item seguinte na ordem dos objetos de desejo.

A questão do mercado dos pobres e da restrição de renda também aparece com clareza nas sutis reduções de conteúdo de embalagens dos produtos fabricados por empresas do setor de alimentos, mantendo tamanho e aparência anteriores. O Departamento de Proteção e Defesa do Consumidor do Ministério da Justiça do Brasil (Governo..., *Folha de S.Paulo*, 2005) aplicou 49 multas a 32 empresas, na sua maioria grandes corporações globais, por "maquiarem" irregularmente seus produtos, alterando suas características sem adequada informação. A campeã foi a Nestlé do Brasil. Entre suas irregularidades estavam: diminuir composição nutricional em sais minerais em produto lácteo e reduzir peso de biscoitos e de leite em pó. Essas empresas não se acanham em publicar extensas matérias pagas justificando-se com o argumento de que o consumidor é que deseja essas alterações. Na maioria das vezes o procedimento é recurso vil para um aumento real de preço, mantido o preço anterior mas reduzido o peso do produto. Também não se constrangem em anunciar propriedades especiais nas novas embalagens e fazerem exercícios de design para que não seja percebida a redução volumétrica.

A percepção da importância do mercado dos pobres avança célere. A Nestlé do Brasil descobriu, por exemplo, que uma lata de leite condensado, em regiões pobres do país, é presente de aniversário. Em entrevista à imprensa (Sem alarde..., *Valor Econômico*, 2005) ela anunciou que esse produto, com embalagem dourada e laço impresso de fita vermelha, será o novo mascote da empresa no país. Informou que isso foi desenvolvido sem alarde, para não chamar a atenção da concorrência. Também anunciou que está preparando um projeto para vender seus produtos para as classes C, D e E. O presidente da empresa no Brasil diz que "o cliente de baixa renda raramente sai para fazer suas compras fora da comunidade porque não pode gastar com a passagem de ônibus. Então precisamos arrumar um jeito de ele ser atendido onde mora". Ele diz que a Nestlé está atrás de um público que ganha entre um e dois salários mínimos e gasta 25% do orçamento com alimentação. Trabalhos sociais e campanhas comunitárias farão parte da estratégia da empresa porque "as populações de baixa renda têm uma forte vida comunitária e isso nós temos que entender", diz um diretor da companhia. Também a Dupont mundial está procurando o cliente de baixa renda. Ela descobriu que só desenvolve produtos para clientes do topo da pirâmide, as 800 milhões de pessoas que ganham mais de 10 mil dólares. "Queremos os 4 bilhões que estão na base da pirâmide", diz o presidente da Dupont América Latina, sediada no México.

Finalmente, os grandes gurus em estratégia de negócios também estão despertando para o mercado dos pobres. Stuart Hart (Inclusão..., *O Estado de S. Paulo*, 2005), autor de *Capitalism at the Crossroads* e um dos famosos consultores mundiais de corporações, diz que, sem incluir os bilhões de pobres que vivem com até 1,5 mil dólares por ano, não haverá futuro nem para o capitalismo nem para as empresas globais. Assumindo uma preocupação ambientalista, ele diz que as estratégias devem buscar produtos de massa e o uso de tecnologias com prioridade para energias limpas, buscando reduzir o impacto insuportável sobre os recursos naturais do planeta. Hart afirma estar muito alarmado, pois acha que vivemos um período muito semelhante ao entreguerras, quando a depressão econômica, o fascismo e o comunismo *quase eliminaram o sistema capitalista da face da terra* (sic). E desembainha sua espada salvadora, conclamando as elites a reinventar o capitalismo de modo que o *torne inclusivo*.

Hart fala que os atuais sistemas de produção visam às necessidades de 800 milhões de pessoas, que vivem com mais de 15 mil dólares por ano, consumindo 80% da energia e dos recursos do planeta. A expansão de olhar em curso visa somente ao 1,2 bilhão que são a classe média emergente, com renda anual entre 1,5 e 15 mil dólares. Ele propõe mirar os 4 bilhões da base da pirâmide; sugere que as empresas saiam do comodismo e passem a dialogar com favelados, população rural, pobres, índios, ambientalistas radicais etc. O objetivo seria incorporá-los nas cadeias de fornecedores ou consumidores, como no Brasil já faz – e com grande sucesso – a Natura, ao fabricar cosméticos vendidos porta a porta utilizando matérias-primas feitas por pequenos produtores de castanha ou buriti. Hart também é ferrenho defensor da tecnologia como inclusão social, só não diz como praticá-la. Já que ele parece esquecer que o sistema atual desistiu de aumentar a renda, talvez também acredite que o caminho seja praticar a inclusão com produtos mais baratos e de menor peso, ou ainda latas especiais de leite condensado embaladas de fábrica para presente.

Um bom exemplo de inclusão dos miseráveis, como defende Hart, é a maneira como se está incorporando atualmente não mais os pobres, mas os miseráveis de regiões africanas, ao mercado de telefonia celular. No árido topo de uma montanha na África do Sul, apanhar água no rio pode levar até quatro horas (A preço..., *Folha de S.Paulo*, 2005). A iluminação é a luz das velas e para cozinhar faz-se uma fogueira. Mas Bekowe Skhakhane, de 36 anos, foi convencida pela propaganda que precisa ter a possibilidade de falar com seu marido, que trabalha numa siderúrgica de Joanesburgo, utilizando um telefone celular. Hoje há vários milhões de assinantes desse serviço naquele país. Skhakhane, muito pobre, gasta 1,9 dólar por mês para comprar cinco minutos de crédito, incorporados à sua lista de compras. Como a grande maioria dos africanos vive com menos de dois dólares por dia, as operadoras só conseguem vender quotas irrisórias, convencendo o miserável local que ele também tem o direito ao progresso, a ser feliz. Os aparelhos celulares lá vendidos são usados e custam menos de 50 dólares. Como consequência, um de cada onze africanos tem um telefone móvel e, no entanto, apenas um de cada trinta tem telefone fixo, com tarifa muito mais barata embora de acesso mais difícil. Aldeões de duas províncias da serra do Congo construíram antenas de 15 metros improvisando topos de árvores para captar os sinais.

As empresas, que vendem progresso e felicidade para os pobres, anunciam as boas razões mercadológicas para seu produto: como eles não têm refrigerador, conservam os peixes vivos nos rios, amarrados a um barbante, e os levam quando recebem uma chamada no celular. Um entregador de plantas diz que os brancos têm medo de ir ao seu viveiro. Então ele leva suas plantas quando acionado por um celular. Mas como carregar as baterias, sem eletricidade? Carregadores movidos a pedal de bicicleta estão sendo desenvolvidos, o que, segundo o *The New York Times*, exigiria uma bicicleta, propriedade rara na África rural. A solução foi utilizar baterias de automóvel carregadas em postos de gasolina por indivíduos que se locomovem de ônibus e que nunca poderão ter um carro; mas cobram 80 centavos de dólar para carregar um celular. Por essas e outras, o capitalismo global mostra mais uma vez sua imensa capacidade de adaptação. E consegue explorar aquela que talvez seja sua última fronteira de acumulação: dela faz parte tornar telefones celulares objetos de desejo irrefreável e vendê-los em massa para os miseráveis do mundo. Eles comerão ainda pior, mas estarão ligados ao mundo em tempo real.

Em meio a esse contexto avassalador, em que a lógica do capital se impõe de maneira tão plena sobre considerações de ordem social ou ética, assiste-se a uma escalada crescente de prepotência empresarial sobre considerações de qualquer outra ordem. É como se o mundo global fosse simplesmente um vasto campo para os interesses do lucro e das grandes corporações. Um bom exemplo são as resistências corporativas às ultimas tentativas de preservar alguma hierarquia de valores que defendam concepções e avaliações de natureza nacional ou civilizacional. O *The Walt Street Journal* informou que a Kellogg's, uma da maiores transnacionais globais de alimentos processados, possui uma diretora de regulamentação e relações governamentais para a Europa; ela está muito incomodada porque tem encontrado enormes dificuldades quando tenta convencer as diferentes autoridades europeias a deixar sua empresa fabricar e vender o mesmo tipo de cereal matinal, enriquecido com vitaminas, pelos diferentes países europeus. Reclama que a Dinamarca não quer vitaminas no cereal, com receio de que os que já tomam complexos vitamínicos acabem consumindo doses diárias muito superiores às recomendadas, o que segundo especialistas poderia danificar órgãos internos; que a Holanda não acredita que a vitamina D ou o ácido fólico sejam benéficos ao organismo e não os quer adicionados; e que a Finlândia gosta de ter mais vitamina D para compensar o fato de os finlandeses tomarem menos sol. Dentro da prepotência típica de quem protege os interesses do capital e não do consumidor, a diretora reclama que a Kellogg's, que tem sede em Battle (Michigan), é obrigada a produzir quatro diferentes tipos de cereais em suas fábricas na Inglaterra e na Alemanha, o que lhe parece um absurdo. E declara, indignada: "Estamos esperando pela Europa", já que lhe parece que a falta de unificação do mercado europeu é a causa do aumento de custo das grandes corporações e da inibição em investimentos na União Europeia. A única coisa que não lhe ocorreu pensar é que as restrições dos especialistas em saúde pública desses países europeus estão, em tese, protegendo seus cidadãos contra interesses privados disfarçados na retórica do progresso, levantando objeções muito razoáveis.

Nessa mesma linha, em certos países europeus, as novas redes de varejo de outras nações devem pagar por estudos que provem que elas não deslocarão os varejistas atuais, afetando interesses e empregos locais. Uma dessas corporações reclamou que cada estudo pode custar 20 mil euros e demorar até um ano, o que ela acha um absurdo. Finalmente, no mesmo texto do *The Wall Street Journal* a Manpower Inc., uma das maiores agências de mão de obra temporária do mundo, reclama contra as regras alemãs que impedem a contratação de trabalhadores por apenas um ou dois dias, exigindo períodos mais longos de contratação. Ela declara que isso aumenta custos e intimida a demanda; e afirma categoricamente, com a mesma arrogância típica do capital: "É PIB perdido".

Objeções semelhantes aparecem toda vez que uma agência pública ainda tenta regular qualquer atividade privada por considerá-la inconveniente aos interesses coletivos. O objetivo é desqualificar a ação pública regulatória ou, quando se percebe que ela é inevitável, antecipar-se a ela nos termos que mais convêm à empresa, praticando o que chamam de autorregulação. Uma dessas atividades é a invasão da intimidade das residências por empresas operadoras de telemarketing para tentar vender bugigangas ou serviços. Até as autoridades norte-americanas, num país que vive em quase irrestrita liberdade de mercado, têm reagido a esse abuso impondo restrições. Pois bem, assim como o mercado de propaganda e a mídia eletrônica tentam anular reações da sociedade antecipando-se com autorregulações – na maioria das vezes inócuas –, aquele setor tenta fazer o mesmo. A forma escolhida indica claramente a atitude predominante de como a autorregulamentação é entendida. No Brasil (Empresas..., *Valor Econômico*, 2005), as empresas do setor de *call center* apresentaram, na abertura do III Congresso Nacional das Relações Empresa-Cliente, sua norma de autorrestrição, batizada de "código de ética". A norma proíbe telefonar para a casa de potenciais clientes antes das 9 horas da manhã e depois das 21 horas, de segunda a sexta-feira. Sábados, domingos e feriados as ligações só poderão ser realizadas das 10 às 16 horas. A presidente da maior empresa do setor declarou que "se a indústria não se autorregular, abre espaço para que outras áreas que não conhecem o setor o façam". E ainda justificou-se dizendo que o objetivo é melhorar a rentabilidade do setor, não perdendo tempo ligando para quem não quer compar. Em síntese, acha-se de boa ética que o cidadão que paga seus impostos e taxas para ter um serviço público de telefonia seja interrompido em descanso ou tarefa em sua casa – seu último reduto de privacidade – nos sábados, domingos e feriados das 10 às 16 horas. Isso é um exemplo de autorregulação na lógica do capital.

Finalmente, um rápido comentário sobre as tendências de padronização mundial, exigências da lógica de produção com base na concepção de escalas mínimas de operação adequadas a corporações globais. A eliminação das variedades e especialidades regionais é uma dessas imposições mais marcantes, e com pesadas consequências de natureza social e cultural. É o caso dos milenares queijos artesanais da França, uma espécie de patrimônio de civilização, que estão chegando ao fim (Queijos..., *Folha de S.Paulo*, 2005). Madame Gagneau, uma senhora septuagenária, é a última produtora do Vacherin d'Abondance, um queijo pungente e cremoso que pode ser comido com colher. Esse produto existe há mais de 200 anos e é considerado pelos especialistas o melhor Vacherin da região. A pequena propriedade fica nos Alpes franceses, com vista para o lago de Genebra, e o queijo é produzido apenas no inverno, quando as belas vacas marrom-avermelhadas estão no estábulo.

Gagneau vai parar sua produção mostrando que não compensa mais produzir, já que a grande concorrência e a padronização fizeram seu pequeno negócio inviável. No vale vizinho, na aldeia de Thollon, outro queijo muito admirado produzido com nata, de odor forte e sabor delicado, só tem um produtor das dezenas existentes. Jean-François, de 28 anos, com a ajuda e tradição de seu pai, continua por enquanto o negócio. Já o Galette des Monts d'Or, queijo cremoso de vaca, foi produzido nas colinas vizinhas de Lyon durante 400 anos. No verão de 2004, morreu seu último produtor e o queijo se foi com ele.

São todos exemplos do verdadeiro queijo francês, desde sempre feito com leite cru. Hoje, por pressão dos critérios de escala industrial e padronização, 96% dos queijos da França já são pasteurizados. Veronique Richez-Lerouge, presidente de uma associação que promove queijos tradicionais, lembra que os nomes dos queijos industrializados ainda são os antigos, mas os produtos das empresas são diferentes, com muito menos sabor e qualidade. A decadência começou há dez anos, quando a União Europeia introduziu critérios de higiene e padronização. Curioso que ninguém se refere aos aditivos químicos e conservantes, todos eles passíveis de consequências na saúde, que a grande indústria tem de utilizar. Segundo o *The Independent*, o que ocorre é que o poderoso setor de laticínios da França, hoje dominado por três grandes corporações globais, tem poder e influência, e difundiu a crença de que os queijos não pasteurizados não são "seguros". No entanto, os queijos pasteurizados são bacteriologicamente "mortos"; neles não há nem boas nem más bactérias, que no leite fresco se compensam mutuamente.

Vesin diz que "as regras são feitas por e para as grandes empresas [...] As bactérias fazem o queijo, e é assim há muitas centenas de anos. O queijo de leite não fervido era seguro no passado, e continua sendo".

Se práticas como essas atropelam valores culturais e hábitos seculares, no entanto a grande corporação contemporânea tem vitalidade e recursos para absorver certas contrarreações da sociedade de tal modo que as neutralize em seu próprio benefício. Andrew Potter e Joseph Heath (Heath, 2005) lembram que a contracultura, em vez de funcionar como força de oposição à economia, acaba sendo um dos motores dela. Os símbolos da rebeldia são cooptados pelo sistema e a própria contracultura impulsiona o capitalismo da moda, gerando novidades para competição entre os consumidores, transformando-a em *hippie chic* ou *punk de butique*. A intensa competição pela diferenciação, em meio à inevitável padronização em escala global, é retroalimentada pela apropriação de suas imagens no mundo. A contracultura dos anos 1950 dizia que o capitalismo exige conformismo dos consumidores para absorver o excesso de bens produzidos pela indústria massificada. A tática de luta disponível seria que as pessoas se transformassem em consumidores conformados. A fantasia é que, tornando-se um *punk* ou um *hippie*, praticava-se uma ameaça ao capitalismo.

Para Potter e Heath está bastante claro que isso obviamente não é ameaça nenhuma. Basta ver o que acontece, por exemplo, com os grafiteiros. Uns são cooptados para copiar quadros lamentáveis de artistas brasileiros em locais públicos, antecipando pichações. Mas outros acabam ditando parte da estética atual da moda, da publicidade e do marketing (Moldura..., *Valor Econômico*, 2005). Vários produtos de consumo de massa, como roupas, tênis e geladeiras, são concebidos com essa iconografia até então marginalizada, nascida nos guetos de Nova York na década de 1960, que forma o tripé do *hip hop*, do *rap* e do *break*. Para divulgar o lançamento do carro Fox, da Volkswagen, a empresa contratou quarenta grafiteiros de 16 países para decorar um hotel de Copenhague. É um posicionamento de vendas para jovens de 18 a 25 anos. Os consumidores cedem à ideia de "autenticidade" por se adotar uma linguagem plástica contemporânea. A classe A, por interesse genuíno, para aliviar culpas ou para posar pelas ruas de politicamente correta, quer se interessar pelas tribos periféricas. O antropólogo David Graeber (2005) diz que ondas de desilusão sobre as possibilidades de mudança social não são novidades. O século passado foi uma sucessão delas. Cada geração cresceu na crença ingênua de que a tecnologia, o progresso e a dialética nos remeteriam para um mundo melhor, para ver sucessivamente essa esperança desmoronar seja nas trincheiras da Primeira Guerra, na Grande Depressão, no Holocausto, na bomba atômica etc. O capitalismo aproveita até os espasmos de rebelião para sua acumulação.

4
Ciência médica, saúde e progresso

> Diante das impossibilidades da medicina em aliviar os pacientes de seu sofrimento [...], quem sabe a arte médica tente recuperar sua vocação ética onde o sucesso da ciência fracassou. *(Gori e Volgo)*

> Quanto maior for o número de doenças que a medicina vencer, maior será nossa tendência de considerar doença a própria medicina. *(Odo Marquard)*

> Mais inquietantes que os perigos nucleares são os riscos potenciais oriundos da microbiologia e da genética. *(Martin Rees)*

Nas ciências médicas os resultados do progresso parecem autolegitimar-se pelos seus impressionantes avanços, fazendo-as adquirir uma auréola mágica e determinista que as coloca acima da razão e da moral. Exaustivos discursos laudatórios sobre o aumento da expectativa de vida média da humanidade, novas competências na cura de alguns cânceres e os maravilhosos transplantes de órgãos parecem desqualificar como absolutamente sem sentido qualquer restrição à maneira como avançam as tecnologias da saúde, transformadas em sinônimos de progresso. O homem comum, ao sentir seu corpo penetrando num imenso e futurista aparelho de ressonância magnética de última geração – numa espécie de ritual de *science fiction* –, tem o sentimento de estar submetido a potências mágicas invisíveis, embora reais e ativas. Tais potências míticas parecem ocupar o lugar deixado vago pelos feiticeiros e deuses antigos. A razão técnica agora oferece a "cura", originando uma lógica própria e um poder sem limites. Ficamos reféns de sucessos que não se sustentam em valores; e, muito menos, em uma opção consciente de uma sociedade que possa definir suas prioridades em matéria de saúde de maneira amplamente democrática. Restrições quanto à excessiva *medicalização* ou dependência tecnológica da medicina, posições de cautela com relação ao uso excessivo de medicamentos, objeções éticas quanto aos imensos riscos da manipulação genética ou à qualidade de vida dos transplantados são questões encaradas sistematicamente como posição reacionária de quem não quer o progresso.

Uma série de depoimentos de pesquisadores e cientistas importantes tenta alertar para as consequências dessa primazia de uma técnica subordinada crescentemente ao lucro privado, e não a uma concepção de saúde verdadeiramente pública e plena de valores e significados. A civilização contemporânea gasta mais tempo e recursos focados quase que exclusivamente na doença, e não no doente. Cientistas responsáveis por padrões de referência relativos a diagnósticos de saúde condensam os controles daquilo que intitulam "índices máximos" permitidos para um indivíduo médio ser considerado sadio. A cada rebaixamento dos índices, segue-se recomendação de medicação preventiva para "atenuar riscos". Um importante especialista internacional da área de *check-ups* clínicos, empolgado com seus recursos bioeletrônicos de última geração, declarou recentemente que não há indivíduos sãos, apenas doenças ainda não diagnosticadas.

O imperativo da *medicalização* está estreitamente atrelado à lógica de retorno do investimento da pujante indústria do setor de saúde,[1] hoje muito mais concentrada e transnacional. A *medicalização* desconhece limites e faz a doença ser percebida como normal, até mais normal do que a condição de estar saudável. Frank Furedi, professor da Universidade de Kent, chama de *medicalização* "aquele processo por meio do qual problemas encontrados na vida cotidiana são reinterpretados como problemas médicos" (2005), sujeitos a tratamentos com drogas químicas. Até questões que durante séculos foram classificadas como "existenciais" estão a receber rótulos médicos e drogas específicas para o seu "tratamento". É crescente na medicina o uso do termo *wellness* (bem-estar total); ele insinua algo como "você nunca está totalmente são; está potencialmente doente". É o caso da velha e comum timidez, agora diagnosticada como "fobia social". Furedi lembra que, quando um "rótulo médico" é fixado, a indústria farmacêutica é sua parceira no esforço de medicalização com uma "pílula para timidez". Uma criança tem problemas de conduta na escola e é encaminhada para um serviço médico que detecta fobias noturnas e enurese. Medicada em seus sintomas com uma "droga lícita", "normalizada", ela é considerada um caso resolvido.

1 Entenda-se por setor de saúde a indústria farmacêutica e de equipamentos médicos, os complexos hospitalares e laboratoriais e as áreas afins.

Nas pesquisas de Furedi, ele exemplifica com a contínua descoberta das "doenças da semana" num boletim de divulgação médica: "Especialistas afirmam que a paixão amorosa é uma doença genuína, que precisa receber atenção especial e ser diagnosticada". Se não for "tratada", um problema mais grave pode estar a caminho. E os estímulos para tornar coisas desse gênero uma doença estão nos outdoors de todas as cidades importantes do mundo: "Disfunção erétil agora tem solução. Consulte o seu médico" ou "Você já pode ser tão esbelta quanto a modelo ao lado, perdendo peso com rapidez e segurança. Procure um especialista", e assim por diante. Já quase não há preocupação sobre se o sexo na adolescência é prazeroso e psíquica ou moralmente adequado, desde que seja feito com o uso do preservativo. É óbvio que o uso de preservativos em tempos de Aids é uma medida fundamental de saúde pública. Mas, para além da prevenção e da movimentação de uma indústria global que fabrica alguns bilhões de unidades por ano, pouco se investe no debate sobre o sexo, seu significado e suas consequências.

Remédios com eventuais efeitos colaterais são transformados em objeto de desejo pela propaganda global. A frase "Eu posso" se destaca ao lado de uma mulher bonita e moderna em página inteira de um anúncio de um novo antidepressivo nos EUA. E pesquisa publicada pela *Revista da Associação Médica Americana* mostra que a probabilidade de um paciente obter do seu médico o remédio que deseja, mesmo que não seja o mais indicado para o seu caso (Anúncio..., *O Estado de S. Paulo*, 2005), aumenta quando o cliente pede por ele. O professor Louis Garrison, da Universidade de Washington, lembra que a grande carga de publicidade influencia a prescrição de um medicamento porque "os médicos querem dar a seus pacientes um diagnóstico sólido, mas também querem deixá-los felizes".

Estratégias mais e mais agressivas são usadas pela indústria farmacêutica. Uma das mais recentes são os "programas de milhagem" do tipo "quanto mais você usa, mais recebe". Medicamentos como o Viagra – para disfunção erétil – e o Restylane – para preenchimento de rugas – já lançaram seus cartões de fidelidade que vão de descontos e remédios grátis a bônus em *spas* (Farmacêuticas..., *O Estado de S. Paulo*, 2005). O uso de drogas para tratar distúrbio de hiperatividade por déficit de atenção, doença rotulada por DHDA, mais que dobrou de 2000 para 2004 (Cresce..., *O Estado de S. Paulo*, 2005), bem como o gasto com esses medicamentos na faixa de idade de 20 a 44 anos. Mas não há preocupação sistemática para identificar por que as pessoas estão mais desatentas. Essas pílulas também estão se tornando populares entre as mulheres, que já as tomam tanto quanto os homens. É o que relata a empresa Medco Health Solutions, que administra benefícios farmacêuticos para empresas de planos de saúde. O médico-chefe da corporação não hesita em dizer que isso é um claro reconhecimento de que o tratamento para DHDA deve continuar, para muitas pessoas, *pela vida toda.* Mas o psiquiatra Alexandre Lerman, de Nova York, especialista em crianças e adolescentes, diz que seus colegas têm usado definições vagas do distúrbio para concluir que adultos com sintomas leves precisam de medicação. E alerta que essas drogas são estimulantes desestabilizadores do humor e que podem deixar as pessoas emocionalmente instáveis, deprimidas, irritadas e obsessivas.

Um caso paradigmático dos interesses da indústria farmacêutica estimulados pela propaganda é o das drogas de disfunção erétil e dos antidepressivos. Sete anos após o enorme sucesso do lançamento do Viagra, remédio contra a disfunção erétil da Pfizer, sua curva de vendas começa a cair

(Sete..., *O Estado de S. Paulo*, 2005). Mais de 400 milhões de dólares de propaganda gastos em 2004 colocaram o Viagra e seus concorrentes, Cialis e Levitra, entre as drogas de maior venda nos EUA (2,5 bilhões de dólares). Parte da queda parece ser atribuída ao alerta de médicos que relacionam o uso da droga com formas raras de cegueira. A queda da venda de antidepressivos também parece indicar uma saturação do estímulo de vendas conduzido por propaganda maciça. Pacientes também mencionam estar insatisfeitos com os altos preços e o péssimo hábito das empresas farmacêuticas de esconder efeitos colaterais. Nos EUA é permitido fazer propaganda inclusive de remédios que exigem prescrição. Na esperança de aumentar as vendas do Viagra, a Pfizer vai lançar novas campanhas. "Achamos que há uma oportunidade para expandir nosso mercado", disse Greg Duncan, vice-presidente de marketing nos EUA. Ele fala que a empresa quer incentivar homens mais novos a tomar o remédio, bem como ajudar o paciente a perder a vergonha de falar sobre disfunção erétil com seus médicos.

Por outro lado, Abraham Morgentaler, urologista da Escola de Medicina de Harvard, diz: "A ideia de que todo homem com disfunção erétil vai querer tomar uma dessas pílulas não está correta". Mais uma vez, pouco dinheiro e pesquisa são gastos para determinar por que a civilização global está gerando mais homens impotentes. Além disso, há crescentes acusações de manipulação de pareceres especializados sobre efeitos positivos e negativos de drogas por parte da indústria. No caso famoso do anti-inflamatório Vioxx, o *New England Journal of Medicine* acusou a Merck de alterar os dados dos resultados de um teste clínico importante para diminuir a importância dos riscos para o coração. O editor do periódico, Gregory D. Curfman, criticou o laboratório, dizendo: "Eles não revelaram tudo o que sabiam". Também foi afirmado pelo FDA (Antidepressivo..., *O Estado de S. Paulo*, 2005) que o uso do antidepressivo Paxill durante a gravidez pode estar relacionado com a maior incidência de defeitos congênitos em recém-nascidos, inclusive no coração. A GlaxoSmithKline disse que vai incluir o risco na lista de precauções da bula do remédio, embora afirme que não há provas definitivas. Finalmente, a respeito da manipulação e da influência do poder econômico, pesquisa feita pela revista científica britânica *Nature* também revelou que os especialistas médicos que recomendam as regras de boa prescrição dos medicamentos têm ligações financeiras com a indústria farmacêutica (La revue..., *Le Monde*, 2005). Dos 685 autores consultados, implicados em mais de duzentas recomendações, 35% deles confessaram conflito de interesses por terem recebido alguma remuneração do laboratório.

De fato, pouco se faz em escala global no mundo contemporâneo para prevenir doenças, como alimentos saudáveis, redução da contaminação ambiental e da emissão de ondas eletromagnéticas, redução da ansiedade e da tensão (Nous sommes..., *Le Monde*, 2005b). André Cicolella, pesquisador em saúde ambiental, lembra que há sete anos o Conselho Europeu decidiu reformar as regulamentações em vigor sobre a comercialização de substâncias químicas. Três anos mais tarde, nada se fez. Segundo ele, os interesses econômicos se arrogam o direito de atropelar a saúde pública, com a complacência dos políticos. Está em causa, segundo Cicolella, simplesmente o controle da maior epidemia moderna, os cânceres; só na França, eles cresceram 63% nos últimos vinte anos; atualmente, um homem em cada dois e uma mulher em cada três descobrem ter câncer. Também estão envolvidas as falhas na reprodução humana – um casal em cada sete é infértil –, as alergias, as doenças renais e neurológicas. As vítimas não morrem mais nas ruas, como nas epidemias antigas, mas em hospitais muito sofisticados, tratadas por equipamentos de milhões de dólares.

No entanto, o volume de substância químicas no meio ambiente, em nível mundial, passou de 1 milhão de toneladas em 1930 para 400 milhões de toneladas no início deste século. Para cerca de 97% dessas substâncias, os testes sobre consequências de toxidade no organismo humanos são incompletos ou inexistentes. Hoje a quase totalidade da população mundial está impregnada por um certo número de substâncias que seriam cancerígenas. "Múltiplos dados epidemiológicos e toxológicos demonstram a ligação entre a poluição química generalizada e o crescimento das epidemias modernas", afirma Cicolella.

É paradoxal observar como numa sociedade geradora de crescentes e graves contaminações ambientais – e propensa ao uso frequente de drogas ilegais – há espaço para ressurgirem componentes autoritários nas políticas públicas a respeito de temas controversos e específicos. Um deles é a questão do cigarro ou tabaco. Jacob Salum, estudioso de políticas públicas, vê aí intolerância e autoritarismo. Ele acha que autoridades de saúde dos EUA partem do princípio de que, se alguém opta por continuar fumando, mesmo sabendo dos riscos, há algo de errado com ele e o Estado precisa intervir, obrigando-o a tomar a decisão que parece certa às autoridades, não necessariamente ao interessado: parar de fumar. Essa situação lembra vagamente fiscais de saúde percorrendo ruas das capitais europeias nos fins do século XIX à caça de mulheres grávidas que resistiam a ter seu parto nos hospitais, como voltaremos a mencionar no final deste capítulo. Salum acha que uma política pública razoável é aquela que tolera a possibilidade de alguém, mesmo sabendo que fumar faz mal, querer continuar fumando. E que os proprietários de locais públicos devem decidir se o permitem ou não; bem como o público deve decidir se prefere frequentar aquele ou outro lugar. Segundo ele, a nova face da indústria de cigarros é melhorar a imagem dizendo: "Não comprem nossos produtos".

Enquanto isso, Salum lembra que são fechados acordos com governos estaduais norte-americanos fixando multas e impostos elevados e, com isso, mais de 40 bilhões por ano dessa indústria vão para os cofres públicos. Eles tornam-se parceiros; e quem paga é o fumante, que despende mais pelo cigarro. Salum, que não fuma, pensa que, quando o número de fumantes cair mais e tornar-se politicamente manejável, o governo vai proibir definitivamente o cigarro. A razão é que nas últimas décadas as religiões tradicionais passaram a perder espaço e as pessoas passaram a supervalorizar saúde, academias, culto ao corpo etc. É a crença de que, se algo é bom para a saúde, temos que fazê-lo porque todos devem fazer tudo para viver mais. É dessa crença que se nutre a indústria farmacêutica; algumas vezes vendendo morte como vida, ou vida longa com sofrimento e sem dignidade. No entanto, morrer é parte integrante do viver; as células começam a envelhecer assim que nascemos; e temos de estar preparados para o fato inexorável de que morreremos, procurando viver de uma forma que valha a pena. No caso do cigarro, para além das questões mencionadas, alguns supõem interesses das seguradoras visando diminuir os custos das internações em casos de cânceres de pulmão.

Enquanto isso, regiões pobres de grandes países como Brasil e Índia se transformam em campos de experimentação barata para os laboratórios internacionais. Ilustrando com um entre muitos casos, pesquisadores ligados à Universidade da Flórida – indicando como fonte financiadora o Instituto Nacional de Saúde dos EUA – foram acusados pela justiça brasileira de usar os moradores de São Raimundo do Pirativa – comunidade ribeirinha do Amapá formada por 150 negros, que reivindica o reconhecimento como comunidade quilombola[2] – como cobaias mediante o pagamento de 12 reais para ficarem expostos em turnos de seis horas e meia, durante nove noites seguidas, a picadas de mosquitos.

No acordo assinado com os moradores, o voluntário se comprometia a alimentar cem insetos em seu braço ou perna. Moradores declararam que os pesquisadores atuam na área há três anos e que impedem que agentes da Fundação Nacional de Saúde realize borrifos com repelentes. Um morador declarou: "Não valeu a pena, pois a única coisa que ganhei foi malária". O acordo garantia que se os voluntários adoecessem, "profissionais médicos cuidarão de providenciar uma clínica de saúde local ou na cidade de Macapá". O responsável pela pesquisa declarou que não abandonou os ribeirinhos que adoeceram: "Aconteceram três casos graves e essas pessoas foram para clínicas onde receberam todo o atendimento médico. Os casos comuns de malária só necessitam de medicamentos em casa mesmo". O presidente do Conselho Regional de Medicina do Amapá, Dardeg Aleixo, está indignado: "Isso é inadmissível, pois aproveitam a pobreza dos ribeirinhos da Amazônia para fazer experiências e pôr a vida deles em risco. É um caso inacreditável".

O que parece haver de novo nessas ofensivas radicais na área dos espaços e direitos públicos da saúde é que, nas

2 Comunidades originárias de grupos de negros escravos fugidos da perseguição branca.

décadas finais do século passado, os interesses do capital começaram a ver nesse setor, alvo das ofensivas privatizantes pregadas pelas novas lógicas de mercado, uma excepcional oportunidade. Até então a saúde estava centrada em sistemas públicos razoavelmente eficientes, pelo menos nos países mais ricos.[3] O exemplo da Inglaterra é uma referência útil. O Serviço Nacional de Saúde (NHS) até 1990 era muito bem-sucedido. Empregava 1,2 milhão de trabalhadores, cerca de 5% da mão de obra nacional e dois terços de todos os funcionários públicos do país, e era responsável por 7% do PIB inglês. Seu padrão estava na média do OCDE (Organização para Cooperação e Desenvolvimento Econômico), e os índices de expectativa de vida e de mortalidade infantil eram melhores na Grã-Bretanha do que nos Estados Unidos.

O sistema também parecia relativamente barato, custando por habitante dois terços do que custava no Canadá e um terço do que se despendia nos EUA. Os interesses privados no setor, até meados de 1980, eram relativamente fracos. A maioria dos médicos, segundo Leys, achava que podia fazer um trabalho satisfatório; os especialistas eram cativados por salários mais generosos e pela liberdade de também manter seu consultório particular. Os fornecedores principais estavam abrigados no NHS e ainda não existia nada compatível aos *lobbies* atuais dos anunciantes e das empresas privadas de tevê. No entanto, o NHS era um entrave para o projeto neoliberal, uma herança socialista ou social-democrata ocupando uma área importante de acumulação potencial de capital para o setor privado; e era o comprador principal de remédios, equipamentos e outros suprimentos médicos, podendo impor negociações duras aos fornecedores.

---

3 Veja mais detalhes no capítulo 2, em Dupas (2005a).

Segundo Leys, Thatcher declarara que "não havia alternativa" ao capitalismo de mercado, mas o NHS demonstrava que havia. Ela decidiu então enfrentar o problema logo em 1982, terceiro ano de sua primeira administração. Serviços hospitalares básicos, como limpeza, alimentação, lavanderia e exames de patologia, começaram a ser "terceirizados" e, seguindo a recomendação de Roy Griffiths, diretor administrativo da rede de supermercados Sainsbury's, o governo criou uma nova hierarquia de administradores gerais para quebrar o poder dos médicos especialistas. Com os gastos cortados abaixo do crescimento das necessidades, o NHS começou a reduzir os serviços. Os enfermeiros não tinham mais tempo, o pessoal de apoio viu-se transferido para empresas externas com salários mais baixos. Pelos números de Leys, entre 1981 e 1991 o número de funcionários diretos do NHS caiu em mais de 40%, e a abrangência e igualdade de acesso foram reduzidas, adicionando limitações ao tratamento dentário e fazendo que as taxas pagas pelos próprios usuários chegassem a cobrir até 80% do custo. Exames de vista regulares não eram mais realizados pelo NHS e os óculos para crianças passaram a ser pagos.

A deterioração dos serviços acabou estimulando o interesse pela assistência médica privada e levou à rápida expansão do seguro médico privado. Entre 1981 e 1990, ao passo que o número de leitos do NHS caía 21%, a capacidade dos hospitais privados expandiu-se 53%, criando revolta dentro do NHS. Um comitê criado por Thatcher para enfrentar a crise, com a assessoria de Alain Enthoven, consultor norte-americano, criou um serviço de três classes: serviço imediato de luxo para pacientes particulares em hospitais do NHS; serviço rápido para os pacientes de alguns clínicos investidores; esperas maiores e serviço pior para o restante.

Com o "novo" trabalhismo, em lugar da reversão do processo, introduziram-se novas mudanças na mesma direção rumo à assistência médica baseada no mercado. Em 1997, empresas farmacêuticas com sede britânica, inclusive a líder mundial Glaxo Wellcome, respondiam por 7% do total da produção mundial de remédios. Segundo Leys, havia aí claramente interesses em conflito. Sessenta e três por cento de sua produção total eram vendidos no Reino Unido, da qual o NHS comprava 80%, tendo o poder de impor duras negociações e de restringir a adoção de remédios novos e caros até que seu custo-benefício estivesse provado. Em 1999, o governo criou o NICE (Instituto Nacional para a Excelência Clínica), encarregado de fazer restrições a produtos farmacêuticos para o Departamento de Saúde. As empresas farmacêuticas reagiram e as pressões tiveram início. Leys cita como exemplo o caso do Relenza, remédio contra a gripe. Em outubro de 1999, o NICE recomendou provisoriamente que o medicamento da Glaxo Wellcome não fosse adotado pelo NHS, já que a experiência clínica não demonstrava que fosse eficaz. O presidente da Glaxo escreveu ao secretário da Saúde ameaçando levar a empresa para outro país. O NICE acabou concordando em recomendar o produto para uma gama limitada de casos, numa manifesta concessão. As empresas passaram a oferecer serviços gratuitos e eventuais contribuições para capacitar esses compradores ou fornecedores do NHS a desenvolver planos de tratamento padronizado para doenças crônicas específicas, usando seus produtos. E assim foi se estabelecendo um novo padrão de relação entre mercado e serviço público na saúde.

O marketing corporativo de um dos setores mais rentáveis do mundo trabalha pesado para utilizar a imagem da ciência na realização de lucros. Um arsenal de armas mágicas, curas definitivas, o prolongamento da vida são conceitos reforçados por programas de tevê que apresentam tratamentos hospitalares, como bem diz Leys, "como um conjunto de episódios frenéticos de assistência de alta tecnologia prestada rapidamente por equipes de médicos e enfermeiras cuja atividade, quando não estão vivendo romances, apresenta clara semelhança com a de uma equipe de cozinha do McDonald's" (2004, p.204). *Paciente* virou *cliente*, listas de *direitos do consumidor* de serviços médicos foram publicadas, equalizando esses serviços a quaisquer mercadorias. Essa transformação dos serviços públicos em mercadorias foi um resultado lógico da atitude de deferência dos governos diante das forças do mercado na era da economia globalizada.

Medicalização da saúde e o abandono do doente em favor da doença

Privado de um debate público que inclua a subjetividade e da ação política decorrente, o homem contemporâneo se vê condenado a ser um consumidor de bens sociais normalizados, no qual a saúde foi transformada em objeto de consumo e o paciente, como vimos, em cliente. A fantasia rotinizada – e veiculada nas propagandas dos planos de saúde privados – é a de uma equipe médica discutindo a escolha terapêutica diante da imagem escaneada de um tumor: quimioterapia, cirurgia ou radioterapia? O paciente é convidado a dar sua impressão sobre vantagens e inconveniências de cada técnica, informado da experiência internacional mais recente e esclarecido sobre as probabilidades de sucesso com os tratamentos de última geração. O doente se sente satisfeito de poder participar da escolha e se sente integrado à equipe médica. Tudo parece perfeito. O resultado é a cura, um final feliz hollywoodiano.

Mesmo nos melhores planos privados e nos hospitais particulares sofisticados a realidade é bem diferente. Antes do tratamento, em alguns casos ele é obrigado a assinar um documento garantindo que concorda com o procedimento escolhido e que "assume a responsabilidade pela escolha". São os interesses corporativistas tentando se proteger de ações legais futuras; o que é compreensível, mas de um desconforto psíquico brutal. Mas diante da "notícia ruim", para além de um diagnóstico eventualmente preciso e de um tratamento eficiente, esse paciente precisa, antes de tudo, que lhe deixem falar e que o ouçam sobre suas aflições. Afinal, por que ele "gerou" aquele câncer? O que pode ser feito para que não "fabrique" outro, extirpado o primeiro? O Ministério da Saúde do Brasil, por exemplo, anunciou que vai mudar a política nacional de atendimento ao câncer para aumentar a capacidade de diagnóstico precoce da doença. Argumenta-se corretamente que, diagnosticados em fase inicial e tratados adequadamente, os tumores têm chance maior de cura, em certos casos podendo superar 90% (Meta..., *O Estado de S. Paulo*, 2005). Alerta-se que o crescimento da doença é mundial e que, em 2006, no Brasil deverão surgir 472 mil novos casos. Nenhuma palavra – no entanto – sobre prevenção, causas, atitudes para evitá-los. A estratégia é localizar o mais cedo possível e extirpar.

O indivíduo e suas aflições desaparecem e ficam as normas e os procedimentos, a uniformização das condutas, o esclarecimento parcial. Segundas opiniões, só para os mais abastados. Tratamentos alternativos são considerados coisa irresponsável. Os mais pobres lutam para conseguir internação e ter *uma* opinião, e irão segui-las cegamente porque não têm alternativas. Durante o século XX, a multiplicação de "máquinas de diagnosticar e curar" industrializou e uniformizou as condutas médicas. Quase não existe mais o clínico geral; e o especialista só sabe diagnosticar com máquinas.

A aversão ao indivíduo singular é acompanhada pelo repúdio à palavra e à linguagem. Os médicos dos serviços públicos ou convênios privados atendem seus pacientes em 15 minutos e pouco falam com eles. Clínicos de "luxo" para clientes privados de alta renda também atendem em quinze minutos e, para fazer render uma consulta de quarenta minutos, falam com o paciente sobre futebol, política, economia, raramente sobre o seu "ser", sua vida; em suma, sobre o "doente" que é o portador de uma doença que se apresenta como sintoma de uma vida temporariamente danificada. No retorno, exames à mão, cinco minutos para a prescrição. Discuti-la com o médico, analisar alternativas, questionar uma recomendação muitas vezes é visto como uma afronta. À "indústria cultural" descrita por Adorno e Horkheimer, adiciona-se agora a "indústria da saúde". A instrumentalização do indivíduo à tutela do taylorismo médico-hospitalar transforma o paciente em consumidor. A prática médica se transforma em atividade de engenharia, da técnica, do custo-benefício.

O enorme avanço técnico da contemporaneidade na área da saúde gerou um grande déficit ético que é acompanhado de um déficit simbólico do ponto de vista de valor e significado da doença. Rolande Gori e Marie-José del Volgo nos recordam que, se para os egípcios a doença aparece como um mal, e a saúde como um bem, saúde e doença são vistas como epifanias das forças que organizam o cosmo. Na cultura helênica, a noção de saúde tem uma dependência ética com o belo. Na medicina greco-romana, ser saudável provém de um desequilíbrio da harmonia ética e estética das combinações formais da natureza; e constitui parte de uma ética e uma estética da "prática de si" ou do "cuidar de si". Já no pensamento semita, babilônico e cristão, doença se confunde com mal. *Sofrimento* é fundamentalmente *paixão*, sendo a Paixão de Cristo o grande paradigma – e, assim, todo sofrimento adquire com a paixão cristã uma filiação mítica, imaginária e simbólica. Ela revela a existência de um pecado original, de uma decadência "narcísica" da espécie, e consagra a vida a compensá-la.

Em contrapartida, fabrica a ilusão e a nostalgia de um paraíso perdido isento de dor, sofrimento e morte. Colocando o sofrimento no coração da condição humana, o discurso cristão lhe confere um valor divino, ético e sagrado. O discurso da Paixão estabelece uma arqueologia do saber sobre o destino e o inconsciente que opera por meio da doença. Esses arquétipos não podem ser desprezados porque fazem parte do ser que sofre e "fabrica" doenças. Para Gori e Volgo, a ética cristã se insere na experiência mística do instante moral, particularmente do sentimento coletivo de culpabilidade.

No século XIX, os fundamentos conceituais da medicina moderna se estabeleceram com o método experimental e o avanço de ramos da ciência como psicologia e química. O saber médico no diagnóstico e no prognóstico do tratamento de doenças desenvolveu-se de maneira espetacular com base no método anátomo-clínico, ou seja, "ser capaz de ler os sinais das paisagens clínicas e das lesões constatadas *post mortem*, com o triunfo das teses a respeito da origem específica das doenças, indispensáveis às descobertas bacteriológicas de Pasteur e Kock" (Gori; Volgo, 2005, p.29). Os cinquenta últimos anos produziram em ritmo prodigioso, então, a maior parte dos nossos conhecimentos atuais. As técnicas de exploração do corpo, especialidades cirúrgicas e tratamentos farmacológicos que surgiram não têm precedentes.

Ao se liberar de maneira radical das crenças metafísicas, a medicina contemporânea operou uma verdadeira revolução ética e uma ruptura na lógica de seu próprio discurso. Separando a subjetividade – relação do paciente consigo mesmo – e a intersubjetividade – relação paciente-médico – dos cuidados e da doença, "o discurso médico não é mais capaz de levar em conta na sua prática e pensamento o drama imaginário, a determinação simbólica, a finalidade ética do sofrimento na relação medicina-doença" (ibidem, p.30). O sofrimento fica restrito à doença; e a dor à neurofisiologia. Para essa medicina tecnocientífica o doente não é mais que o porta-voz dos sinais da sua doença: os seus sintomas. Um exemplo importante são os procedimentos ligados ao nascimento de uma criança. A medicina transformou-a, de uma função fisiológica para a qual o organismo da mulher esteve desde sempre preparado, em um evento fundamentalmente cirúrgico-hospitalar. Como lembra Vera Iaconelle, o corpo humano passa a ser considerado incapaz e necessitado de "constantes correções de seus desvios biológicos" (2005, p.77-8). Todo o aparato hospitalar, diretamente ligado à história da industrialização e do capitalismo, vem sendo criticado há décadas; e, no entanto, encontra incríveis resistências para ser modificado.

No Brasil, quase 80% dos primeiros partos eram feitos por cesariana, mais que o dobro do valor recomendado pela OMS. A redução desse índice tem encontrado enormes resistências; a principal delas é o aparato médico-hospitalar e seus interesses econômicos e de conforto. Maternidade é vista "como fábrica, parturiente como máquina e bebê como produto". O parto, transformado em evento cirúrgico, vê a mulher meramente "como recipiente a ser esvaziado".

Recentemente na rede pública brasileira esses índices caíram quando o reembolso do parto cirúrgico passou a ser reduzido em relação ao normal. A ênfase na rapidez e no controle – que predominam nos partos – atrapalha os pais na hora de se apoderarem de seu novo papel, levando-os a duvidar de sua capacidade de cuidar dos seus filhos. Iaconelli lembra que o atendimento ao parto é um dos "exemplos mais notáveis da forma pela qual se lida com as questões da subjetividade, pois o espaço das elaborações do vivido mostra-se subtraído e evitado" (ibidem, p.78), imprimindo ao parto – início de uma nova "vida" – a marca registrada tecnológica contemporânea de "lidar com o corpo, com a sexualidade e com a morte".

Winicott (ibidem) já dizia que médicos são muito necessários quando algo dá errado. Mas eles "não são especialistas nas questões relativas à intimidade, vitais tanto para a mãe quanto para o bebê", que precisam apenas de "recursos ambientais que estimulem a confiança da mãe em si própria", o oposto do que faz o aparato médico-cirúrgico. É interessante lembrar que a hospitalização do parto foi fato histórico-social traumático e prepotente. Ainda antes da anestesia e das técnicas mais elementares de assepsia – quando a internação tentou ser imposta como norma e ruptura de uma tradição de milênios de partos feitos em casa e assistidos apenas por mulheres experientes – as mulheres tiveram que ser "induzidas" a internação hospitalar e reagiram duramente. A razão principal era a "percepção" de violência e perda de intimidade. Mas havia outra razão importante: a propagação das infecções produzidas pelos médicos ao manipularem as mulheres "em série" nos hospitais, sem que sequer lavassem suas mãos, o que aumentava em muito o índice de mortalidade dos partos. Curioso notar que hoje, quando as maternidades de hospitais de luxo querem "modernizar" seu atendimento de parto, introduzem pequenas concessões a técnicas alternativas de sucesso, como permitir aos bebês ficarem nos quartos com as mães ou serem colocados sobre seu colo, por alguns instantes, ainda na sala de parto.

Para progredir, a ciência necessitava que os cientistas se especializassem. Com isso, o homem da ciência foi se refugiando num campo de ação intelectual cada vez mais estreito, perdendo o contato com as outras partes da ciência, que é, por definição, generalista. Onde está hoje o clínico geral? O especialista não é nem um sábio, nem um ignorante. Não é um sábio porque ignora formalmente tudo quanto não faz parte de sua especialidade; tampouco é um ignorante, porque é um "homem de ciência" e conhece muito bem seu pedaço de universo. Isso é particularmente grave, porque essa pessoa pode tender a se comportar nas questões que ignora com toda a arrogância de quem, em seu campo especial, é um sábio.

Gori e Volgo nos lembram que, se a medicina antiga estava presa num conhecimento paranoico do mundo, a contemporânea está restrita a objetivar o corpo sobre o modelo do cadáver; e conceber o doente como simples residência secundária da doença. Com isso ela se nega a reconhecer a dependência de sua arte à arqueologia de seu saber e à magia de sua técnica; e de "reconhecer o espaço de dependência de uma doença à subjetividade do doente, a sua inscrição singular em um drama interior, histórico, prisioneiro de uma trama simbólica e imaginária de um destino" (ibidem, p.31). E, cada vez que a medicina enfrenta as limitações de seu saber e de seu poder, uma crise sacrificial surge. O conhecimento racional não pode abolir a verdade subjetiva e simbólica que ele pretende substituir. Durante o início da epidemia de Aids, por exemplo, tendeu-se a pensar a doença como estigma moral.

Mais contraditório ainda se torna o quadro quando a onipotência aparece como armadura frágil e intransigente de que os profissionais se cercam para defender sua ignorância, momentânea ou não. A questão central é que se conhece muito pouco, e os pontos obscuros ainda são imensos. Isso muitas vezes é intolerável para o profissional da medicina contemporânea. Basta lembrar que quase nada ainda se sabe sobre como age um dos medicamentos mais comuns, o ácido acetilsalicílico, que existe há um século. E ainda causa perplexidade que a vida se sustente em um corpo que se mantém em equilíbrio na convivência de um complexo imenso de micróbios e bactérias, todos eles com funções muito importantes. E que só quando um deles, habitante antigo daquela colônia da vida, ou vindo de fora, torna-se desequilibrador – e a causa está, muitas vezes, na fragilização dos mecanismos imunológicos por conta de razões psíquicas, ou seja, subjetivas – a medicina contemporânea entra com seu arsenal de "mísseis e bazucas" muito eficientes, mas exterminadores de "bons e maus". À custa, portanto, sempre de efeitos colaterais. Esse arsenal pode salvar muitas vidas – o que não é pouco –, mas também pode matar com frequência. Quanto mais especialista o profissional, mais onipotente. Como já foi dito, no seu campo restrito saberá muito. Mas, no campo geral do "ser", saberá cada vez menos por ser um não generalista.

No entanto, a arrogância e a falta de abertura para com técnicas alternativas é uma característica comum da medicina contemporânea. Pesquisadores da Universidade de Berna concluíram, depois de pesquisa, que os remédios homeopáticos – utilizados com sucesso razoável há bem mais que um século – têm *efeito apenas psicológico*. "Apesar de algumas pessoas se sentirem melhor após o tratamento, isso nada tem a ver com o que os remédios contêm" (Homeopatia...,

O Estado de S. Paulo, 2005), afirmam os coordenadores da pesquisa. A revista *The Lancer*, que publicou o artigo, faz ressalvas ao texto, já que um relatório recente da OMS avaliou a homeopatia positivamente. O curioso é a afirmação *efeito apenas psicológico*, porque ela inclui a admissão implícita de que há outros caminhos para se curar uma doença. Por que não os explorar? Afinal, muito pouco se sabe sobre o que gera a doença e que mecanismos podem conduzir à cura. O mesmo ocorre com técnicas como florais, psicoterapias e inúmeras outras, consideradas muitas vezes inúteis perfumarias.

A consciência das profundas limitações do próprio saber é que recomenda seres maduros a manter a mente aberta e livre de maiores preconceitos, até para fazer o conhecimento progredir. O razoável respeito conseguido atualmente pela milenar acupuntura necessitou relatos abundantes de médicos ocidentais que assistiram, espantados, a intervenções cirúrgicas com efeito anestésico propiciado apenas pelas agulhas. Por outro lado, é comum a cientistas da área médica fazer declarações bombásticas e descontextualizadas, que só servem para reafirmar sua onipotência e espalhar pânico. Num exemplo recente, entre vários, Richard McNally, da Universidade de Newcastle (Infecção..., *O Estado de S. Paulo*, 2005), anunciou que infecções comuns na mãe durante a gravidez – e nos primeiros anos de vida do bebê – podem provocar câncer na criança. Segundo ele, "o vírus pode causar uma segunda mutação nas células, o que favoreceria o câncer". Que fazer diante desse estapafúrdio e inoportuno anúncio público?

Na realidade, durante toda a história, coexistiram duas grandes correntes nas artes médicas: uma, naturalista, positivista, lógico-empírica; outra, mágica e interpretativa – ou paranoica, na linguagem psicanalítica. Pela maturação científica, o discurso médico afastou seu campo subjetivo e intersubjetivo do discurso do sofrimento. Ele ainda prevalece um pouco na prática remanescente do médico da família, cada vez menos "oficial" por ser artesanal e não taylorizada. Foi nesse espaço vazio, aliás, que nasceu a psicanálise, a partir da incompetência da medicina tradicional de dar conta da histeria. É interessante ressaltar que resistem – e se ampliam ultimamente – técnicas médicas alternativas clássicas acima mencionadas como a homeopatia e a acupuntura, que têm sido duramente questionadas – incluindo-se muitas tentativas de desmoralização com acusações de "charlatanismo". Elas se afirmam – e, em alguns casos, têm ganhado espaço institucional e renovado respeito em alguns países da periferia ocidental –, entre outros fatores, porque mostram resultados concretos em áreas em que o positivismo científico falha.

Todo conhecimento se equilibra, no fundo, sobre um ponto cego; toda construção teórica também; quando ela desmorona, ou se abala, a metáfora anterior tem de ser melhorada ou substituída. Como já discutimos no Capítulo 2, no conhecimento científico não há certezas, há hipóteses que duram mais ou menos tempo, que são "muito boas" ou "menos boas". Todo conhecimento, de resto, nasce desses pontos cegos, de lacunas que fundam os postulados e os métodos de uma outra ciência. A psicossomática nasceu da exigência de levar em conta múltiplos fatores e limitar o raciocínio rígido de causa-efeito da ciência médica. "Diante das impossibilidades da medicina de aliviar o sofrimento dos pacientes, muitas vezes, até mesmo, de abreviar sua dor, quem sabe a arte médica tente recuperar sua vocação ética onde o sucesso da ciência fracassou" (2005, p.34), lembram-nos Gori e Volgo. Só muito recentemente as normas hospitalares reconheceram as óbvias advertências de que crianças saram mais depressa em ambiente hospitalar quando suas mães podem ficar com elas nas internações; ou quando têm acesso a salas com jogos e pequenas diversões eventuais, como os chamados "médicos da alegria". Enquanto isso, hospitais de periferia carentes de recurso substituem com enorme vantagem as caríssimas, invasivas e "frias" incubadoras pelas técnicas milenares de "mãe-canguru". Na verdade, arrogância e intolerância sempre embalaram as importantes e evidentes conquistas da medicina contemporânea.

Questionam-se, cada vez mais, os limites das drogas comportamentais, indagando quais novas possibilidades de controle e modificação do comportamento humano podem ser política e eticamente toleradas. Gori e Volgo perguntam-se se deve ser permitido que os tratamentos médicos com substâncias como "Zoloft ou Ritaline, com estruturas químicas próximas do ecstasy, sejam utilizados para usos 'cosméticos', de conforto individual ou social" (ibidem, p.36-7). Nos anos 1960, o critério de morte era a parada do coração. Em linguagem simbólica, o coração representa o lugar dos afetos e da alma. As técnicas de reanimação alteraram o padrão. Evoluiu-se para a morte cerebral, conceito muito mais apropriado ao racionalismo científico. Na França, um decreto de 1996 atribuiu à morte cerebral um *status* quase ontológico. Novas técnicas de manutenção de vidas "artificializadas" foram desenvolvidas e agridem o senso comum. É o novo reinado das UTIs, envolvidas nas rotinas hospitalares, onde a vida se mantém totalmente dependente de máquinas e químicas. A "morte digna" cercada pelos familiares, aspiração atávica da humanidade, desapareceu quase por completo. Os doentes atuais morrem mais sós e mais lentamente, sedados para suportar a agressão de tubos e agulhas.

A quem interessa mais esse tipo de morte, ressalvados os casos em que esse procedimento de fato salva vidas, a não ser à indústria hospitalar e aos fabricantes desses equipamentos sofisticados? Além do mais, se eles salvam, também matam com suas técnicas invasivas de tratamento, possibilitadas por equipamentos e drogas de última geração. Um bom exemplo são os riscos de infecção grave nas internações em UTIs. Ederlon Rezende, diretor da Associação de Medicina Intensiva Brasileira (Perigo..., *Veja*, 2005), alerta que 25% dos pacientes internados em UTIs têm septicemia, infecção generalizada que pode levar à morte; um terço deles a contrai na própria UTI. Ele lembra que o risco aumenta com o tempo de internação, atingindo 50% dos internados com 14 dias ou mais. A reação da sociedade ao "abuso tecnológico" da medicina começa a ser sentida nas leis e nas ações judiciais tentando garantir o direito do doente de determinar de que forma quer morrer.

Na verdade, os discursos médico, jurídico, ético e psicológico afirmam as vantagens da dessacralização do corpo, transformado em partes e material biológico, não mais a sede plena de uma vida. Onde começa a proteção do "paciente" e da sua dignidade humana ameaçada? Em que medida o prolongamento exagerado da vida, por exemplo, é desejável? Quem deve se beneficiar dele? A espécie tem algo a ganhar com isso? Para Soren Kierkegaard, o *memento mori* pode fundar uma sabedoria. A morte, levada a sério, é uma fonte de energia sem igual, estimula a ação e dá sentido à vida. Já o controle do comportamento pelas drogas, as intervenções no cérebro, a terapia comportamental programando a ação humana e as manipulações genéticas envolvem profundos perigos que afetam a identidade pessoal. Para essas questões vitais a ética tradicional não tem qualquer resposta. Reagindo à questão fundamental de Nietzsche – já que matamos nosso Deus, temos condição de convertermo-nos em deuses para parecermos dignos desse ato? –, Jonas diz: "Saber se estamos qualificados para esse papel demiúrgico, eis a questão mais grave que pode se colocar para o homem, que se descobre subitamente de posse de um tal poder sobre o destino" (Dupas, 2001, p.80). Se a discussão política em matéria de saúde não for reconhecida como uma prioridade cultural abrangendo os principais valores dos sujeitos humanos, e não os das lógicas e dos interesses envolvidos com a indústria farmacêutico-hospitalar, acabaremos por nos condenar inelutavelmente a arquivos de material genético controlados por grandes grupos privados.

Lembram Gori e Volgo que a doença constitui um estado no qual o homem sofre e se encontra penado por causa dela. O paciente é um ser falante que historiciza singularmente seu discurso. A doença – enquanto sintoma – pode até ser a mesma, mas os doentes são diferentes. Para eles, "a ideologia e a tecnologia contemporâneas repudiam o direito do paciente a elaborar um mito e um relato sobre o 'seu mal', homogeneizando seu sofrimento, seu tratamento e sua doença, anulando o doente para transformá-lo em uma pura função epidemiológica de suporte de uma doença" (2005, p.44). Groddeck e Ferenczi (ibidem, p.45) consideram que cada paciente fabrica sua doença. Uma paciente desenvolve um câncer no seio. É um mal que, para além dos fatores genéticos ou ambientais motivadores, tem sentido e função dentro da sua história. O diagnóstico recomenda mastectomia. Uma tentativa da paciente em dialogar com seus médicos num plano subjetivo pode ter uma resposta do tipo: "Senhora, aqui nós somos cientistas. Não acreditamos em balelas e crendices" (ibidem). A paciente é obrigada a encarar doença, sofrimento, tratamento mutilador e morte sem nenhum "saber sobre si" que a cultura contemporânea lhe forneça; ela não lhe prepara

para nada. As consultas médicas duram alguns minutos, transmitem-se em segundos informações sobre exames, muitas vezes graves e avassaladoras. No limite, um psicólogo se encarrega de dar um apoio ao anúncio traumático.

Combater o inimigo interior é um ato de fé em si mesmo que não é estimulado institucionalmente. O sujeito está só; e prefere, na falta de alternativas, entregar-se totalmente nas mãos do tratamento e a um "seja o que Deus quiser". É interessante que médicos e cirurgiões de uma formação humanística mais profunda são capazes de manter espaço para "o peso do psíquico e da cultura". Lembro-me de um cirurgião de muita experiência dizer: "Gosto quando o paciente enfrenta o processo cirúrgico com uma certa tensão. Preocupo-me com a 'entrega total'. A tensão mobiliza o organismo para lutar contra a agressão que vai sofrer". Ou de cancerologistas renomados que sabem identificar claramente recaídas em função de abalos emocionais. São os pontos escuros do conhecimento racional, justamente aqueles que permitem a perspectiva crítica e o avanço. Depressão e euforia agora são imediatamente tratadas por psicotrópicos.

> Prozac para acalmar, Ritaline para agitar: a margem de liberdade para desvios de conduta [...] comportamentos médios socialmente aceitáveis e politicamente corretos se reduz dia a dia. Uma tal normalização das condutas pelos psicotrópicos evita à equipe de atendentes – pressionada por ritmos infernais e avaliada pela racionalidade – se interrogar sobre seu próprio papel no *pathos* do paciente. (ibidem, p.50)

O conhecimento racional e moral da medicina contemporânea exclui, progressivamente, o "cuide-se de si mesmo". O progresso científico é, de um certo ângulo, incontestável.

Mas essa medicina racional e eficaz não será moral se não encontrar formas de acolher novamente o sujeito nas suas práticas e teorização. Essa talvez seja a razão pela qual os países ricos ocupam-se eficazmente das doenças por meios tecnocientíficos sofisticados, mas muito menos dos doentes e de seu valor ontológico. Nos países pobres, como a medicina técnica tem poucos meios para curar e prevenir doenças, as técnicas alternativas vicejam; e nelas se pode dar muito mais tempo e atenção aos doentes. Para Georges Canguilhem, no ato médico-cirúrgico atual "um homem doente que confia mais na consciência que na ciência de seu médico não é somente um problema psicológico a resolver, é sobretudo uma angústia a socorrer" (ibidem, p.35). A psiquiatria, por exemplo, vem perdendo sua especificidade e a originalidade do seu objeto principal – a loucura – para uma atitude fármaco-vigilante de comportamentos a favor de uma medicalização intensa para provocar uma espécie de "normalização" das condutas, como se doses otimizadas de Zoloft e Ritaline possam nos fazer esquecer da condição trágica de nossa existência.

A doença é um sujeito capaz de expressão. Esse sujeito sente, sonha e exprime uma "doença do doente" que se distingue radicalmente da construção médica da doença. Esta examina, ausculta, apalpa, mede, explora e modifica os comportamentos vitais do corpo humano, tentando interromper os sintomas. Mas sintomas existem para serem interrompidos ou entendidos em sua lógica e complexidade? Examine-se, por exemplo, a discordância clássica das visões alopata e homeopata a respeito de como proceder diante do estado febril. O alopata acha que a febre deve ser "baixada". O homeopata já vê o corpo elevando a temperatura para melhor lidar com a infecção. Mas, para além do nível de intervenção invasiva e da visão mais ou menos sistêmica do quadro que leva à doença, o ato médico transformou-se no gesto epistemológico que tende a separar o conhecimento íntimo da vida, do sistema da racionalidade dos processos biológicos que a materializam. Um hospital exige um corpo de doente infinitamente disponível, acordado à noite para medicamentos e exames de sangue, pronto para intervenções sem cessar, numa verdadeira expropriação do corpo que não pertence mais ao sujeito; é apenas um manifestador de sintomas.

Jean-Luc Nancy fez um relato filosófico do drama de seu transplante cardíaco e das consequências do recurso à ciclosporina para evitar a rejeição: "Meu novo coração era um 'estrangeiro', a intrusão de um corpo estranho no meu pensamento" (ibidem). A experiência trágica de Nancy começou com ele incorporando como pedaço de si a morte de um outro ser. Dele recebeu um órgão tão íntimo, transformado e reciclado como peça de reposição; numa espécie de rito de sacrifício de um outro. Gori e Volgo relatam como ele pôde viver, graças à evolução de uma *performance* técnica, uma aventura pessoal metafísica, ética e psicológica. A possibilidade de rejeição instalou nele uma condição de "duplo estrangeiro". De um lado, o órgão transplantado; de outro, seu organismo lutando para rejeitá-lo e sua vida dependendo agora irreversivelmente da capacidade de enganar o próprio corpo, baixando brutalmente suas defesas imunológicas por mecanismos químicos. Essa dupla invasão exige uma exteriorização constante do corpo, que se vê medido, espetado e modificado por processos químicos.

Nancy sobreviveu ao transplante, mas morreu após uma década de luta contra um linfoma produzido pelos efeitos dos remédios contra a rejeição. O câncer que emergiu foi um novo estrangeiro ameaçando sua integridade. Isso exigiu novas intrusões violentas, quimioterápicas e radioterápicas, mutilações cirúrgicas, próteses etc.

> Eu acabei por não ser mais que um fio tênue, de dor em dor, de estrangeiro em estrangeiro, conduzido a um regime sem fim de intrusões [...], a um sentimento geral de não poder mais ser dissociado de uma bateria de medidas, observações, conexões químicas, institucionais, simbólicas. (ibidem, p.91)

A subjetividade do paciente excede em muito a doença médica. E esse papel grandioso e massacrante da doença não deixa mais espaço para a representação do sujeito doente; é um sofrimento dentro do sofrimento, induzido pelas possibilidades técnicas. Para Nancy, valeu a pena viver mais alguns anos nesses termos?

> Eu sou reduzido a um androide de ficção científica, uma espécie de morto-vivo, como me disse um dia meu filho. Nós somos parte, com semelhantes meus cada vez mais numerosos, do começo de uma mutação [...]. (ibidem, p.92)

A medicina contemporânea gera um imenso exército de mortos-vivos que perambulam pelos ambulatórios ou vivem presos a tubos de UTIs. Para além de uma doença que a medicina pode evitar que mate por algum tempo, é preciso saber enfrentar a hora de morrer. Ninguém é eterno. É preciso perguntar a todos os pacientes nessa condição se ainda lhes interessa viver, se a qualidade de vida que levam vale a pena. Essa é uma escolha que só o indivíduo em causa pode fazer; ninguém deve estar autorizado a fazer por ele, nem a equipe médica mais qualificada. É preciso saber assumir plenamente a irreversibilidade e a finitude da vida e enfrentar o enigma do fim. O sujeito não pode renunciar ao saber sobre a morte e enfrentá-la com dignidade, estabelecendo seu próprio, original e singular limite à dor e ao sofrimento. A complexidade dessa questão atinge seu paroxismo em casos como recém-nascidos com defeitos congênitos do coração, para os quais a medicina agora sugere que há chance de "cura" com um órgão doado. Os pais têm de enfrentar a terrível situação de submeter o bebê à brutalidade de um transplante cardíaco com alguns dias de idade e tentar manter essa criança viva mediante a utilização de imunodepressores para sempre. Se a medicina diz que *há chance* e quer fazer a intervenção – até porque seu sucesso projeta internacionalmente os especialistas, e seu fracasso não tem repercussão –, imagine-se a situação dramática dos pais ao enfrentar essa terrível decisão. É interessante contrapor esses dramas com as fantasias relatadas sobre os homens-robô, os pós-humanos, no Capítulo 6.

Diz-se que o valor de uma cultura se mede pela maneira que tratamos as crianças e os anciãos. Gori e Volgo propõem acrescentarmos "os doentes" nessa lista. A leitura do *ethos* de uma cultura pode ser feita por representações como a prevalência, numa determinada época, de certo tipo de morbidez; epidemias de peste ou cólera; propagação da sífilis ou da tuberculose; doenças cardiovasculares; fome, doenças cancerosas, assassinatos urbanos, massacres e holocaustos, epidemia de Aids e assim por diante. Mas a leitura da maneira de ser de uma época também pode ser feita com base em valores ontológicos. Há padrões de higiene pública que tendem a se transformar em guias morais. A moral do progresso científico atual é edificada sobre a pretensa "exatidão" que pretende substituir a verdade religiosa ou mística.

Max Weber iluminava essa questão já ao final do século XIX, ao discutir sobre a neutralidade e a autonomia da ciência. Ele dizia:

> Tomemos, agora, um outro exemplo, o de uma tecnologia altamente desenvolvida do ponto de vista científico, tal como é a medicina moderna. Expresso de maneira trivial, o "pressuposto" geral da Medicina assim se coloca: o dever do médico está na obrigação de conservar a vida, pura e simplesmente de reduzir, quanto possível, o sofrimento [...]. Graças aos meios de que dispõe, o médico mantém vivo o moribundo, mesmo que este lhe implore pôr fim a seus dias e ainda que os parentes desejem e devam desejar a morte, conscientemente ou não, porque já não tem mais valor aquela vida, porque os sofrimentos cessariam ou porque os gastos para conservar aquela vida inútil se fazem pesadíssimos [...]. A medicina, contudo, não se propõe a questão de saber se aquela vida merece ser vivida e em que condições [...] que devemos fazer, se quisermos ser tecnicamente senhores da vida, devemos e queremos ser tecnicamente senhores da vida? (1993, p.37)

Em suma, a ciência tenta transformar-se numa esfera autônoma, seu âmbito sendo a pesquisa constante e a luta pelo progresso contínuo de seus próprios conhecimentos, não tendo, pois, condições objetivas de fornecer um sentido último para a vida humana. Esses significados têm de ser buscados em outras esferas, como a religião e a política, mas jamais na ciência. Essa discussão weberiana sobre a medicina mantém-se mais viva do que nunca, hoje estando presente com toda força na questão da capacidade de determinação e da recriação do ser humano por meio da herança genética.

Até os animais são beneficiados pelas obrigações morais, pois são criaturas também passíveis de sofrimento. E a maneira desrespeitosa e impiedosa pela qual temos tratado as espécies que nos servem de alimento já tem nos causado males graves como os da síndrome da "vaca louca", cujos sintomas alarmantes surgiram em 1989. No caso dos animais, o *progresso* técnico piorou o seu sofrimento e criou novas causas de doenças para o homem. Os animais pastavam tranquilamente nos campos; no inverno, no estábulo, recebiam feno, não alimentos artificiais, químicos ou dejetos de carneiro, o que provocou a doença da vaca louca. Para lidar com a crise, abateram-se rebanhos em massa, enfatizou-se a preferência à pastagem natural e o assunto foi afastado para um canto higienizado das mentes, como o são aqueles que abalam camadas profundas do inconsciente coletivo ou mexem com fortes interesses.

Para a maior parte dos povos primitivos, o tempo dos mitos caracterizava-se por homens e animais convivendo harmonicamente. Assim, matar seres vivos para comer sempre propôs aos seres humanos problemas filosóficos. No relato do Antigo Testamento, Adão e Eva só se alimentavam de ervas e frutos. Foi a partir de Noé que o homem se tornou carnívoro. Mas enriquecimento do regime vegetariano significa canibalismo atenuado. A relação do caçador – ou pescador – com sua presa era assemelhada a um parentesco ou casamento. Por isso, em todas as línguas do mundo, há uma conexão entre *comer* e *copular*. Outros povos julgavam que a quantidade de vida no universo deve ser sempre a mesma. Tirar a vida de uma presa significava ter de compensá-la com tempo de sua própria vida; numa espécie de autocanibalismo, ao comer-se o outro, comer-se-ia um pedaço de si mesmo. Durante o surto de epidemia da *vaca louca*, provocada pela ingestão de farelos animais,

Lévi-Strauss (2002) recordou-se de duas outras patologias semelhantes advindas de práticas canibalistas; o *kuru*, distúrbio neurológico causado por ingestão de cérebros dos mortos em rituais da Nova Guiné; e a doença de Creutzfeldt-Jacob, resultante da administração de extratos de cérebro humano para curar distúrbios do crescimento. Lembrou também as sangrentas guerras religiosas do século XVI, quando parisienses viveram de pão à base de farinha de ossos humanos das catacumbas (ibidem).

O vínculo entre alimentação carnívora e canibalismo tem conotação universal e raízes profundas. Permanecemos carnívoros por condicionamentos arquetípicos. Por que é tão atraente o aroma de carne assando na brasa? Talvez por recordar a sensação de acolhimento e prazer quando, à época das cavernas, a família primitiva se reunia em torno da caça preparada no fogo acesso? No entanto, a ambivalência persiste: quantos não se sentem mal ao passar diante da montanha de carne crua exposta em açougues? Lévi-Strauss a associa com a repulsa dos viajantes à época das grandes descobertas ao depararem com uma refeição canibal. Eu me recordo da humanização que os homens sempre fizeram dos animais, construindo boa parte das histórias infantis com patinhos, carneirinhos e boizinhos; hoje eles são impiedosamente reduzidos à condição de cobaias nutritivas: a horrível visão de milhares de frangos alimentados com as luzes acesas para simular um dia sem fim; ou vitelos cheios de tubos, suspensos em correias para manter sua carne macia; ou patos entupidos com farelo através de um funil para que seus fígados estufem; ou salmões, peixes magníficos que vivem nos oceanos e procriam nas nascentes dos rios, reduzidos a tanques lotados e alimentados com resíduos de todas as espécies; idem para os camarões. Todos recebem antibióticos ou produtos químicos para acelerar-lhes o crescimento e evitar que pereçam em ambientes tão hostis. Esses processos artificiais contêm o potencial de danos mortíferos ao ser humano, ainda que sejam utilizados como alternativa ao extermínio daquelas espécies livres na natureza e que não dão mais conta de alimentar a demanda.

Além dessas questões, outro aspecto importante é o balanço calórico. Os animais estão se tornando concorrentes do homem, cuja população global deve quase dobrar em um século e precisará de toda a quantidade possível de grãos. No entanto, nos EUA, dois terços da sua produção se destina a alimentar os animais. E esses fornecem um número de calorias bem inferior ao que consomem em vida. Em consequência, como já acontece com indianos e chineses, a carne animal deverá cobrir uma parte muito pequena de nossas necessidades calóricas e protéicas; até porque, à medida que aumenta a população, há uma redução progressiva da área de cultivo por erosão e urbanização e das reservas de hidrocarbonetos e recursos hídricos. Por outro lado, estima-se que, na hipótese improvável de a humanidade tornar-se inteiramente vegetariana, as superfícies atualmente cultivadas poderiam alimentar uma população equivalente ao dobro da atual. Em longo prazo, portanto, a utilização proporcional de carnes parece tender a diminuir, e a doença da vaca louca certamente deu sua contribuição. Mas o apetite por carne continuará, com seu consumo reservado para ocasiões mais raras e comemorações especiais; talvez conduzido com certa reverência, como as antigas tribos faziam com a caça, ou mesmo nos repastos canibais, onde os ritos eram feitos como se se tratasse de uma arriscada e estimulante empreitada de incorporar virtudes de animais ou inimigos. Quem sabe, no futuro, as carnes virão apenas de animais soltos em pastagens e caças com cotas preservadas. Na visão desejosa e profética de Lévi-Strauss,

> em vez de caminhar em direção à uniformidade, a evolução da humanidade acentuará os contrastes, criando o novo e restabelecendo o reino da diversidade. Romper hábitos milenares, essa é talvez a lição de sabedoria que um dia haveremos de aprender das vacas loucas. (2002, p.84)

Manipulação genética e nanotecnologia: a fronteira decisiva?

Que avaliação retrospectiva nossa civilização fará, em algum momento do futuro, sobre uma eugenia liberal regulada apenas pelo lucro e pelas leis de mercado? Terá sido um progresso ou uma aventura trágica? A ética teria regredido e sido submetida a uma "ciência triste", na trajetória das vidas danificadas de Adorno? Erwin Chargaff (Negt, 2004, p.82-3), que elevou a biologia molecular ao patamar de ciência principal e foi essencial para decifrar a hereditariedade, é um dos mais duros críticos do conceito ingênuo do progresso científico-técnico. Ele retoma a pergunta de Kant "que posso saber?" e oferece respostas que mostram os riscos de um processo civilizatório carente de valores e de perspectiva crítica. Chargaff fala dos falsos caminhos que seguem uma metafísica vestida de ciência, intitulando-se agente do bem-estar, da saúde e do progresso. Para ele, não colocar limites no impulso livre das tecnologias e no gosto de investigar é converter a superstição em lei motora das ciências. No interesse da integridade humana e do bem-estar da sociedade, ele propõe fixar os limites do saber; reconhece que isso não pode ser integralmente feito no plano jurídico, mas julga ser um dever cultural essencial para uma sociedade que não queira deixar-se levar a caminhos que possam destruí-la.

A visão neoliberal do desenvolvimento das biociências está longe dessas preocupações. Para ela, o conhecimento é a esperança de redenção que só ocorre em ambiente de ampla liberdade, devendo a sociedade assumir todos os riscos inerentes a ela, em razão de ganhos futuros que terá. Típico dessa visão é o ponto de vista de Hubert Markl:

> Nós somos um tipo de organismo criado pelo processo evolucionário para ansiar, de forma quase desmedida, ao conhecimento, e que se tornou dependente da droga do conhecimento quase como um vício, não em oposição à natureza, se não justamente para cumprir a missão natural da sua espécie [...]. Estamos longe de saber o suficiente até para solucionar os problemas que nos afligem na atualidade [...]. O novo saber e o novo conhecimento representam a nossa única esperança para a superação de um futuro que nenhum saber do mundo nos permite antever. (2002, p.50, 59)

Diante de perguntas e objeções éticas sobre linhas de pesquisa perigosas demais, de cujos resultados poderíamos nos arrepender, sua resposta é: "Quem renunciar às experiências por medo de más experiências pagará o preço da impotência decorrente dessa falta de experiência" (ibidem, p.60). Markl resume e "resolve" assim o dilema moral decorrente:

> O avanço científico para a solução de problemas prementes da humanidade tem um custo muitas vezes não apenas financeiro [...]. Ele pode ser igualmente um "custo moral" no sentido da

> procura [...] de um caminho para atingir objetivos mais elevados ao custo de deixar de lado outros valores igualmente importantes e tradicionalmente aceitos. (ibidem, p.66-7)

Já Oscar Negt revela sua perplexidade e consternação pelo fato de os discursos atuais sobre tecnologia genética – incluindo investigação com células-tronco – terem esquecido totalmente, ou fazerem apenas remotas referências, ao debate inacabado sobre a tragédia da energia nuclear transformada em bomba atômica. No entanto, o desenvolvimento da fissão nuclear deveria precisamente ser o exemplo lapidar de como os rumos da investigação e da tecnologia podem ser levados facilmente até um ponto sem retorno que possa acarretar a possibilidade de uma desgraça coletiva mortal. Quando a desgraça ocorrer e a sociedade tentar colocar limites para se autoproteger, poderá ser tarde demais, só restando um Oppenheimer arrependido e bradando aos céus que as mãos dos cientistas se mancharam de sangue com Hiroshima e Nagasaki.

Os raros discursos éticos disponíveis ou são dogmáticos e moralistas – como o predominante na doutrina católica em tempos de João Paulo II e Bento XVI –, ou movem-se em meio a um mundo de ideias dominado pela visão empresarial do lucro. Nesse caso, parodiando Hans Jonas e operando uma inversão trágica, o imperativo categórico determinante do discurso diria: "Atua de forma tal que os interesses econômicos predominantes não sofram nenhum dano, inclusive se estiverem em jogo interesses da humanidade que deveriam ser levados em consideração na formulação universal da lei" (Negt, 2004, p.84).

Jürgen Habermas tem clamado no deserto para fazer compreender às elites contemporâneas e às poderosas corporações globais que a programação genética contém um elemento irreversível, estreitando consideravelmente o espaço de liberdade dos homens. Para Negt,

> um homem cortado geneticamente sob medida e destilado a partir de programas humanos perdeu aquilo que parece a Kant ser o critério decisivo para diferenciá-lo do mundo das coisas e da animalidade: a dignidade. Pois esta consiste no inconfundível, no que não tem repetição, que não é intercambiável em nenhuma relação de preço. (ibidem, p.85)

Esse homem teria perdido sua autonomia antes de ter podido ganhar essa capacidade na inter-relação com os seus pares ou com a natureza em geral. Nesse contexto, as questões éticas passaram a depender totalmente de circunstâncias; não cabe mais nenhuma lei universal ou igualmente definitiva para todas as pessoas.

As teorias atuais da justiça e da moral trilham caminhos próprios, de modo diferente das da ética, deixando apenas espaço para certas éticas "especializadas". Habermas nos lembra que teremos de resolver se as novas e imensas margens de decisão que a tecnologia genética abre ao homem terão de ser exercidas segundo considerações normativas inseridas na formação democrática das sociedades em que se insere, ou de maneira *arbitrária*, regidas unicamente por preferências subjetivas individuais e pelas regras liberais de mercado. Ele acha que devemos encarar com responsabilidade o seguinte dilema: a ideia de que intervir no genoma humano é algo que *precisa ser* normativamente *regulamentado*, ou deixaremos as transformações ao sabor de preferências que devam depender de escolhas sem nenhuma limitação?

Esse é o grande desafio para a compreensão contemporânea de liberdade. Devemos garantir que a combinação *imprevisível* de duas sequências diferentes de cromossomos continue a determinar o direito de *vir a ser* através da lógica da natureza? Ou aceitaremos que o arbítrio de alguém, que deseja um design apropriado de um novo ser, possa interferir nos fundamentos somáticos e na liberdade ética de uma outra pessoa que ainda não existe e não pode ser consultada? Os descendentes podem até ter condições de pedir satisfações aos produtores do seu genoma e responsabilizá-los pelas consequências que considerem, do seu ponto de vista futuro, indesejadas. Mas não poderão revertê-las. A engenharia genética, com suas técnicas de seleção, acabará por funcionar como uma máquina de hierarquização social. E, se for socializada, produzirá padronizações. De uma forma ou de outra, todos os cidadãos terão por genitores ou cogenitores a ciência; ou, num caso mais extremo, um Estado totalitário que tutele e determine o perfil biológico de seus cidadãos. Éramos frutos do acaso e das probabilidades, uma espécie de loteria biológica que nos protegia contra a arbitrariedade. A partir de agora, terceiros poderão nos determinar biologicamente. Nós próprios, os únicos direta e essencialmente interessados, só poderemos saber dos resultados quando eles estiverem irreversivelmente impressos em nosso ser pelos códigos genéticos que alguém resolveu escolher sem nossa aprovação.

Habermas alerta que, com a decisão irreversível que uma pessoa toma em relação à constituição "natural" de outra, surge uma relação interpessoal desconhecida que fere nossa sensibilidade moral, pois forma um corpo estranho nas relações de reconhecimento legalmente institucionalizadas nas sociedades contemporâneas. O jovem em crescimento deverá um dia *ele mesmo* assumir a responsabilidade por sua vida e por aquilo que ele é. Ele terá a possibilidade de se colocar de modo reflexivo perante seu processo de formação, "elaborar uma autocompreensão *revisória* e compensar, de maneira aprofundada e retrospectiva, a responsabilidade assimétrica dos pais em relação à sua educação" (Habermas, 2004, p.20). Não é o que ocorrerá às pessoas que sofrem manipulação genética; elas permanecerão totalmente dependentes da decisão tomada por um terceiro, e que não pode ser reconsiderada: seja o seu sexo, a cor dos seus olhos e cabelos, ou as suas aptidões. Para Habermas, "ao descontente restaria apenas escolher entre o fatalismo e o ressentimento" (ibidem, p.21).

É revelador desses novos dilemas fato ocorrido em 2005, quando um rapaz londrino de 15 anos conseguiu, após obstinada procura, rastrear seu pai anônimo doador de esperma enviando, em um suabe, uma amostra de sua saliva para testes genéticos, como revelou a *New Scientist* (Filho..., *O Estado de S. Paulo*, 2005). Ele procurou até achar um homem com cromossomo Y compatível, transmitido pela linhagem masculina, pagando uma taxa de 289 dólares a um serviço *online* de testes de DNA. Nove meses depois dois homens que estavam no banco de dados do site, e cujos cromossomos Y batiam com o seu, contataram o rapaz. Eles não se conheciam, mas compartilhavam o sobrenome, ainda que com grafias diferentes. Com essas informações o jovem recorreu a outro serviço de internet e conseguiu informações sobre os que nasceram no mesmo lugar e a data do provável pai. E acabou encontrando o doador verdadeiro, com quem fez um contato amigável, ainda que este tivesse doado sob compromisso de anonimato. Esse fato é um pequeno exemplo das complexidades psicológicas que a engenharia genética irá desencadear.

A Carta dos Direitos Fundamentais da União Europeia, proclamada em Nice, prevê a proibição de práticas eugênicas, sobretudo das que visam à seleção de pessoas, bem como a proibição da clonagem reprodutiva de seres humanos. No entanto, não é essa a tendência prevalecente nos EUA e em outros países. A sequência dos saltos tecnológicos nessa área, desde o início dos anos 1980, foi brutal; o genoma, a recombinação artificial de genes, a inseminação artificial, as "barrigas de aluguel", os doadores anônimos de esperma, a medicina reprodutiva, as técnicas genéticas, as células-tronco e a provável reprodução de órgãos. No *diagnóstico genético de pré-implantação*, se alguma doença for constatada no embrião analisado em proveta, ele não é implantado na mãe. No entanto, as pesquisas continuam a avançar rapidamente, alimentadas pelos imensos interesses das indústrias farmacêuticas. A exigência do mercado é que haja total liberdade de pesquisa, diante de qualquer "chance realista" de um eventual processo de cura.

Os riscos incontroláveis e imensos de alterações genéticas e defeitos físicos e mentais são deixados ao deus-dará. Em casos muito menos graves como o do Vioxx e outros anti-inflamatórios de amplo uso, o estrago causado pode ser parcialmente revertido com a proibição da droga. Nas técnicas genéticas, uma geração inteira de indivíduos poderá se revelar irreversivelmente prejudicada muitos anos depois, sem nenhuma possibilidade de correção. E não é por falta de experiência histórica: basta lembrar o caso da talidomida e de uma geração com muitas crianças nascidas sem membros superiores, caso de pequeníssima monta se comparado com os danos catastróficos teóricos da manipulação de genes. No entanto, a partir do salto da fertilização *in vitro*, parece irrealista a possibilidade de retroceder. A pesquisa biogenética uniu-se ao interesse dos investidores e à pressão dos governos nacionais em busca de sucesso nas grandes descobertas;

e o desenvolvimento biotécnico acaba não passando por qualquer processo democrático de debate e esclarecimento na esfera pública.

Os riscos imensos vão transformar-se no futuro em *faits accomplis* trágicos. Para Habermas, o recurso ao diagnóstico genético de pré-implantação deve ser *considerado por si só* como moralmente admissível se sua aplicação for limitada a poucos e bem definidos casos de doenças hereditárias graves que não poderiam ser prevenidas pela *própria pessoa potencialmente em questão.* Mas parece óbvio que os avanços biotécnicos se estenderão às intervenções genéticas em células somáticas, a fim de tentar prevenir doenças hereditárias e outras semelhantes. Eventuais consequências negativas graves desses processos, como deformidades físicas e mentais irreversíveis que alteram a essência de seres humanos, só poderão ser conhecidas muitas décadas depois. Seria necessário, pois, separar uma eugenia defensiva de outra agressiva. Mas esses limites são poucos definidos e é difícil impor fronteiras precisas; as atuais são ditadas por forças e preferências do mercado.

Com o diagnóstico genético de pré-implantação já é difícil respeitar a fronteira entre a seleção de fatores hereditários indesejáveis e a otimização de fatores desejáveis. Mas o que são fatores desejáveis e indesejáveis? Quem é o agente "desejante"? Em princípio os pais, informados pela ciência. Mas quem vai definir os limites dos pais para "brincar de Deus"? Para Habermas, a mistura explosiva do darwinismo com a ideologia do livre-comércio renova-se pela influência do neoliberalismo que se globalizou: "O conhecimento de uma programação eugênica do próprio patrimônio hereditário limita a configuração autônoma da vida do indivíduo e mina as relações fundamentalmente simétricas entre pessoas livres e iguais" (2004, p.33). O dilema é saber quando o que se tornou tecnicamente disponível por meio da ciência deve ser tornado indisponível por meio de algum controle moral.

A autonomia da pesquisa privada é hoje garantida na prática no Estado constitucional liberal. Do ponto de vista sociológico, a aceitação social para uma expectativa de uma vida mais saudável e mais longa é incontrolável, ainda que com todas as restrições sobre liberdade de escolha e qualidade de vida que mencionamos atrás. Desde as primeiras vacinações, depois com as operações feitas no coração e no cérebro, passando pelo transplante de órgãos naturais e artificiais e chegando à terapia genética, sempre se discutiu se já não se havia alcançado o limite ético em que mesmo fins terapêuticos não poderiam mais justificar outras "tecnicizações do homem". Nenhuma dessas discussões e tentativas de intervenções legislativas deteve a técnica. Do ponto de vista liberal, essas novas habilidades genéticas são "mais produtos na prateleira" à disposição da liberdade do homem e do aumento da autonomia pessoal.

Apesar de resistências aqui e acolá, no entanto, a manipulação genética livre de restrições vai se instalando firmemente, ainda que passível de todos os terríveis riscos já mencionados. Será que o direito a uma herança genética sem manipulação pode ser passível de uma proteção jurídica, mesmo que o maior interessado ainda não tenha nascido? Afinal, essas técnicas genéticas deslocam os limites entre o que somos e o modo como lidamos com essa herança sob nossa própria responsabilidade, entre o acaso e a livre decisão dos homens. Orientações para essa área recomendam muita cautela e moderação. Concordamos com Habermas quando afirma que apenas os membros de uma determinada comunidade podem se impor *mutuamente* obrigações morais e esperar *uns dos outros* um comportamento conforme suas normas. No sentido jurídico e moral, a "dignidade humana" se constrói sobre uma simetria das relações. Ela exige reconhecimento recíproco e relacionamento igualitário entre as pessoas. E o comportamento moral aparece diante das dependências e carências que se caracterizam, por exemplo, na doença, na infância e na velhice. Depender da sociedade é uma eterna contingência que tem como contraface a vulnerabilidade do indivíduo em relação aos outros.

Ao tornarem incerta a identidade da espécie, os desenvolvimentos notórios e temidos da tecnologia genética afetam a imagem que havíamos construído de nós mesmos enquanto seres culturais da espécie "homem". Que defeitos terão na autocompreensão da nossa espécie os implantes de *chips* e a nanotecnologia, que prepara a fusão do homem à máquina? Já se prometem microrrobôs capazes de se autoduplicar, que circulariam pelo corpo humano unindo-se aos tecidos orgânicos para deter processos de envelhecimento ou estimular funções do cérebro. Essas inteligências superiores pretendem superar o que chamam de "limitações do hardware humano". O corpo humano futuro, acham eles, estará repleto de próteses destinadas a aumentar o rendimento ou a inteligência. Para quê? Para onde esse processo nos conduzirá? É essa a direção a que a humanidade aspira como valor futuro, ou ela está nos sendo imposta como resultado de uma ciência posta a serviço da acumulação de lucros?

No caso de uma intervenção terapêutica no embrião, suponhamos que um exame preventivo aponte 30% ou 50% de chance de o futuro indivíduo vir a desenvolver um câncer ainda sem cura. Como decidir abortar o embrião ou não? E os fatores emocionais importantes que poderão afetar o desenvolvimento ou não desse câncer? Como vamos supô-los?

Um eventual consenso só pode ser evocado em caso de prevenção de casos radicalmente extremos. Os defensores da eugenia liberal tentam demonstrar que, do ponto de vista moral, não existe nenhuma diferença considerável entre eugenia e educação:

> Se tutores especiais e acampamentos, programas de treinamento, até a administração de hormônios do crescimento para adicionar algumas polegadas na altura estão entre as medidas incluídas no livre-arbítrio dos pais, por que as intervenções genéticas para acentuar traços de descendência deveriam ser menos legítimas? (Habermas, 2004, p.68-9)

Esse argumento basta a eles para justificar o direito pleno dos pais de dispor da programação genética dos seus filhos para "melhorá-las".

Essa visão sugere a ideia de que influir na composição de um genoma humano não é muito diferente de influir no ambiente de uma pessoa em crescimento. Na verdade, graves problemas de ordem moral podem surgir com a clonagem terapêutica e a pesquisa em células-tronco humanas. Paul T. Schotsmans é da opinião que a expectativa do "bebê de projetista" nos assusta porque tal tecnologia solapa a distinção entre nossa condição de criatura e nosso livre-arbítrio. É como se o poder dos genes algemasse a humanidade.

> Não é lícito fazer tudo que seja possível fazer [...]. A partir da perspectiva da promoção do que seja humanamente desejável, a humanidade está convocada a criar um mundo de dignidade humana e a não permitir a degradação de seres humanos a meros seres instrumentais. (2002, p.31-2)

A questão central é que a liberdade eugênica dos pais não pode colidir com a liberdade ética dos filhos. Habermas lembra que, na medida em que o indivíduo em crescimento – manipulado de forma eugênica – descobre seu corpo vivo também como algo fabricado, a perspectiva do participante da "vida vivida" colide com a perspectiva reificante dos seus produtores-artesãos. Pois, ao decidir sobre seu programa genético, os pais formularam intenções com base em expectativas em relação ao filho, sem nenhuma possibilidade de uma *reconsideração.* "Os pais tomaram a decisão, sem supor um consenso e somente em função de suas próprias preferências, como se dispusessem de uma coisa" (Habermas, 2004, p.71). Como, porém, essa coisa se transforma em uma pessoa que buscará sua máxima autonomia, a intervenção genética egocêntrica *poderá* ter consequências existenciais para o ser em crescimento. Objetivos genéricos tais como "fortalecimento da defesa imunológica" ou o "prolongamento da expectativa de vida" são determinações positivas em que se pode supor o consentimento futuro do paciente dessa eugenia defensiva; mas, ainda assim, como lidar com os riscos desconhecidos dessas técnicas?

Quais os impactos na estrutura psíquica de um indivíduo em crescimento ao saber-se design de uma outra pessoa? Mesmo para os pais, uma coisa são as técnicas de ultrassom que permitem saber o sexo do filho ainda no útero. O mistério do acaso ainda se mantém. Outra coisa é os pais determinarem o sexo do seu filho, sem prévia autorização dele. Como se sentirá um adolescente que é homem, mas desejaria ser mulher, ao saber que isso lhe foi imposto pelos pais? A pessoa programada não é capaz de entender a intenção do programador, inserida nela por meio do genoma alterado, como um fato natural ou contingente. Alguém lhe impôs essas restrições e características irreversíveis e inapeláveis sem consultá-la; e poderia não tê-lo feito. Gerações de adolescentes terão de lidar com as profundas consequências de que são homens ou mulheres porque seus pais assim o impuseram.

Com sua intenção, o programador intervém como um protagonista intruso, sem se apresentar. Os pais têm sempre expectativas com relação aos filhos, ainda que não possam determinar as escolhas que eles farão. O encontro desse novo indivíduo com as expectativas dos pais pode gerar tendências em direção a uma ou outra habilidade ou especialização. Mas mesmo que isso seja uma certa "programação", a pessoa poderá transformar ou não essa expectativa em suas próprias aspirações; ou até gerar um impulso contrário. Até mesmo fixações obsessivas podem ser aliviadas por tratamento psicanalítico. Mas, no caso de uma intervenção genética pré-natal, não há solução para um adolescente descontente por ter sido programado para ter olhos azuis. Além do mais, como poderemos saber se uma característica genética qualquer que pais impuseram aos filhos pode beneficiá-los ou não? Em que circunstância uma memória brilhante ou uma grande inteligência são uma vantagem? Vejam-se as dificuldades que cercam um superdotado. Até uma leve deficiência pode por vezes se transformar em vantagem. O famoso ator e lutador de artes marciais Bruce Lee declarou que explorava com perfeição um pequeno encurtamento em uma de suas pernas, criando um movimento surpreendente que desnorteava seu adversário.

Habermas nos faz uma séria advertência que contém a sugestão de um caminho sobre como lidar com a irrestrita liberdade à manipulação genética:

> Quando as imagens religiosas e metafísicas do mundo perderam sua força universal, após a transição para um pluralismo ideológico tolerado, nós (ou a maioria de nós) não nos tornamos cínicos frios nem relativistas indiferentes, pois nos mantivemos no código binário de julgamentos morais de certo e errado – e assim *quisemos* nos manter. Adaptamos as práticas do mundo da vida e da comunidade política às premissas da moral da razão e dos direitos humanos, pois elas forneciam uma base comum favorável a uma existência da dignidade humana acima das diferenças ideológicas. Talvez, hoje a resistência à temida alteração da identidade da espécie humana possa ser esclarecida – e justificada – por motivos semelhantes. (2004, p.101)

Há atualmente no mundo um número crescente de pessoas com conhecimento para levar a cabo manipulações genéticas e cultivar microrganismos. Rees cita Eckard Wimmer e seus colegas na State University de Nova York, que montaram em 2002 um vírus da poliomielite usando DNA e um esquema genético que podia ser acessado pela internet. Vírus letais como o HIV e o Ebola podem ser criados com a montagem de um cromossomo a partir de genes individuais. O mapa do vírus do Ebola já está arquivado; há milhares de pessoas com capacidade para montá-lo, usando cadeias de DNA disponíveis no comércio, computadores pessoais e internet. A criação de "vírus sob medida" para os quais não há imunidade nem antídoto pode ter um efeito ainda mais catastrófico do que a Aids na África. É possível desenvolver cepas de bactérias que sejam imunes a antibióticos. O próprio uso maciço de antibióticos já está gerando nos hospitais bactérias resistentes até à vancomicina, antibiótico de última geração.

Craig Venter, ex-presidente e diretor-geral da Celera, a companhia que sequenciou o genoma humano, tem planos para ajudar a resolver as crises mundiais de energia e aquecimento global com a criação de novos micróbios: uns decomporiam água em oxigênio e hidrogênio; outros se alimentariam de dióxido de carbono na atmosfera convertendo-o em orgânicos semelhantes a óleo e gasolina. Já se fala em desenhar fungos para alimentar-se de plásticos, destruindo-os. As vantagens parecem óbvias, os riscos também; eles estão contidos, como vimos, nas profundas incertezas sobre como esses caminhos podem comprometer o próprio futuro da espécie. Mas, para além desses perigos, Rees nos adverte sobre a capacidade de destruição de indivíduos treinados em genética, bacteriologia ou redes de computador, que crescerão de maneira alarmante à medida que a ciência avançar; pois a sociedade está se tornando integrada, interdependente e ligada por comunicações instantâneas em rede, e o impacto psicológico de um desastre local tende a ter repercussões globais.

É imperiosa a necessidade de retomar valores éticos como referência para a discussão sobre os rumos da ciência em geral; e das ciências da saúde, em particular. Fica uma advertência final de Habermas:

> Sem aquilo que move os sentimentos morais da obrigação e da culpa, da censura e do perdão, sem o sentimento de libertação conferido pelo respeito moral, sem a sensação gratificante proporcionada pelo apoio solidário e sem a opressão da falha moral, sem a "amabilidade" com o mínimo de civilidade, perceberíamos necessariamente – e é assim que ainda pensamos – o universo povoado pelos seres humanos como algo insuportável. (2004, p.100)

5
Meio ambiente e o futuro da humanidade

Precisamos ter maior respeito pelo mundo, que começou sem o homem e acabará sem ele. *(Lévi-Strauss)*

Os cientistas [...] não entendem completamente as consequências do nosso ataque multifacetado ao tecido entrelaçado de atmosfera, água, terra e vida. *(Príncipe Charles)*

A palavra improvável, não importa quantas vezes seja repetida, simplesmente não basta para mitigar nossos temores desse desastre total. *(Martin Rees)*

Para vários importantes cientistas, a ameaça mais grave à humanidade nesse início de século XXI é o ataque sem trégua ao meio ambiente decorrente da lógica da produção global e da direção dos seus vetores tecnológicos contidos nos atuais conceitos de progresso. Martin Rees, presidente da Royal Society, descreve o hábitat na Terra com seus oceanos e nuvens – visto de uma órbita lunar – "como um verniz fino e delicado, sua beleza e vulnerabilidade contrastando com a paisagem lunar desolada e estéril (2005, p.14). No passado distante, as únicas mudanças globais abruptas no ambiente do nosso planeta tinham sido desencadeadas por impactos de grandes asteroides ou por enormes erupções vulcânicas. Depois de cada um desses fenômenos naturais, novas espécies surgiram, evoluíram e se extinguiram em escalas de tempo geológico de milhões de anos. Mas, de repente, durante um instante minúsculo da história da Terra – os últimos dez séculos –, os padrões de vegetação começaram a se alterar muito mais depressa do que antes.

Essa etapa começou com a agricultura, entendida aqui como uma intervenção mais sistemática e organizada da população humana sobre as terras, e com o poder das ferramentas. Thomas Schelling – um dos pioneiros sobre a Teoria dos Jogos e suas aplicações na geopolítica –, em entrevista após receber o Prêmio Nobel de Economia de 2005, ao ser instado a identificar a principal questão que afeta o futuro da humanidade, respondeu:

> Um grande problema vai ser a mudança climática. Vamos gastar muito tempo tentando descobrir o que fazer. Não creio que temos qualquer ideia com relação a isso [...]. No século XXI, a emissão de gases do efeito estufa e as mudanças climáticas serão as questões mais importantes. (Prêmio..., *O Estado de S. Paulo*, 2005)

De fato, a biodiversidade do planeta está sendo corroída pela destruição definitiva de variedades genéticas valiosas que ainda não tivemos condições de catalogar. Ou, como sugere Robert May, "estamos queimando os livros antes de aprendermos a lê-los" (apud Rees, 2005, p.114). Gregory Benford (ibidem) chega a propor um esforço de emergência para recolher, congelar e armazenar amostras de uma fauna completa de floresta tropical, como uma espécie de apólice de seguro para o futuro. David Grimaldi e Michael Engel, entomologistas norte-americanos, confirmam os riscos que corremos lembrando que, se todas as pessoas decidissem ir para Marte, a vida na Terra não mudaria muito; no entanto, se os insetos desaparecessem, provocariam o cenário catastrófico de florestas entrando em colapso, rios e oceanos envenenados e muitos animais morrendo de fome (Livro..., *O Estado de S. Paulo*, 2005).

O processo de devastação florestal teve início muito lentamente. Simon Schama nos recorda que as florestas em tempos primitivos eram cheias de atividades, os homens sobrevivendo com os recursos a sua volta e muito poucas cercas limitando seu uso; era uma sociedade robusta, com ritmos fortemente sazonais, temperada por religião, trabalho e prazer. Mesmo nas matas mais extensas havia estradas para as carroças e trilhas para os pedestres, e seus usuários as conheciam em detalhes; a rede de caminhos podia desorientar os moradores da cidade, mas para os habitantes da floresta ela possuía numerosos marcos distintivos:

> Pedras cobertas de hepáticas; árvores fulminadas por um raio; troncos e raízes que assumiam formas sugestivas o bastante para ganhar apelidos; riachos serpenteantes, lagos e pântanos; outeiros e taludes; as ruínas de velhas casas e muros; as cinzas de um braseiro. (Schama, 1996, p.151)

As árvores que forneciam madeiras nobres eram cortadas a intervalos regulares de 12 anos e a mais de um metro do solo, para evitar que os cervos comessem os brotos novos. Havia, pois, uma cultura da mata, com noções de luz, espaço, diversidade e preservação. Os porcos, base da economia doméstica de seus habitantes, circulavam livres regalando-se com bolotas de carvalho e nozes de faia. Schama descreve que,

> [n]o outono, quando se abatiam os animais gordos, era a época mais atarefada das sociedades da floresta. Além de curar a carne de porco, seus membros tinham de recolher os galhos mortos e caídos e enfeixá-los para usá-los como combustível. Tinham de transformar a carne em linguiça, ilegal ou legalmente, para comer nos meses magros do inverno. Tinham de secar frutas, tirar mel das colmeias silvestres, colher e estocar castanhas que constituíam um dos componentes essenciais de sua alimentação (as quais amassavam para fazer mingau ou moíam para fazer pão) [...]. No perímetro da mata, seus habitantes produziam o carvão que abasteceria as primitivas fundições. Recolhiam cortiça pra o curtume, carregavam a lenha para as vidraçarias e cervejarias, cortavam madeira para a construção das casas urbanas. (ibidem, p.152-3)

As florestas nativas não eram, portanto, uma utopia; constituíam-se numa realidade em equilíbrio sistêmico.

É curioso que as primeiras leis para proteger as matas tivessem motivação autoritária e visassem preservá-las para o prazer da caça real. A penalidade para o abate ilegal de um cervo era radical: arrancar os olhos e os testículos do infrator. Preventivamente, os soldados cortavam as patas dos mastins e sabujos dos moradores da floresta para evitar que atacassem a caça do rei. No século XVI, época da lenda de Robin Hood, o cenário idílico das verdes matas já começava a desaparecer, transformando-se em vigas para casas, tinas para tinturarias, madeira para navios e lenha para fundições. Pressionada por uma população em rápido crescimento, a economia urbana da Inglaterra gerou uma enorme demanda por madeira para o artesanato e a indústria. Schama lembra que as dinastias Tudor e Stuart, tidas como guardiãs do patrimônio verde, tiveram de optar entre a exploração e a preservação, tendo sido criada, à época, a ideia de "recursos sustentáveis" da floresta, debate que nunca mais cessou.

No início do século XVII, desenvolvimentistas e conservacionistas invocaram, cada um a seu modo, os interesses fundamentais do reino para defender suas respectivas posições. Os primeiros argumentavam que a conversão da floresta em campos cultivados aumentaria a oferta de alimentos e baixaria seus preços; e que uma forte economia industrial garantiria uma Inglaterra protestante forte e capaz de enfrentar sozinha o império católico da Espanha. Os seus opositores argumentavam que de nada valeria uma Inglaterra cuja marinha fracassasse por falta de madeira para a construção naval. A ideia de conservação das matas ainda era tão forte que, mesmo quando os próprios soberanos abdicavam da responsabilidade direta sobre suas florestas, surgiam defensores dos carvalhais ingleses para lembrar-lhes de suas obrigações. Para se ter uma ideia da importância estratégica das florestas, a violenta tempestade que devastou milhares de carvalhos das florestas do Sul da Inglaterra, em novembro de 1703, teve consequências graves. Afinal, sintetiza Schama, "um navio de 74 canhões precisava de 45 metros de olmo (em tábuas de 7,5 metros) só para a quilha e consumia 2 mil carvalhos adultos de cerca de duas toneladas cada" (1996, p.181).

O processo de devastação ambiental na América foi muito diferente. Os habitantes das florestas eram os povos indígenas pertencentes a culturas mais avançadas ou primitivas, mas que mantinham com a natureza vínculos profundos e viviam em harmonia com ela. O início da devastação coincidiu com o processo de dominação e "assimilação cultural" dos índios, em processos normalmente cruentos, deslocando ou liquidando progressivamente esses povos e adotando para as terras conquistadas processos de cultivo ou pastoreio que agrediram progressivamente o equilíbrio dos seus ecossistemas.

A liquidação das matas na Europa acelerou-se a partir de meados do século XIX e, de forma exponencial, durante todo o século XX. Essas florestas haviam sido testemunhas silenciosas e, ao mesmo tempo, vítimas da aventura humana. Em conto escrito durante a Primeira Guerra Mundial, uma personagem de Katherine Mansfield assim descreve sua surpresa ao percorrer as matas europeias: "Esses bosques escuros misteriosamente iluminados pelos caules brandos de bétulas e freixos, esses campos de água que grandes aves sobrevoam, esses rios verdes e azuis sob a luz – batalhas teriam sido travadas *em lugares assim*?" (Mansfield, 2005, p.35). Schama explica que "os campos, as florestas e os rios viram guerra e terror, alegria e desespero; morte e ressurreição; reis lituanos e cavaleiros teutônicos, guerrilheiros e judeus; a Gestapo dos nazistas e a polícia secreta de Stalin" (1996, p.34). Descreve essas terras mal-assombradas como um lugar "onde se poderiam encontrar, entre as folhagens, botões dos pesados casacos de seis gerações de soldados mortos" (ibidem). Vários dos campos de trigo e centeio que ainda resistiam já haviam alimentado lituanos, alemães, russos e poloneses.

Nos últimos cinquenta anos, as novas tecnologias e o desenvolvimento industrial decorrente alteraram muito mais profunda e rapidamente os tênues equilíbrios dos ecossistemas que sustentam a vida sobre a terra. Nesse curtíssimo período – apenas cerca de um centésimo de milionésimo da idade da Terra – a quantidade de dióxido de carbono na atmosfera, que havia declinado lentamente na maior parte da história terrestre, começou a elevar-se com velocidade anormal. Além disso, o planeta foi se tornando um imenso emissor de ondas eletromagnéticas, produto das múltiplas transmissões de rádio, televisão, telefone celular e radar, cujas consequências exatas sobre o meio ambiente e a saúde humana ainda estão por ser determinadas. Basta imaginar a imensa quantidade de emissão de ondas que poluem nosso ar para que alguns indivíduos possam eventualmente conectar seu telefone celular em suas férias numa praia semideserta, em algum lugar distante do mundo.

Rees lembra que, diante de tão grave e assustadora devastação do meio ambiente, alguns economistas estão tentando proporcionar incentivos para que algum planejamento eficaz seja realizado a longo prazo. Trata-se de atribuir um valor monetário a certos estoques de recursos naturais de um país, como é o caso dos certificados de reserva de carbono, como veremos adiante. A ideia é criar uma motivação econômica para retardar a devastação, já que a motivação ética parece ser inútil diante da lógica avassaladora do capitalismo global e dos agentes do capital. O que parece imperioso, de qualquer forma, é que os governos tomem atitudes preventivas agora, em nome dos óbvios interesses dos nossos descendentes do século XXII. Basta lembrar o grave e crescente problema do descarte de lixo radioativo das usinas nucleares; parte desses dejetos, que se acumulam, permanecerá tóxica por muitos milênios.

Salvo no caso de uma catástrofe, os demógrafos preveem que a população mundial vai continuar crescendo até 2050, quando terá atingido 8 a 9 bilhões; pois, apesar da forte queda das taxas de fertilidade, a distribuição etária nos países mais pobres é predominantemente jovem e fará sua população crescer ainda intensamente por um bom período. Já sabemos que será impossível a toda essa massa humana aspirar a um padrão de vida médio equivalente ao do europeu e do norte-americano atual. Apesar de esses cálculos serem controversos, há estimativas de que para atingir aquele padrão como média global, seriam necessários quase três planetas Terra com seus recursos naturais atuais; elas se mantêm mesmo supondo evoluções tecnológicas significativas, obviamente dentro de espectros hoje conhecidos.

Mudança climática e extinção de espécies fazem parte da história do planeta Terra. Mas, pela primeira vez, essas alterações têm sido aceleradas tão direta e drasticamente pela ação humana. São inúmeras as evidências das relações entre padrão tecnológico, lógicas de produção humana e danos ao meio ambiente. Pesquisadores da Universidade Rutgers (Nível..., *O Estado de S. Paulo*, 2005) revelaram recentemente na revista *Science* que os níveis dos oceanos estão subindo duas vezes mais rapidamente que há 150 anos. O avanço atual é de dois milímetros por ano, o dobro do que ocorria ao longo dos 5 mil anos anteriores ao século XVIII. Reforçam-se os indícios de que as emissões de gases de combustíveis fósseis estão tendo forte impacto no aquecimento global e causando derretimento acentuado do gelo polar. A Revolução Industrial foi o marco da mudança de tendência, quando se começou a queimar pesadamente carvão e óleo, produzindo os gases causadores do efeito estufa. Medições feitas em sedimentos extraídos a até quinhentos metros de profundidade, nas costas de New Jersey, foram comparados com outros de várias regiões costeiras do mundo.

As amostras registram dados de até 100 milhões de anos. As conclusões preliminares sugerem que metade desse efeito iria acontecer de qualquer forma, mas a outra metade se deve à ação humana. Na mesma direção, estudo chefiado por Jean Jouzel e Valérie Masson-Delmotte (Gás..., *Folha de S.Paulo*, 2005), do Centre National de la Recherche Scientifique da França, e publicado na *Science* mostra, por análises feitas em bolhas de ar aprisionadas em platô congelado da Antártida, que as concentrações de gás carbônico atuais no planeta estão mais altas do que em qualquer momento dos últimos 650 mil anos. Só no último século, a concentração de gás carbônico subiu de 160 para 380 partes por milhão (ppm) e a temperatura média do planeta elevou-se em 0,7°C. O aquecimento global afeta o ciclo de evapotranspiração dos recursos hídricos, fazendo que os solos fiquem mais secos em períodos críticos. As projeções indicam intensas estiagens em maior número e com mais intensidade no futuro. Embora a velocidade de desmatamento tenha regredido nos últimos vinte anos, a expansão da agropecuária continua a ser a atividade que mais contribui para a devastação das matas, o que limita a capacidade das florestas em fornecer benefícios à sociedade, como proteção à água, contenção de erosão e prevenção de enchentes.

Estima-se que o desmatamento também é a principal causa do risco de extinção que correm os grandes primatas e várias espécimes animais e vegetais conhecidas. Algumas poucas exceções ocorrem na América do Norte e na Europa, onde houve medidas sistemáticas de renovação florestal. Nesses locais, o crescimento populacional diminuiu e a produtividade agrícola aumentou, em virtude das pressões de ativistas e das preferências dos consumidores que estimularam o uso sustentável das florestas. Por outro lado, o consumo de todos os tipos de energia tem aumentado fortemente desde os anos 1990. Cerca de 2,5 bilhões de pessoas, localizadas em sua maioria na África e na Ásia rurais, dependem da biomassa, isto é, resíduos de plantações ou animais. Mas essas fontes energéticas são danosas à saúde e causam vários problemas respiratórios graves.

O consumo de combustíveis fósseis e a emissão de gases contribuem para o efeito estufa. Seu uso aumentou na última década, e a maior parte do seu crescimento está concentrada na Ásia e na América do Norte. Estima-se que os EUA produzem dez vezes mais CO_2 *per capita* do que a média dos países em desenvolvimento. A principal atividade que polui o ar é a queima de petróleo, carvão e gás; combustíveis liberam o gás carbônico (CO_2) e outros gases nocivos. Anualmente, são produzidas 6 bilhões de toneladas métricas de carbono, compostas pelos gases dióxido de carbono (CO_2), metano (CH_4), óxido nitroso (NO_2), hidrofluorcarbonos (HFCs), perfluorcarbonos (PFCs) e hexafluoreto de enxofre (SF_6). A concentração de CO_2 na atmosfera passou de 280 ppm, em 1860, para 365 ppm, em 1990. Estima-se que, em 2100, essa concentração seja de 700 ppm. Como resultado do efeito estufa provocado, a temperatura média global poderia subir de 1,5 a 6°C nos próximos cem anos. Isso elevaria o nível dos oceanos de 15 a 94 cm, colocando a possível necessidade de se remover mais de 90 milhões de pessoas, principalmente as que vivem em cidades banhadas pelo Pacífico.

Além disso, pode ocorrer a perda de terras férteis e a salinização de fontes de água doce. O próprio Banco Mundial, em relatório de 2003, reconheceu que nenhum desses padrões ambientais atuais é consistente com crescimento autossustentado mundial. Cerca de 2 milhões de hectares do planeta, quase um quarto das terras cultiváveis, estão degradados, e o custo para reverter a degradação é muito alto. Desde 1960, um quinto das florestas tropicais desapareceu.

E, por causa da exploração exagerada, cerca de 34% das espécies aquáticas estão ameaçadas.

Segundo Boutros Boutros-Ghali (2005), ex-secretário geral das Nações Unidas, cerca de 90% da água dos países em desenvolvimento já precisa ser tratada para se tornar potável. Na Europa e nos Estados Unidos, por volta de 50% dos lagos e rios estão gravemente poluídos. E cerca de 30 milhões de pessoas morrem anualmente em razão da água poluída. De todos os ecossistemas mundiais, pelo menos 60% estão sendo explorados de maneira não sustentável, em processo preocupante de degradação, e podem chegar a um ponto extremamente crítico e irreversível em cinquenta anos. A expansão agrícola, de 1945 até 2004, foi superior à soma da expansão nos séculos XVIII e XIX; a destruição ambiental resultante contribuiu para perdas irreversíveis de vida vegetal e animal, agravando o percentual de mamíferos, aves e anfíbios em extinção.

Aquecimento global, devastação ambiental e o fim das espécies

O caso do ecossistema amazônico é exemplo paradigmático para várias das questões acima levantadas. A Amazônia tem mais de 7,8 milhões de km² e representa 44% do território sul-americano, abrangendo áreas da Bolívia, Brasil, Colômbia, Equador, Guiana, Peru, Suriname e Venezuela. Seus ecossistemas se caracterizam por uma grande biodiversidade e abrigam mais 30 mil espécies vegetais; cerca de 2 mil espécies de peixes nadam em 16% de toda a água doce do mundo. As florestas amazônicas representam mais de 56% do total mundial de florestas latifoliadas e 3% da área da região foram declarados pelos governos dos países amazônicos como parques nacionais e áreas protegidas. Lá estão 15% do total mundial de reservas de bauxita. A Amazônia é, assim, uma das principais preocupações sul-americanas e internacionais na questão ambiental. A profunda degradação na região litorânea brasileira da Mata Atlântica justifica plenamente essa preocupação, já que a Amazônia corre o risco de tomar o mesmo caminho (Soares-Filho et al., 2005). A pavimentação de rodovias, com consequente expansão das atividades agrícolas e madeireiras, além do aumento da frequência dos transportes e de outras atividades, irão contribuir para a emissão de gases que causam o efeito estufa e alteram o ciclo do hidrogênio, afetando chuvas e enchentes em médio e longo prazos. O desmatamento resultante das atividades previstas até 2050 pode chegar a 40% dos 5,4 milhões de km^2 da floresta amazônica. Desde o ano 2000, mais de 92 mil km^2 da área da floresta foram destruídos, sendo a eliminação de biodiversidade um efeito colateral irreversível. Vários estudos deixam clara a correlação entre aumento das atividades produtivas e desmatamento na região.

Os países amazônicos assinaram, em 1978, o Tratado de Cooperação Amazônica, mediante o qual se comprometem a realizar esforços e ações conjuntas para promover o desenvolvimento, a preservação ambiental e a utilização racional dos recursos naturais da região. O objetivo básico declarado seria o de promover a gestão e o zoneamento ambiental conjuntos, considerando a capacidade dos ecossistemas amazônicos e numa perspectiva que permitia um desenvolvimento sustentável que inclua as comunidades indígenas. No entanto, as atividades econômicas da região estão estreitamente vinculadas à utilização do patrimônio natural, o que – na ausência de uma estratégia e de uma ação clara de seus governos – converte o desenvolvimento sustentável em uma meta difícil de alcançar. No entanto, tratar-se-ia teoricamente de uma oportunidade única de revisar estilos de desenvolvimento inadequados, buscando modelos socialmente mais justos e ecologicamente mais sustentados.

Thomas Lovejoy (2005), um dos mais importantes especialistas em florestas tropicais e biodiversidade, lembra que a Amazônia é um sistema ecológico que se estende por todos os países que compõem a bacia, e que só articulado num sistema transnacional regional ele poderá ter alguma chance de ser gerenciado com êxito. A floresta, na verdade, produz metade de sua própria chuva. Toda a sua espetacular biodiversidade e recursos vivos – bem como seu potencial de desenvolvimento bem-sucedido – dependem de um clima pelo qual a região, em boa medida, é responsável. Esses fatos levantam a perturbadora questão: que grau de desmatamento irá desencadear uma tendência irreversível de maior secura climática, com degradação irreversível do sistema? A resposta será fundamental para o gerenciamento correto do ciclo hidrológico. É preciso desenvolver a capacidade de prever, por exemplo, quais as consequências para o equilíbrio climático da conversão de florestas em plantações de soja no Mato Grosso. Os índices de desmatamento continuam muito altos. A cada ano, o ciclo se aproxima mais do ponto máximo de devastação. O ressecamento e a maior vulnerabilidade ao fogo sugerem que estamos nos aproximando dele. Mesmo que soubéssemos onde, exatamente, esse ponto se localiza, é óbvio que seria perigoso demais chegarmos perto dele; e, infelizmente, é o que se está fazendo: num voo cego rumo a um eventual abismo.

A Amazônia abriga uma parcela significativa da biodiversidade do globo não apenas nas florestas, mas também em habitats de outros tipos, tais como os aquáticos; sua diversidade biológica e mineral possui um imenso potencial econômico, caso ela seja preservada, administrada e desenvolvida de forma sensata. Lovejoy lembra que, hoje, a situação é mais complexa porque o fator propulsor é, em grande medida, a lucratividade do setor privado; apenas num grau muito menor estão incentivos fiscais concedidos pelos governos, que foram tão importantes no passado. O gado vem ocupando grande espaço e a extração de madeira é intensa; a atividade mais recente é a soja, com grande mercado de exportação.

Para Rees, foi completamente inesperada a mudança atmosférica provocada pela ação humana por meio das reações químicas dos clorofluorcarbonetos na estratosfera, resultando no buraco de ozônio sobre a Antártida. O acordo internacional para acabar com os CFCs das latas de aerossol e geladeiras diminuiu o problema, e o buraco de ozônio agora está se preenchendo lentamente. Mas Paul Crutzen (Rees, 2005, p.121), um dos químicos que elucidaram como os CFCs agiam na atmosfera superior, observou que a escolha de um fluido baseado no cloro foi um mero capricho da química. Se tivesse sido usado o bromo, o que era uma possibilidade, os efeitos atmosféricos teriam sido mais rigorosos e duradouros. Já o aquecimento global decorrente do efeito estufa é um problema ambiental para o qual não há solução rápida. O dióxido de carbono atmosférico já está 50% acima de seu nível pré-industrial, por causa do crescente consumo de combustíveis fósseis. Embora, como já vimos, haja um consenso entre os cientistas de que esse acúmulo tornará o mundo mais quente no século XXI, provavelmente entre dois e cinco graus, é difícil arriscar maior precisão; mas Rees lembra que há muitas advertências de que cenários mais extremos não podem ser descartados. Quaisquer projeções mais distantes no tempo dependerão do tamanho da população, de como as pessoas viverão e trabalharão e da substituição ou não de combustíveis fósseis por energias alternativas.

Há outras consequências graves do aquecimento planetário. Para vários especialistas, dois graus bastariam para causar sérias consequências localizadas, como mais tempestades, furacões e climas extremos. Também deverá ocorrer elevação no nível do mar e disseminação mais ampla de doenças transmitidas por mosquitos em maiores latitudes. Isso significaria, no mínimo, muito mais desconforto e dificuldades adicionais para o crescimento econômico. Na verdade, parece haver muita inércia nos sistemas atmosféricos e oceânicos, e as medidas de precaução e correção de rumos podem demorar várias décadas antes de iniciarem seus efeitos. Ainda que, como já foi dito, a biosfera da Terra nunca tivesse deixado de mudar ao longo de sua história, a velocidade da degradação ambiental atual – poluição, perda de biodiversidade e aquecimento global – não tem precedentes. E o ecossistema não parece capaz de ajustar-se a ela.

Rees faz uma grave advertência:

> Ainda que o aquecimento global ocorra na faixa mais lenta do espectro provável, suas consequências – competição por suprimento de água, por exemplo, e migrações em ampla escala – podem engendrar tensões desencadeadoras de conflitos internacionais e regionais, sobretudo se eles forem excessivamente alimentados por crescimento populacional contínuo [...]. A interação entre a atmosfera e os oceanos é tão complexa e incerta que não se pode descartar o risco de algo muito mais drástico do que os "melhores palpites" sobre a taxa de aquecimento global. A elevação até 2100 poderia até mesmo exceder os cinco graus.

> Pior, a mudança de temperatura pode não se dar somente em proporção direta (ou linear) ao aumento na concentração de dióxido de carbono. Quando algum nível limite é alcançado, pode haver uma "virada" súbita e drástica para um novo padrão de ventos e de circulação oceânico. (2005, p.124)

Um exemplo citado de possível consequência irreversível é o da corrente do Golfo, parte de um sistema de fluxo de águas conhecido como "correia transportadora"; por ele, a água quente flui a nordeste, em direção à Europa, perto da superfície, e volta, já fria, em maior profundidade. O derretimento do gelo da Groenlândia adicionaria um enorme volume de água doce à água salgada, fazendo extinguir o padrão de circulação termoalina – controlado pela salinidade e pela temperatura do oceano –, que é fundamental para manter o clima temperado do Norte da Europa. Se a corrente do Golfo fosse interrompida, Inglaterra e países próximos poderiam ser mergulhados em invernos quase árticos, como os do Canadá e da Sibéria em latitudes semelhantes. Amostras retiradas das camadas de gelo que recobrem a Groenlândia e a Antártida, onde a cada ano gelo se forma e esmaga as camadas anteriores, mostram que mudanças desse tipo ocorreram no passado. Mas o aquecimento global causado pelo homem pode radicalizar a intensidade dessas alterações.

A maioria dos cientistas considera que nem mesmo as mais rigorosas mudanças climáticas concebíveis destruiriam diretamente *toda* a humanidade, mas algumas delas poderiam anular décadas de avanço econômico e social. Rees trabalha com o conceito de responsabilidade associado ao de probabilidades. E conclui que, mesmo com apenas 1% de chance de que mudanças atmosféricas causadas por humanos possam desencadear uma transição climática extrema e súbita, parece um risco mais que suficiente para preocupações muito mais enérgicas do que aquelas previstas – e não cumpridas – pelos acordos de Kyoto. Uma ameaça dessa ordem é avaliada por especialistas como até cem vezes maior do que de um risco de catástrofe ambiental como impactos de asteroides gigantes ou eventos vulcânicos violentos, que os homens não podem controlar.

O príncipe Charles, escudado na opinião de importantes conselheiros na área, tem a seguinte opinião sobre o tema:

> As ameaças estratégicas importantes por problemas globais ambientais e de desenvolvimento são o mais complexo, intricado e potencialmente devastador de todos os desafios à nossa segurança. Os cientistas [...] não entendem completamente as consequências do nosso ataque multifacetado ao tecido entrelaçado de atmosfera, água, terra e vida com toda a sua diversidade biológica. As coisas poderiam terminar bem pior do que o melhor dos palpites científicos atuais. Em assuntos militares, a política há muito tem se baseado na máxima de que deveríamos estar preparados para a pior das hipóteses. Por que deveria ser tão diferente quando a segurança é aquela do planeta e do nosso futuro em longo prazo? (ibidem)

A gravidade desse quadro nos remete necessariamente à vital discussão sobre o *princípio da responsabilidade*, o *princípio da precaução* e o gerenciamento de riscos. Numa época impregnada pelo positivismo de Comte, às vésperas da proclamação da república brasileira, Rui Barbosa aconselhava que: "Todo o futuro da nossa espécie, todo o governo das sociedades, toda a prosperidade moral e material das nações depende da Ciência, como a vida do homem depende do ar" (Cesarino, 2005, p.2).

Mais de 120 anos depois, a mesma tese ecoava em parecer sobre o Projeto de Lei da Biossegurança enviado à Câmara dos Deputados do Brasil pelo Executivo, porém com um elemento a mais: "A Ciência é uma conquista da humanidade. As dúvidas geradas pelo seu avanço devem ser tratadas à luz da razão" (ibidem). Aparecem aí, mais uma vez, os elementos essenciais de contradição, que continuam – ontem e hoje – a impedir uma análise crítica da questão dos caminhos inexoráveis do progresso dominado pela tecnociência. Se a prosperidade material das nações depende da ciência, que Barbosa reverencia com "C" maiúsculo; se a ciência *contém* a própria moral; e se as dúvidas geradas pelo risco do seu avanço devem ser tratadas à luz da *razão*, e não dá *ética* ou da *moral*, está reafirmada a autonomia da tecnociência colocada a serviço dos atores que hoje a controlam, as grandes corporações globais. Elas têm as suas razões, justificadas pelo objetivo da remuneração adequada de seu capital. As razões da sociedade – habitualmente referidas como *as do Estado* –, que devem se referir aos valores éticos e morais voltados ao bem-estar geral, ficam sem espaço sequer para defender o futuro da humanidade contra a degradação do seu meio ambiente e a ameaça da integridade da espécie humana.

Caso o desenvolvimento científico e tecnológico, ao lado de vantagens evidentes, conduza a riscos graves, é preciso definir como tratá-lo e controlá-lo. Para Paretti-Watel, o risco zero não existe. É por isso que, a partir dos anos 1980, "não se trata mais de eliminar o risco, mas, mais modestamente, de geri-lo" (ibidem, p.4). O *princípio da precaução* apareceu originalmente no sistema jurídico alemão (*Vorsorgeprinzip*), em fins da década de 1960, como um conjunto de prescrições sobre como *gerir o risco*, para regulamentar os potenciais riscos da indústria química. Esse princípio acabou ampliando seu conceito para áreas como saúde pública e segurança alimentar, tendo sido incluído em diversos tratados internacionais, entre eles o de Maastricht e a Declaração do Rio, ambos de 1992. Nesse último, o princípio da precaução é definido como "a garantia contra os riscos potenciais que, de acordo com o estudo atual do conhecimento, não podem ser ainda identificados" (ibidem). Tal princípio afirma que "na ausência da certeza científica formal, a existência de um risco de um dano sério ou irreversível requer a implementação de medidas que possam prever este dano" (ibidem).

Ou seja, quando o estágio do conhecimento não permite estabelecer um laço de causalidade direto verificável experimentalmente, Lascoumes alerta que "não é mais possível, portanto, pensar apenas em termos da eliminação ou da prevenção dos riscos; é necessário integrar a ideia de continuidade e de grau de aceitabilidade dos riscos" (ibidem). Portanto, não se trata de eliminar, nem mesmo de prevenir os riscos, mas simplesmente de *geri-los* e definir coletivamente sua *aceitabilidade*. Assim como conceitos tais como o de "desenvolvimento sustentável", o que estaria agora por trás da noção de *risco* e de sua gestão seria a *naturalização da ideia de progresso*, de que *não se pode voltar atrás* no processo histórico de desenvolvimento industrial e tecnológico desencadeado em proporções geométricas a partir do século XIX.

É interessante notar que o *princípio da precaução* institui um novo modelo de atribuição da responsabilidade calçado na exigência de *antecipação dos riscos*. Assim como o *risco* é um *perigo sem culpa*, a precaução é *uma responsabilidade sem culpa*, anterior ao dano. Ewald aborda o *conceito de precaução* contemporânea como um tipo particular de *atitude em face da incerteza*. O século XIX o via como uma *antecipação*, na qual o indivíduo livre e senhor de sua vontade assumiria a responsabilidade por seus atos diante de uma natureza também *senhora de sua vontade*. Com a virada para o século XX, o desenvolvimento progressivo do *welfare state* na Europa e a emergência da seguridade social, a "culpa" pelos acidentes deixa de ser individual e é remetida à coletividade.

Essa passagem da *antecipação* para a *prevenção* deveu muito ao advento da estatística e do entendimento da lógica epidemiológica. A prevenção se calca, portanto, na confiança, na *expertise* científica para lidar com a incerteza; portanto, supõe o *poder* sendo assumido pelo *saber*. Mas, como temos visto neste livro, a contemporaneidade vem abalando progressivamente a confiança no saber científico. Desenvolvida a partir de crises empíricas, nas quais "tragédias" poderiam ter sido evitadas caso alguma medida houvesse sido tomada, a *precaução* implica um *descompasso entre ação e conhecimento*. Para Ewald, "a precaução encontra sua condição de possibilidade em uma espécie de hiato e deslocamento entre as exigências da ação e a certeza dos conhecimentos. Ela se inscreve em uma nova modalidade da relação entre saber e poder" (ibidem, p.10), de revalorização do *político*, da *decisão soberana*, que não recorre cegamente à *expertise* científica e que leva em conta a ética e o respeito a procedimentos.

O *princípio da precaução* é, muitas vezes, confundido com o *princípio da responsabilidade* que lhe inspirou, sistematizado na década de 1970 por Hans Jonas.[1] Mas ele atenua a ética de Jonas por apenas exigir que se aja preventivamente em uma situação de risco gerada pela incerteza científica. Já o *princípio da responsabilidade* exige que se renuncie à ação, desde que ela inclua riscos de colocar em

1 Ver detalhes em Dupas, 2001, p.77-83, e em Dupas, 2005a, p.190-1.

perigo uma vida humana futura. De certa forma, o princípio da precaução resultou da tentativa de encontrar uma solução mais realista que a de Jonas, ou seja, compatível com a democracia política e a correlação das forças que nela atuam. Seja como for, ambos os conceitos – um mais radicalmente, outro menos – tentam requalificar e revalorizar o conceito de progresso, deslocando-o de um mero suporte de um discurso hegemônico que interesse a grupos particulares de interesse.

Há inúmeras formas exóticas e pouco conhecidas de as atividades humanas intervirem nos tipos de mudanças ambientais e causarem efeitos graves. O Taipei 101, o edifício mais alto do mundo e orgulho da engenharia asiática – que fica em Taiwan –, tem 508 metros de altura e pesa 700 mil toneladas. Ele foi considerado pelo geólogo Cheng Horng Lin, da Universidade Nacional, o responsável pela ocorrência de dois pequenos terremotos recentes. Antes de sua construção, a bacia de Taipé era muito estável, sem falhas de superfície que causassem atividades sísmicas significativas. Desde a obra, os microterremotos passaram a dois por ano no período 1997-2003. Em trabalho publicado na *Geophysical Research Letters*, o autor sugere que a pressão enorme que o edifício exerce no solo abaixo dele pode ter reaberto uma antiga falha geológica.

Quanto à questão da modificação e extinção de espécies naturais, a totalidade da vida, batizada como biosfera pelos cientistas, é de fato uma membrana muito fina de organismos que envolve a Terra. Extinções delas também são parte do jogo evolutivo e da seleção natural. Menos de 10% das espécies que já nadaram, arrastaram-se ou voaram ainda estão na Terra. Rees lembra os registros geológicos que revelam cinco grandes extinções. A maior de todas aconteceu na transição entre o Permiano e o Triássico, há cerca de 250 milhões de anos; a segunda maior, há 65 milhões de anos, acabou com os dinossauros. Agora os homens estão provocando uma "sexta extinção" na mesma escala das anteriores, liquidando progressivamente com a complexa variedade de vida vegetal e animal da Terra. Várias espécies estão morrendo numa taxa cem a mil vezes maior do que a habitual. Antes da existência do homem, a estimativa é que uma espécie em um milhão se extinguia a cada ano; agora a taxa é de uma espécie em mil. A maior parte das extinções se deve a desdobramentos involuntários de mudanças provocadas pelos humanos no hábitat, ou à introdução de espécies não nativas em um ecossistema.

Os exemplos que seguem ilustram o tema da degeneração das espécies. Vários crustáceos e peixes como o camarão e o salmão são hoje criados em cativeiro em condições absolutamente artificiais ao seu hábitat natural. Como já o foram, durante o século passado, os rebanhos bovinos e várias aves. Comparem-se os salmões nativos, circulando entre o mar e os rios, e vindo desovar corredeiras acima – num vigoroso processo de seleção natural –, com aqueles criados em tanques, coalhados e alimentados com rações ou dejetos animais. O mesmo se aplica aos camarões, que originalmente circulam livremente pelo fundo dos oceanos. As consequências dessa artificialização intensa das espécies destinada à alimentação humana são pouco conhecidas, mas já há indícios de gravidade. O caso da vaca louca, bem conhecido, foi tratado em detalhes no Capítulo 4. Em 2005 houve suspeitas de contaminação de salmões chilenos criados em cativeiro por parasitas perigosos para o ser humano; e a interdição de dezenas de fazendas (tanques de criação) de camarão na região de Laguna, Santa Catarina, por conta da incidência do vírus da mancha branca (Mancha..., *Valor Econômico*, 2005). A presença da doença ocasionou 20% de mortalidade nos tanques. Uma vez presente, o vírus não pode mais ser erradicado definitivamente. Ele ataca quando o crustáceo é estressado por variações anormais de temperatura e níveis de salinidade inadequados. Foram encontrados tanques com nível de salinidade de 6, enquanto o ideal é de 15. Outro caso complexo é o da contaminação das culturas tradicionais por transgênicos (A invasão..., *O Estado de S. Paulo*, 2005). Na medida em que os alimentos geneticamente modificados ganham espaço na agricultura, eles alteram – às vezes irreversivelmente – o cultivo tradicional.

A poluição biotecnológica acontece quando transgênicos se misturam com sementes tradicionais por acidente, engano ou simples ação do vento. A União Europeia está tentando colocar áreas de proteção para controlar a expansão de sementes transgênicas, embora isso possa parecer uma tarefa quase impossível. Nesse contexto, a Monsanto, líder mundial de sementes geneticamente modificadas, está planejando lançar o primeiro trigo transgênico em meio ao receio dos agricultores americanos das planícies do Norte de que ele contamine o trigo tradicional prometido a clientes do Japão, Europa e Coreia do Sul. Para manter afastadas as variedades transgênicas, alguns agricultores planejam até mudar suas lavouras para a América do Sul, para áreas ainda interditadas a essas modificações genéticas. Vários cientistas sustentam que os transgênicos são o futuro da agricultura, desenvolvendo plantas que crescem com menos água e fertilizantes, e minimizando o efeito das culturas sobre o meio ambiente. Mas seus críticos já produziram ampla literatura mostrando os riscos de alergias e outros efeitos sobre a saúde. No entanto, é bom lembrar que os transgênicos já respondem pela maior parte da soja e boa parte do algodão, cânula e milho do mundo.

A mudança de clima exerce também pressões sobre o meio ambiente do Mar Mediterrâneo. Seu impacto será agravado pela desertificação provocada por práticas agrícolas ruins. O presidente do Plan Bleu – órgão das Nações Unidas para o Mediterrâneo –, Lucian Chabason, lamenta que "as questões ecológicas não são prioritárias para os Estados nacionais" (Lá dégradation..., *Le Monde*, 2005). As consequências desses fenômenos, cujo impacto maior ainda está por vir, já se fazem sentir. Surge a nova e assustadora frente imigratória africana, ameaçando despejar grandes números de miseráveis subsaarianos nas costas ensolaradas da Espanha, rumo aos países do continente. Os conflitos nos subúrbios de Paris, que expuseram ao mundo o lado escuro da pobreza na "cidade das luzes" em pleno século XXI, têm ligação com a questão migratória. Isso ocorreu justamente no momento em que a Europa via surgir essa nova ameaça dos africanos subsaarianos.

Segundo a Comissão Europeia, mais de 30 mil clandestinos estavam acantonados no final de 2005 na Argélia e no Marrocos, vindo por várias rotas diferentes e prontos para saltar sobre o estreito de Gibraltar em busca do último sonho de sobrevivência. Uma dessas rotas tem origem no Senegal, passando ironicamente pela Casablanca das velhas memórias. As rebeliões dos subúrbios de Paris eclodiram justamente onde já se concentram descendentes de árabes argelinos, marroquinos e tunisianos, convivendo com um desemprego de até 40% da população economicamente ativa. As conclusões de um estudo feito pelo Plan Bleu são de que a degradação ecológica em torno do Mediterrâneo tende a agravar até 2025 a fratura social e econômica entre norte e sul (ibidem). Nos anos a vir, a pressão demográfica acelerará inexoravelmente, ainda que os países do sul apresentem uma queda espetacular dos índices de fecundidade. Só a inércia dos movimentos demográficos levará a um aumento de 40% do número de habitantes nos países do sul e do leste da região. Adicionado aos efeitos das questões ambientais, isso acarretará "uma forte insatisfação social e uma pressão elevada à migração [...], com riscos de instabilidade e conflitos potenciais" (ibidem). O crescimento do consumo de água – mais de 25% de aumento previsto até 2025 – favorecerá crises de abastecimento. A pressão migratória do Sul pobre, e cada vez mais superpovoado, para o Norte rico aumentará com os dados ambientais; e as catástrofes climáticas futuras poderão agravar os efeitos migratórios ou de bolsões de pobreza, com graves consequências psicossociais.

O inevitável aumento populacional projetado para os próximos cinquenta anos exigirá muito mais recursos terrestres, mesmo mantidos os atuais níveis de renda e suas imensas disparidades entre países. Esse aumento populacional, eventualmente adicionado a alguma melhora de condições de vida, terá impactos profundos na agricultura. Mais comida será consumida, o que exigirá expansão das plantações, elevação do consumo de água e da degradação do solo, acompanhada de mais destruição de florestas e da biodiversidade. Numa escala global, apenas 10 a 20% das reservas de água renováveis são consumidas. Mas a água é distribuída de forma bastante irregular no globo. As previsões do Departamento de Economia e Assuntos Sociais da ONU são de que o nível de consumo insustentável e as dificuldades de transporte irão fazer que metade da população mundial sofra com escassez de água em 2025. O crescente uso dos recursos hídricos tem prejudicado todo tipo de ecossistemas de água doce. Estima-se que a metade dos mangues mundiais tenha sido perdida e que cerca de 20% das 10 mil espécies conhecidas de água doce tenham sido extintas ou estejam ameaçadas. Estaríamos, mais uma vez, caindo na armadilha de um pessimismo malthusiano que a tecnologia resolverá? Essa não parece ser a opinião dominante entre os cientistas.

Pesquisadores da Universidade de Wisconsin e da OMS (Aquecimento..., *Folha de S.Paulo*, 2005) traçaram o primeiro esboço abrangente dos efeitos que o aquecimento global poderá ter também sobre a saúde humana. O alerta foi feito na revista *Nature*. Apesar das incertezas e das dificuldades de lidar com um sistema tão complexo, eles deixam claro que os riscos são reais. Os mais prejudicados serão os países mais pobres, aqueles que contribuem menos para os graves danos atuais ao meio ambiente e terão menos condições financeiras para lidar com as doenças decorrentes. "Trata-se de um enorme desafio ético", disse Jonathan Patz, coordenador do estudo. Só nos últimos trinta anos, estima-se que o aumento de temperatura da Terra, ainda que modesto, tenha desencadeado 150 mil mortes adicionais por ano. As variações extremas de temperatura, segundo os climatologistas, devem aumentar cada vez mais na medida em que nosso planeta afasta-se do estado de equilíbrio. As colheitas estarão mais vulneráveis ao calor ou frio extremos. Doenças como malária, cólera e dengue teriam condições mais favoráveis para se expandir num planeta mais quente, pela maior reprodução dos insetos que as carregam. O impacto principal será na África e nas regiões tropicais banhadas pelo Pacífico e pelo Índico; e, em menor escala, na América Latina.

Grandes metrópoles com urbanização desordenada também correrão grandes riscos. O problema é que, como antecipa e alerta Timothy Garton Ash (2005), a grande lição da tragédia do furacão Katrina no sul dos EUA foi permitir percebermos que também a superfície de civilização sobre a qual nos equilibramos é sempre muito fina. Removam-se os sustentáculos elementares da vida civilizada e organizada – comida, abrigo, água potável, segurança pessoal mínima – e em pouco tempo mergulharemos num estado natural hobbesiano, uma guerra de todos contra todos. As ameaças mais óbvias são os desastres naturais, como consequência das mudanças climáticas, e o empobrecimento de populações periféricas que invadirão os países mais ricos em busca de sobrevivência.

Poluição atmosférica, ação política e a lógica do capital

O processo de urbanização acentuou-se radicalmente nos últimos cinquenta anos na parte menos desenvolvida do mundo. De forma semelhante ao que aconteceu em toda a América Latina, as cidades brasileiras passaram nesse período de 12 milhões para 150 milhões de habitantes, no que foi um dos maiores processos de adensamento populacional urbano da história mundial. Mais de 25% dos brasileiros vivem, hoje, em regiões metropolitanas, onde ilhas de alta renda convivem com uma classe média em declínio e com um exército de pobres e remediados. Nessas áreas densamente povoadas o desemprego nos últimos vinte anos quase duplicou, ao passo que os números de trabalhadores informais não parava de crescer. É justamente nessas imensas concentrações de população que o transporte público eficiente é fundamental – por razões de custo, de meio ambiente ou de rapidez. No Brasil urbano, 19% da renda familiar são gastos com despesas de transporte. O que não impede que cerca de um terço dos deslocamentos diários das pessoas da região metropolitana de São Paulo seja feito a pé. E o "desalento", termo técnico para designar o trabalhador que "desiste" temporariamente de procurar emprego, é estimulado pela falta de dinheiro para o deslocamento.

No entanto, apesar das imensas vantagens que um sistema de metrô amplo e eficiente traria à população e ao país, ele é ridiculamente pequeno nas metrópoles brasileiras. A International Union Association of Public Transport concluiu, em 2004, a mais ampla pesquisa já realizada sobre transporte público, dependência de automóveis e custo relativo dos sistemas de deslocamento urbano, envolvendo cem grandes cidades internacionais. São Paulo, Rio de Janeiro, Curitiba, Brasília e Salvador estão incluídas na amostra. Equipe chefiada por Jeff Kenworthy, da Murdoch University, examinou a pesquisa e tirou conclusões muito importantes. Com o mesmo nível de renda, as cidades norte-americanas usam três vezes mais quilometragem *per capita* com carros particulares do que as europeias e cinco vezes mais do que as asiáticas. Os ricos têm, obviamente, muito mais carros que os pobres. Mas as metrópoles da América Latina, com renda seis vezes menor do que as asiáticas ricas, utilizam quase a mesma quilometragem *per capita* que essas últimas. Em suma, somos mais dependentes do carro particular do que as áreas ricas. Uma só cidade norte-americana com 400 mil habitantes usa igual quantidade de energia em transporte individual que uma metrópole chinesa de 10 milhões de pessoas. Isso dá uma ideia do desperdício de energia e da contribuição dos EUA à poluição ambiental, dado que as emissões derivadas da queima de combustível são determinantes da qualidade do ar.

A poluição do ar é variável crítica, seja pelo aquecimento global e efeitos no clima, seja pelas doenças graves que causa. A The British Air Foudantion (Ciclistas..., *O Estado de S. Paulo*, 2005) conduziu pesquisas provando que basta uma hora pedalando em meio ao tráfego para aumentar significativamente os riscos de doenças cardíacas. Partículas microscópicas presentes na fumaça dos veículos a diesel causam danos significativos. Após seis horas, danos permanentes podem ser causados aos vasos sanguíneos, que se tornam menos flexíveis, além da redução de uma proteína que previne coágulos de sangue. Esse dano é associado ao primeiro estágio de distúrbios cardíacos. Ciclovias perto de vias expressas são o quadro mais perverso, por causa da concentração de ônibus a diesel. Já o Laboratório de Poluição Atmosférica da USP (Poluição..., *Folha de S.Paulo*, 2005) afirma que o paulistano perde, em média, dois anos de vida em função da poluição ambiental. O índice de abortos também aumenta porque o fluxo arterial na placenta diminui; e há suspeitas de efeitos muito negativos na fertilidade.

O professor Paulo Saldiva (ibidem) diz que os efeitos da poluição são alarmantes e são necessárias medidas urgentes para enfrentá-los, até porque, "diferentemente do cigarro, a poluição do ar não pode ser evitada". Dados do Banco de Sêmen do Hospital Albert Einstein (Paulistano..., *O Estado de S. Paulo*, 2005) confirmam que a concentração de espermatozoides no sêmen dos paulistanos caiu um terço nos últimos dez anos. Entre as hipóteses estão consumo de produtos industrializados, estresse, poluição, medicamentos, produtos para queda de cabelo, exposição à radiação, agrotóxicos, PCB – substância tóxica dos plásticos de embalagem – e outras toxinas da vida moderna. Há consenso de que se trata de um problema mundial. O secretário-executivo da Sociedade

Brasileira de Reprodução Humana, Dirceu Mendes Pereira, afirma: "São coisas que as pessoas vão incorporando em sua dieta e fazem um estrago tremendo nas mitocôndrias e no DNA, causando não só a morte celular como os danos à motilidade e à morfologia" (ibidem).

Já se sabe que o fator ambiental muda o modo de os genes funcionarem. Para complicar ainda mais, nas metrópoles de baixa renda o nível médio de emissão por veículo particular é bem maior do que nas ricas. A Ásia rica emite 37 kg de poluentes *per capita* por ano; a China, 86; a América Latina, 119. As causas são baixo controle, não utilização de catalisadores, veículos mais velhos e as motocicletas, causadoras de grande impacto urbano em poluição, ruído e mortes. No entanto – suprema ironia –, nossa sociedade estruturou-se de tal forma que fez do motoboy a profissão para jovens que mais cresce não só no Brasil, mas também nos EUA. Estudo do cardiologista Abrão José Cury Jr., diretor da Sociedade Brasileira de Clínica Médica Regional de São Paulo, também relaciona claramente o monóxido de carbono com as doenças do coração, já que provocam alterações bioquímicas no revestimento interno das artérias – o endotélio –, levando à hipertensão, que atinge 30% dos brasileiros (Estudo..., *O Estado de S. Paulo*, 2005).

O comissário de Meio Ambiente da União Europeia, Stavros Dimas, declarou que o custo da poluição do ar para os sistemas de saúde deve passar de 700 milhões de dólares por ano. Afirma que 300 mil pessoas irão morrer prematuramente na Europa até 2020 se nada for feito para reduzir o nível de contaminação. A maior parte das mortes será causada por partículas emitidas pelos escapamentos de automóveis. Pesquisa publicada pela revista científica *Human Reproduction* mostra que a poluição danifica os espermatozoides, o que pode resultar em má formação dos fetos ou abortos espontâneos. É essa a conclusão de um estudo conduzido pela Agência de Proteção Ambiental dos EUA e um instituto de pesquisas da República Tcheca. Segundo os cientistas, há vários elementos químicos na poluição do ar que podem causar danos ao DNA. O nascimento de bebês prematuros cresceu 31% nos últimos 24 anos nos EUA e atinge um em cada oito bebês, segundo estudo feito pelo Environmental Working Group e pela Universidade de Stanford (Parto..., *O Estado de S. Paulo*, 2005). As razões, além dos tratamento de infertilidade e do aumento da idade em que as mulheres têm a primeira gestação, são as substâncias tóxicas na corrente sanguínea das mães. Mais de duzentos produtos químicos vindos de roupas, embalagens de alimentos e pesticidas podem ter relação com o problema.

Há uma forte relação inversa entre densidade urbana e uso de carros individuais; ou seja, quanto maior a densidade urbana, menor o uso de carros individuais. Cidades de baixa renda têm densidade urbana maior do que as de alta renda; elas deveriam, portanto, utilizar o máximo possível essa vantagem para maximizar as sinergias do transporte de massa. No entanto, desde 2002, na região metropolitana de São Paulo, o transporte público movimenta menos passageiros do que os automóveis. Um passageiro de carro individual consome 25 vezes mais energia do que se utilizasse o metrô, esse último usando energia limpa. Quer dizer, em matéria de racionalidade no transporte o nosso país vive nas trevas.

No caso do metrô, a justificativa-padrão – e não consistente – dos governantes é a da limitação orçamentária de país pobre. Mas esse clássico argumento de inviabilidade econômico-patrimonial não é verdadeiro; apenas 10% do valor da frota de automóveis da cidade de São Paulo seriam suficientes para mais que dobrar nossa atual rede subterrânea. O que falta, portanto, não são recursos e sim foco e vontade política, associados a uma enorme incompetência gerencial público-privada. Uma gestão de longo prazo, operada por grandes consórcios público-privados fiscalizados rigorosa e abertamente pela sociedade civil – incluindo-se conselhos com forte presença de associações de profissionais e de consumidores, da promotoria pública etc. –, poderia permitir ao cidadão voltar a confiar na ação pública. Não tenho dúvida de que, se o cidadão tivesse a certeza – hoje impossível – de que em dez anos a rede de metrô de São Paulo estaria mais que dobrada, aceitaria de bom grado pagar 1% do valor do seu carro ao ano para poder deixá-lo na garagem mais tarde.

O modelo implantado pela civilização global cujos vetores adotamos conduz à prioridade do conforto aparente sobre a saúde e a preservação da vida e da natureza. As novas doenças geradas por esse padrão são tratadas por medicina intervencionista e medicamentosa que realimenta o ciclo de dependência tecnológica, como salientamos no Capítulo 4. A regra básica do empreendedor dentro da lógica capitalista é a maximização do seu lucro. Regulação e restrições só são assimiladas quando definidas e punidas pelo setor público, ou quando a autorregulação mostra vantagens mercadológicas significativas por melhorar a imagem do produto ou da empresa diante do mercado consumidor ou investido. Retomando conceito já exposto na introdução deste livro, essa afirmação não inclui nenhum julgamento moral sobre as empresas, já que faz parte da natureza delas buscar continuamente estratégias para a maximização dos seus resultados. Portanto, a questão ambiental nunca será a prioridade maior de suas gestões, mas sim um problema a contornar ou utilizar para gerar melhores resultados econômicos a médio prazo.

Resta à sociedade, por instrumentos que puder estruturar, fazer valer sua opinião sobre que riscos se dispõe a correr e com que objetivos.

O fato é que o envolvimento das corporações com os danos ambientais tornou-se mais problemático pela assunção plena, por parte das empresas, da definição dos vetores tecnológicos, ocorrida a partir da segunda metade do século XX; isso foi consequência da liberdade quase absoluta que as corporações assumiram pela escolha e criação dos produtos ou serviços que deverão ser transformados em objeto de desejo dos consumidores para manter viva a lógica da acumulação, essencial à produção de riqueza no capitalismo. As questões de legitimidade decorrentes da progressiva concentração de poder das grandes corporações, que passaram mais facilmente a ser identificadas como causadoras de poluição ou danos ambientais, desencadearam amplo apoio de empresários ao "princípio do desenvolvimento sustentável" como forma de amenizar as críticas sociais. Os anos 1990 corresponderam ao auge desse movimento e a adesão das corporações foi razoavelmente proporcional a sua exposição à questão; ou seja, quando mais potencialmente poluidor o setor, mais interesse ele tem em ações paliativas e mercadológicas para a amenização das críticas.

Na conferência internacional Rio 92, sob a mira dos ambientalistas, pela primeira vez empresas e governos passaram a considerar parâmetros ambientais em suas variáveis de planejamento público e mercadológico. Uma das atividades típicas que geram necessariamente danos ambientais – apesar de esforços sistemáticos para minimizá-los – é a fabricação de celulose, seja na questão do desequilíbrio de ecossistemas originados de áreas extensas de monocultura florestal, seja na emanação de resíduos químicos pelo ar e pela água.

A embalagem de papel sulfite, que está ao lado do autor deste livro, destaca a afirmação do fabricante dizendo que a empresa está "De olho na ecologia". Não sabemos o que isso significa, mas alguns consumidores chegam a ficar sensibilizados e aliviados com a mensagem quando gastam mais uma folha de papel. Outro setor crítico é a indústria automobilística. É curioso lembrar que já nos primeiros anos do novo século, numa das tentativas de melhorar a imagem relativa da Ford diante de seus concorrentes, um presidente recém-nomeado declarou que iria transformá-la em "empresa verde", quer dizer, protetora do meio ambiente. Não explicou como, obviamente, mas é comum ver pelas ruas grandes veículos altamente poluidores, muitas vezes movidos a diesel, com decalques de fábrica insinuantes como "eco-sport". Os slogans politicamente corretos do tipo "empresa amiga do verde", "ecologicamente correta" e outros tais lotam os relatórios anuais das corporações.

Seja como for, estruturou-se ao final do século passado um discurso empresarial a favor do meio ambiente, que se deu em paralelo à radicalização acusatória das ONGs. Ele pode ser resumido mais ou menos assim:[2]

> Incentivar cooperação internacional para o gerenciamento dos bens comuns globais e novas definições de segurança que incluam ameaças ambientais. Mudar hábitos de consumo por parte das sociedades e reivindicar amplo apoio do Estado para a geração de novas tecnologias, as quais terão o papel de maximizar lucros e minimizar o uso de recursos ambientais e energia.

---

2 Baseado em Schmidheiny (1992).

Para os empresários, a indústria já vem fazendo a parte dela e, nas últimas décadas, está se organizando para alterar alguns processos produtivos por meio de programas de reciclagem na lógica da ecoeficiência. Nas manifestações das associações empresariais, estimula-se a destinar pequenas aplicações na melhora e proteção do meio ambiente, suportando certos custos, mas identificando-os e registrando-os contabilmente de forma separada, de modo que os valorize numa análise custo-benefício sobre o meio. Defender o meio ambiente deixou, então, de ser apenas assunto de ecologistas e passou a ter influência nas estratégias empresariais. O objetivo é explorar as oportunidades geradas pelo *"ecobusiness"*, agregando valor comercial ao produto.

No entanto, toda essa ofensiva não tem impedido um grave e progressivo aumento da degradação ambiental, grande parte dela originária do modelo global de produção e de sua lógica. A intensa terceirização pelas grandes corporações globais, por sua vez, incorporou atividades poluidoras de várias espécies, agora desenvolvidas por parceiros distantes, em países pobres, afastando para longe da imagem da empresa líder da cadeia produtiva as responsabilidades diretas pelos danos ambientais. É sintomático observar que até a sempre otimista Gro Brundtland, presidente da comissão da ONU que preparou o famoso documento *Nosso Futuro Comum*, introduzindo o conceito de "desenvolvimento sustentável" – fantasia virtuosa que afirmava ser possível crescer e industrializar-se sem agredir o meio ambiente –, está hoje relativamente pessimista.

Esse conceito acabou ditando a pauta da Eco 92, encontro que discutiu o futuro da humanidade sob uma perspectiva ambientalista no Rio de Janeiro, em 1992. Brundtland, então primeira-ministra da Noruega, acabou assumindo a direção geral da Organização Mundial da Saúde em 1998. A reação dos setores industriais foi essencialmente pragmática. Tais setores, sobretudo os intrinsecamente poluidores, absorveram o conceito de desenvolvimento sustentável e o utilizaram de modo intenso, basicamente como um instrumento de marketing. No final de 2005, ao ser lembrada de que quase nada acabou sendo respeitado do documento de intenções Agenda 21, elaborado na Eco 92, Brundtland confirmou que – de fato – não houve os avanços pretendidos; que a ajuda para projetos de desenvolvimento sustentável diminuiu; e que o meio ambiente não foi tratado com o cuidado necessário. Disse ela: "O conceito é político e social. É preciso mudar a política energética, a política industrial, mudar as regras do transporte para evitar a poluição" (Tudo..., *O Estado de S. Paulo*, 2005). Mas não dá nenhuma opinião sobre quem pode conduzir essa mudança. Seriam os EUA os maiores adversários do Protocolo de Kyoto? Adepta dos meios-tons, ela faz grave advertência, agora sem esconder certo alarmismo: "Os estragos causados ao meio ambiente continuam indo na direção errada. Não temos mais muito tempo a perder. Temos que reverter o quadro o quanto antes" (ibidem).

Aliás, o Departamento de Energia dos EUA anunciou, no final de 2005, que o país bateu seu recorde de emissão de gases do efeito estufa em 2004, com um volume quase o dobro da média anual de 1990 (EUA..., *O Estado de S. Paulo*, 2005). E o crescimento econômico de 2005 certamente terá ocasionado um número ainda maior. Mantendo-se fora do Protocolo de Kyoto, e com uma base energética que prioriza combustíveis fósseis como carvão e petróleo, os representantes dos EUA haviam anunciado duas semanas antes, na XI Conferência sobre Mudança Climática ocorrida no Palácio do Congresso de Montreal (Canadá), que seu país havia controlado emissões graças a diretrizes de redução voluntária lançadas por Bush. Rees, presidente da Royal Society, reagiu dizendo que os novos dados indicam a necessidade imperiosa dos países do G-8 de intensificar esforços para cortar a emissão de gases. A conferência reuniu cerca de 10 mil pessoas, incluindo-se diplomatas, ambientalistas e ministros, em mais um enorme ritual simbólico – e relativamente inútil – para discutir como salvar o planeta do aquecimento global e manter as aparências.

De concreto, a conferência simplesmente conseguiu prorrogar o Protocolo, evitando que ele entrasse em colapso e estabelecendo mais seis anos para um acordo eventual sobre metas. Após oito anos de Protocolo de Kyoto – sempre sem a adesão dos EUA – e mais quinze dias de encontro, não se conseguiu fixar nenhum novo compromisso. Vale registrar que o Canadá, sede do encontro, também aumentou suas emissões de gases em 57% desde 1990 (Muita discussão..., *Valor Econômico*, 2005). A União Europeia conseguiu uma redução de 1,4%, mas em grande parte pelo colapso dos países do leste. O único fato concreto, desde Kyoto, foi o surgimento do mercado de venda de certificados de créditos de carbono, bem como de consultorias especializadas em comercializá-los. Esses créditos permitem que países ricos incluam em suas metas de redução, nos países pobres, investimentos em tecnologias limpas – como florestas renováveis –, e já movimentaram 4 bilhões de dólares. Nada se avançou, também, na questão do crescimento acelerado do tráfego aéreo, uma das novas causas cada vez mais críticas de agressão ambiental.

Para encerrar, vale a pena acrescentar a enérgica crítica de Benjamin à lógica do capital submetendo a natureza à degradação, contida em sua tese XI em *Sobre o conceito de*

História (Löwy, 2005a, p.100). Trata-se de uma crítica radical à exploração capitalista da natureza, e à sua glorificação pelo marxismo vulgar, de inspiração positivista e tecnocrática.

> TESE XI – [...] O conceito marxista vulgar do trabalho não se detém muito na questão de como os trabalhadores tiram proveito do seu produto enquanto dele não podem dispor. Esse conceito só quer se aperceber dos progressos da dominação da natureza, mas não dos retrocessos da sociedade. Ele já mostrou os traços tecnocráticos que serão encontrados, mais tarde, no fascismo.

Antecipando as preocupações ecológicas do final do século XX, ele sonha com um novo pacto entre os humanos e seu meio ambiente. Benjamin se opõe à ideologia "progressista" de um certo socialismo "científico" que reduz a natureza a uma matéria-prima da indústria, a uma mercadoria "gratuita", a um objeto de dominação e de exploração ilimitada. Contra essa conduta, Löwy comenta que ele não hesitava em apelar para as utopias dos primeiros socialistas e, particularmente, para os sonhos fantásticos de Fourier, que seriam mais tarde saudados, com fervor, por André Breton. Benjamin interpreta a poesia e o encantamento desses sonhos como uma relação não destruidora com a natureza, levando à descoberta de novas forças que dormem nela.

Numa interessante coincidência com teses de Marcuse – e sua estreita associação entre a abolição da exploração do trabalho humano e o aviltamento da natureza –, Benjamin encontra no "trabalho apaixonado" – inspirado na "brincadeira de criança" – o modelo utópico de uma atividade emancipadora e não exploradora. Um trabalho não mais orientado para a produção de bens e adição de valor, mas para uma natureza aperfeiçoada. Segundo Fourier, seria à custa disso que se assistiria ao nascimento de um mundo novo onde a ação seria irmã do sonho. Trata-se de um culto à natureza como mãe generosa – em oposição radical à concepção de destruição e exploração da natureza, dominante no mundo desde o século XIX –, cada vez mais necessário para aplacar os dramas contemporâneos.

6
Uma longa e imprevisível caminhada

Jamais houve uma época que não se sentisse moderna [...] e não acreditasse estar diante de um abismo iminente. *(Walter Benjamin)*

O temor é que a dinâmica sistêmica da ciência, da técnica e da economia criem *faits accomplis* em direções de alto risco que não poderão mais ser revertidas. *(Jürgen Habermas)*

Só é sagrada de fato a estrada da qual não se conhece o fim; e que, entretanto, a gente se obstina a seguir. *(Stefan Zweig)*

Apontamos, durante todo este livro, elementos que nos parecem suficientes para desconstruir o *discurso hegemônico sobre o progresso*, da forma como dele se apropriaram as elites econômicas ao transformá-lo – fundamentalmente – em instrumento de legitimação da acumulação. Ao lado dos evidentes "avanços" decorrentes dos vetores tecnocientíficos em marcha, alinhamos argumentos teóricos e exemplos factuais das consequências profundamente negativas e dos graves riscos que esse processo acarreta quanto à sobrevivência física e psíquica futura da espécie humana, e aos equilíbrios dos frágeis sistemas que a suportam. Finalmente, procuramos recolocar argumentos de natureza ética e filosófica que sustentassem visões alternativas quanto à natureza e ao sentido da aventura humana, e que possam dar subsídios eventuais para políticas que evitem ou adiem uma provável "tragédia enunciada". No entanto, poderíamos estar aqui assumindo um pessimismo míope ou uma percepção acanhada das realidades futuras, como ocorreu com Malthus ao final do século XIX? Há defensores importantes dessa tese, que devem ser lembrados e discutidos.

Paulo Rossi (1996) acha que a percepção de se estar permanentemente em meio a uma crise decisiva é algo crônico na história da humanidade. Ele considera que a visão trágica, por si só, não garante maior profundidade; mas que, apesar disso, a imagem do filósofo atormentado, debatendo-se com questões com as quais resolveu medir-se heroicamente, é mais difundida e valorizada do que a do sábio imperturbável, olímpico e sereno. Esse, no entanto, não nos parece um argumento central. Serenidade pessoal pode conviver – e seria muito desejável que ocorresse – com a percepção trágica da vida. A morte inexorável é a nossa única certeza. Essa verdade é tanto iluminadora quanto trágica. Podemos recebê-la de várias formas: com a agitação angustiada do inconformado ou do onipotente; com a serenidade de quem acha que fez o que pôde, ainda que pouco; com a crença do místico que se vê próximo da gloriosa vida eterna; ou, ainda, com o desespero típico do pecador que acha merecer as chamas do inferno.

Muitos que temem impregnar-se pelo pessimismo nutrem--se no argumento de Odo Marquard. Ele argumenta que as vantagens que o conhecimento concede ao homem primeiramente são acolhidas com simpatia, depois se tornam óbvias, por último se vislumbra nelas o inimigo. Assim, quanto maior fosse o número de doenças que a medicina vencesse, tanto mais seria nossa tendência de considerar *a doença* a própria medicina, pois a libertação das ameaças faria tornar-se ameaçador para nós justamente aquilo que liberta. Essa poderia ser uma crítica oportuna ao tom que demos ao Capítulo 4 deste livro e merece reflexão. No entanto, uma coisa é manter-se alerta e sensível a essa advertência oportuna; outra – como um náufrago empolgado por cega esperança – é deixar a jangada do equilíbrio e atirar-se a esmo no mar diante da primeira miragem de terra à vista.

Benjamin nos ilumina um pouco mais essa questão; a esperança não elimina a visão trágica do mundo e da existência individual; pelo contrário, ambas compõem os termos essenciais da dialética do ser. Ele enfrentava com lucidez essa perspectiva da iminência de uma crise decisiva; viveu seus tempos conturbados de Paris, em plena guerra, com resignação suficiente para que tivesse fugido apenas quando o desastre já era iminente. Mas carregava sempre junto de si os preciosos escritos que, se bebiam da Arcádia, principalmente continham a Utopia e eram, antes de tudo, a concretização do seu presente vivenciado intensamente no passo a passo de sua caminhada, sempre abrindo espaços para a ação humana transformadora. Em meio à extrema precariedade das suas circunstância e da sua própria vida pessoal, ele mantinha uma "lúcida consciência desesperada de que estar no meio de uma crise decisiva é algo crônico na humanidade" (Rossi, 1996, p.5). Mas assumia ser a crise a geradora de oportunidades para o dialético "salto do tigre" através da História, como vimos no Capítulo 1.

Marquard também situa o que seria uma espécie de nostalgia do mal-estar, ou seja, que "quanto mais a cultura retira a hostilidade do real, tanto mais a própria cultura é considerada o inimigo" (ibidem, p.14). Essa é uma visão impregnada de pseudodefinições. O que significam "cultura", "hostilidade do real", ou ainda, o que é "realidade"? O problema a encarar é a "cultura como inimiga" ou a "tecnologia como ameaça"? A vida dos indivíduos e a história das civilizações extravasam conceitos tão esquemáticos; elas serão sempre complexas, penosas, imprevisíveis e plenas de pequenas alegrias e razoáveis tragédias. Até porque a grande utopia de "ser feliz" nem sequer consegue se expressar de forma racional, a não ser na singularidade plena de subjetividade.

A realidade frequentemente trágica, o peso de uma existência feita de imprevistos, a angústia da falta de perspectivas, em suma, a incerteza e a inclemência da vida sempre geraram as crenças em grandes forças que determinariam nosso destino. O que são os heróis e os deuses, as magias e as religiões, além de criações da mente e da sociedade humana para que possamos suportar o peso da sua existência, a dor das perdas e a insegurança sobre o destino? E é por isso que quando se fala em conceitos como felicidade e liberdade, aspirações aparentemente universais e – portanto – conteúdos inevitáveis de discursos hegemônicos, é preciso enfrentar a tarefa de qualificá-los. Até porque a universalização forçada desses conceitos tende a ser profundamente esvaziante e obriga a um caminho por negação: é muito mais fácil procurar definir a infelicidade e a falta de liberdade que a imagem positiva de seus opostos. Mais complexa ainda é a tentativa de estabelecer relações causais entre os conceitos de liberdade e felicidade. Dado, além do mais, que liberdade tem sido utilizada como um pilar central das virtudes do neoliberalismo, vale a pena investigá-la com um mínimo de atenção.

A questão da liberdade "subjetiva" e da liberdade "objetiva" trata, em última análise, das tensões freudianas entre o "princípio do prazer" e o "princípio de realidade". Bauman (2002) lembra que o que experimentamos como liberdade não é absoluto; as pessoas podem estar satisfeitas com o que têm, ainda que isso se distancie bastante do "objetivamente" satisfatório; em outras palavras, vivendo em relativa escravidão, podem se sentir livres. O corolário desse argumento é a suposição de que as pessoas não necessariamente sejam juízes competentes de sua própria situação; e, portanto, deveriam ser forçadas ou conduzidas a experimentar a necessidade de ser "objetivamente" livres, juntando a coragem e a determinação necessárias para lutar. E que elas simplesmente podem desgostar da ideia de serem livres da maneira pela qual essa liberdade lhes é ofertada, e dados os problemas acarretados pelo exercício desse tipo de liberdade, recusarem sua "emancipação".

Bauman refere-se a Lion Feuchtwanger (ibidem, p.23) – e sua versão apócrifa da *Odisseia* –, sugerindo que os marinheiros enfeitiçados transformados em porcos por Circe estavam encantados com sua nova condição e resistiram desesperadamente aos intentos de Odisseu de romper o feitiço e devolver-lhes a forma humana. O "liberado" Elpenor, em nada agradecido por sua liberação, atacou furiosamente a seu "libertador". Nessa linha, há dois caminhos a investigar. No primeiro, põe-se em dúvida, assim, que "gente comum" esteja preparada para a liberdade. No segundo, aceitar-se-ia que os homens duvidam dos benefícios que sua liberdade poderia lhes dar. No primeiro grupo estaria a "gente enganada", no segundo a cólera contra as "massas" relutantes em assumir riscos e responsabilidades, o "aburguesamento" dos desvalidos.

O indivíduo se submete à sociedade, torna-se dependente dela, e essa submissão é uma condição objetiva de sua liberação. Trata-se de uma dependência libertadora, já que a liberdade não pode ser obtida contra toda a sociedade. O resultado da rebelião eterna contra as normas é a agonia perpétua. A ausência de normas – anomia – nos daria o pior quadro possível, já que elas de certa forma possibilitariam ao impossibilitar. Erich Fromm dizia que "cada indivíduo deve dar um passo à frente e provar sua sorte", "nadar ou afundar-se" (ibidem, p.26), assumir a responsabilidade pelo seu futuro pleno de riscos. Vivendo agora, mas preferindo viver em outro tempo, podemos apenas imaginar, não viver. Quem fica entre a nostalgia do passado e a fantasia do futuro recusa o presente, a única realidade disponível. Por outro lado, viver o presente pressupõe manter uma atitude lúcida e crítica sobre ele e assumir ações que influam no futuro. Portanto, compreender a realidade presente elimina o equívoco da *necessidade como maldição*, que nega a liberdade, o imprevisto e a novidade.

Além do mais, entender a realidade exige enfrentar a crença comum dos discursos hegemônicos e da imposição de valores sobre o sentido da própria liberdade e da felicidade. A realidade, compreendida em seu sentido mais amplo, inclui o irreal, o mundo dos sonhos, a necessidade de criar e a urgência de transgredir fronteiras, portanto a capacidade de construir e destruir o futuro. Para tanto, são necessárias a observação e a interpretação, só possíveis através da *capacidade de observar*. A ontologia do *ser* se estrutura essencialmente sobre um universo de surpresas, mais do que de certezas; de abertura, mais do que de dogmas; de descobertas, mais do que de discursos hegemônicos talhados sobre pedras inertes.

Para Bauman (2002), os contrastes entre solidez e fluidez também são as metáforas adequadas para apreender a natureza da fase atual da modernidade. Os sólidos cancelam o tempo. Para os líquidos, ao contrário, o que importa é o tempo; eles fluem, derramam, gotejam e inundam; em consequência, dissolvem, umedecem e empapam os sólidos. Na juventude do marxismo, o *Manifesto comunista* falava que tudo que é sólido desmanchar-se-ia no ar. A profanação do sagrado e a negação do passado só se poderiam lograr derretendo os sólidos, destruindo a armadura das convicções e das lealdades que permitia aos sólidos resistir à liquefação. Atualmente, a dissolução dos sólidos, traço permanente da modernidade, adquiriu um novo significado. Agora, tratou-se de dissolver as amarras políticas, éticas e culturais da economia, que vigoraram na fase keynesiana do Estado de bem-estar social, e remover vestígios finais dos resíduos socialistas que sobraram da queda do muro de Berlim. Parecia necessária uma nova ordem econômica dissolvendo radicalmente aquelas amarras acusadas – justa ou injustamente – de limitar a liberdade individual para escolher e atuar. Os valores da nova ordem estão em vigor e são: desregulação, liberalização, flexibilização, crescente fluidez e liberação dos mercados financeiros.

O mercado de trabalho tornou-se flexível apenas na direção conveniente aos interesses das cadeias produtivas globais, ou seja, deslocam-se os demais recursos livres do capital em busca da mão de obra mais barata, que continua prisioneira de seus Estados-nação. Richard Sennett lembra que um local de trabalho flexível não é o adequado para alguém querer construir seu ninho. Nas empresas de tecnologia avançada

(Bauman, 2005, p.36), o tempo médio de permanência no trabalho – transformado em projeto – é de oito meses. A solidariedade de grupo não tem tempo para fincar raízes. A lealdade deixa de ser uma moeda de troca possível. Nesse quadro, portar identidades relativamente definidas não é sinal de bom senso. É melhor usá-las como um manto leve, pronto a ser despido e substituído por outro. Mercado flexível exige identidades flexíveis.

Nessas comunidades, o pertencimento não se sedimenta; o medo da solidão e do abandono aumenta. Para Bauman (2005), não existe mais um lar óbvio a ser compartilhado pelos descontentes sociais. Com a capitulação da fantasia da revolução proletária e dos estados de bem-estar, os ressentimentos sociais estão órfãos. Com isso, atualmente, a disfunção mais gritante da economia capitalista global reside na transição da exploração para a exclusão. Diante dessa realidade, o ressurgimento dos nacionalismos aparece como natural. Trata-se de uma tentativa desesperada e mal orientada de proteger-se dos ventos gelados da globalização, de revalidação do velho pacto entre nação e Estado.

Acabou-se dissolvendo também, nessa liquefação geral, as forças que poderiam manter o tema da ordem na agenda política e as estruturas de coordenação que teriam condição de fazer o vínculo entre escolhas individuais e projetos de ação coletivos. Perderam-se, com isso, os grupos de referência de comparação universal. Pautas e configurações já não estão determinadas, chocam-se e contradizem-se, foram despojadas de seu poder coercitivo ou estimulante. Estado, soberania, democracia, responsabilidade social, contrato de trabalho ou pleno emprego são conceitos em profunda revisão, vagando como zumbis. Vale a pena tentar ressuscitá-los, ou é melhor apenas dar-lhes uma sepultura decente? Como resultado surgiu uma "versão privatizada da modernidade, na qual o peso da construção de pautas e a responsabilidade do fracasso caem primordialmente sobre os ombros do indivíduo". Não há mais agenda coletiva; há uma antiagenda do tipo *demolir, remover, flexibilizar.* Criaram-se, então, condições para profunda insegurança que levam ao esvaziamento do papel das instituições democráticas, já duramente atingidas pela privatização da esfera pública. Benedetto Vecchi (ibidem, p.11) diz que o interesse público se converteu numa espécie de *talk-show* em que todos vociferam suas próprias justificativas sem alcançar nenhum resultado sobre a injustiça e exclusão social.

Coerente com o Estado fluido e desestruturado da política, esse novo quadro exige repensar os velhos conceitos em que se baseavam nossos discursos narrativos. Para Bauman, o tempo adquiriu historicidade quando a velocidade de movimento através do espaço pode ser atribuída à habilidade, imaginação e recursos do homem; em suma, quando a distância coberta por unidade de tempo passou a depender da tecnologia. "Na luta moderna entre espaço e tempo, o espaço era o aspecto sólido e obtuso, pesado e inerte, capaz de estabelecer apenas uma guerra defensiva, de trincheiras [...] e ser um obstáculo para as flexíveis investidas do tempo" (ibidem, p.15). Já o tempo era o lado ativo e dinâmico do combate, sempre na ofensiva: a força invasora, conquistadora e colonizadora. A velocidade de movimento e o acesso aos meios de mobilidade mais rápidos foram crescendo durante a modernidade até chegarem à situação atual de serem o principal instrumento de poder e dominação.

No pan-óptico de Bentham, descrito por Michel Foucault (Bauman, 2002, p.15), uma engenhosa concepção arquitetônica e a facilidade e a disponibilidade de movimento dos guardas eram garantias de dominação. Mas ainda mantinha-se como um modo de confrontação de poder, estratégia custosa para conquistar o espaço e dominá-lo. Bauman lembra que tudo exigia complexas e despendiosas tarefas administrativas e técnicas de dissuasão: "construir e manter edifícios, contratar e pagar vigilantes profissionais, atender e abastecer a sobrevivência e a capacidade ocupacional dos internos" (ibidem, p.16). Administrar todo esse aparato também significava, ainda que no próprio interesse do grupo dominante, ter esse grupo que estar atado ao lugar. Requeria presença e confrontação, pressões e atritos constantes.

O amplo esforço para aumentar a velocidade de movimento do poder chegou ao limite da instantaneidade e transformou-se em extraterritorial. As redes de internet e os telefones celulares parecem o golpe definitivo no tempo e nos custos de controle. Agora, os detentores do poder têm a oportunidade sem precedentes de prescindir dos aspectos complicados da técnica pan-óptica. Quem maneja o poder não fica mais preso à torre de controle; pode pôr-se a qualquer momento fora de alcance, absolutamente inacessível. O fim do pan-óptico também liquida a era do compromisso mútuo entre supervisores e supervisionados, trabalho e capital, líderes e seguidores. A principal estratégia de poder agora é a elisão, a capacidade de desaparecer. Basta ver as guerras do Golfo e do Iraque, que os generais norte-americanos gostaram de chamar de ataques cirúrgicos. Não foi ainda exatamente assim, ainda que vários dos artefatos letais fossem monitorados a distância. Até porque as novas tecnologias geram alguns benefícios também aos controlados. Hoje até os condenados trancafiados à Bentham utilizam celulares para planejar fugas e coordenar assaltos de dentro do aparato arquitetônico; ou para coordenar ações terroristas e preparar operações criminosas. Mas basta ver os poucos soldados norte-americanos mortos em combate, em comparação com as muitas dezenas de milhares de iraquianos.

Durante toda a etapa sólida da era moderna, os hábitos nômades foram abominados.[1] Como menosprezassem preocupações territoriais e ignorassem qualquer esforço por estabelecer fronteiras, eles eram tidos como os grandes inimigos da guerra santa estabelecida em nome do progresso e da civilização. Cidadania era antípoda de falta de "domicílio fixo" ou de não ser pertencente a um Estado. A superioridade incondicional do sedentarismo sobre o nomadismo tende a desaparecer. Para Bauman, "estamos assistindo à vingança do nomadismo contra o princípio da territorialidade e o sedentarismo. Na etapa fluida da modernidade, a maioria sedentária é governada por uma elite nômade e extraterritorial" (ibidem, p.18).

O metaobjetivo da política e da guerras atuais converteu-se em manter os caminhos livres para a circulação de mercadorias e serviços e para a movimentação das elites nômades; e continuar impedindo o livre trânsito de trabalhadores dos países pobres para os ricos.[2] A elite global contemporânea segue o esquema dos antigos "amos ausentes": pode governar sem encarregar-se de tarefas administrativas, gerenciais ou bélicas e, por adição, também pode evitar a missão de "esclarecer", "reformar os costumes", "levantar a moral", "civilizar" ou qualquer outro tipo de cruzada cultural. Compromissos envolvendo as condições de vida das populações periféricas saíram totalmente de seus radares. A leveza e a flexibilidade dessas elites globais – viajando sem carga sólida,

1 Ver Capítulo 2.
2 Ver Capítulo 2.

apenas com valises de mão – é agora o maior bem e símbolo de poder. A desintegração da trama de responsabilidades sociais e o desmoronamento das agências de ação coletiva fazem parte desse alívio de cargas sólidas exigido pelas elites, em nome de uma maior e constante fluidez, fonte principal de sua força e garantia de sua invencibilidade.

Sobre a capacidade crítica do indivíduo e a soberania do cidadão

Há, no entanto, visões alternativas que focam uma abordagem mais individualista, sustentada sobre os espaços de autonomia do *ser*, encarado de uma perspectiva em que o *indivíduo* sobrepuja – ou funda – o *cidadão*. Das que nos importam, ficaremos com Izuzquiza e as *vantagens da leveza do ser*, e com Nietzsche, na crença do *homem-potência* superando o *homem-rebanho*.

Para Ignacio Izuzquiza (2004), estamos acostumados a identificar o *real* com um particular sentido de solidez, a rotina de todos os dias, sem nenhum espaço para a novidade. Mas o mesmo *ser* que se caracteriza pela solidez é que faz possível a *surpresa*; que, por sua vez, se afirma negando continuamente a solidez. Quanto mais sólido é o *ser*, mais vulnerável ele será para a *surpresa*. O *ser* produz surpresa porque ele mesmo é surpreendente. Imagine-se, então, a capacidade de surpreender do enorme conjunto de seres que forma as sociedades. Quando afirmamos que algo é real, essa realidade é uma possibilidade entre muitas outras. Cada *entidade*, com sua aparente solidez, é o ponto de partida para a surpresa. Quando dominados pela surpresa é que vivemos a universalidade, ao mesmo tempo que mantemos a singularidade individual. Só existe leveza em contraposição à solidez. E só há *necessidades* porque antes havia *possibilidades*. O *real* é derivado do *possível* e encontra nele sua justificação.

Observar o *real* é uma tarefa cada vez mais complexa, na medida em que ele é continuamente povoado de mensagens e significados que nos querem impor. Não é à toa que a competência de bem observar a realidade era considerada pelos antigos como um atributo dos deuses; até porque todas as épocas têm sido de desorientação, quando se está vivendo nelas. A desorientação é companheira da contemporaneidade. Para alguns, essa é uma tarefa que apenas a perspectiva histórica pode resolver, mantida a distância necessária para – como dizia Ortega y Gasset – poder não enxergar o tamanho do nariz de Cleópatra. Os contemporâneos sempre se queixam da falta de referências para entender suas próprias épocas; isso pode ser muito melhor que supor entendê-la usando uma interpretação disponível na prateleira dos discursos hegemônicos. A desorientação não é algo a ser combatido, ela é um destino que recobre o amplo e misterioso *real*. O importante é, a partir da desorientação, perguntar-se pelo sentido, antes de inventar um deus que alivie nosso terror, mas que crie outro.

Izuzquiza propõe que aprendamos a viver de um modo novo, em meio ao dinamismo, à insegurança, à ambiguidade e à variedade. Para tanto, é preciso renunciar às miragens de segurança e totalidade; e, principalmente, desconfiar dos *catecismos de ação*, assumindo a desorientação como ingrediente necessário a toda criação. Para Izuzquiza, é a luz da observação que nos permite viver positivamente a perda, muitas vezes inaceitável, mas sempre companheira do caminho; e nunca o inimigo a combater. Qualquer sedução fácil de felicidade, projetada sobre o consumo de mais um novo bem supérfluo criado pela ideologia do progresso, acabará em decepção.

Para Izuzquiza, entenderemos melhor uns aos outros se aceitarmo-nos como perdidos e desorientados, vivendo num contexto onde o imprevisto é o dominante. Ele propõe que o *ser* deve ser considerado sempre como um verbo, no sentido do *estar sendo*. Enquanto tal, ele mostra uma especial leveza, oposta à tradicional solidez que possui uma concepção nominativa do *ser*. O caráter verbal do *ser* define-o com um estatuto teórico de função – no seu conceito matemático – expresso em toda sua dinâmica e derivações. A ontologia se constrói, nesse conceito, na exploração de limites, que supõe o perigo da ruptura, da morte e da decomposição. Mas exige todo o refinamento que supõe a operação de *levar ao limite* e transgredir constantemente os limites atuais, tendo que enfrentar os novos. Nesse momento, Izuzquiza se concilia com Nietzsche e o seu homem-poder, construtor de novos mundos por meio da derrubada dos falso ídolos e da assunção plena dos riscos de sua caminhada.

Carlos A. R. de Moura (2005) vê Nieztsche definindo o filósofo, não importa em qual época, sempre em contradição com o seu presente. A grandeza de sua tarefa é tornar-se a "má consciência de seu tempo". Seu pensamento criador não pode ver o mundo como um lugar de paz, mas um território de lutas. A filosofia deve lançar seu olho devastador às bases de nossa civilização: sua moral, suas artes e suas ciências, seu ideário sociopolítico e sua religião; e perguntar-se sobre o *valor* dessa civilização. Na *Genealogia da Moral*, Nietzsche atribuirá como tarefa do filósofo resolver o problema dos valores e determinar sua hierarquia.

Rousseau, no *Discurso sobre as Ciências e as Artes*, já movia um processo criminal contra nossa "civilização".

Perguntava-se se as ciências e as artes contribuíram para melhorar ou para corromper os costumes. E concluía: "Nossas almas se corromperam em direção à perfeição" (ibidem, p.XIII). Nietzsche introduziu uma nova exigência. Até ele, as filosofias só se preocupavam com a fundamentação dos valores morais, sem nenhuma preocupação com o valor desses valores; ninguém havia transformado efetivamente a própria civilização em questão a ser investigada. O livre-pensador era um crítico, mas que ainda trabalhava a serviço de um ideal; assim, nunca submeteria seu próprio ideal a um exame. A sua crítica nunca era dirigida ao ideal, mas apenas à questão de saber por que ele ainda não foi alcançado. Ele apontava os socialistas de sua época como movidos pelo mesmo altruísmo dos cristãos que eles criticam, compartilhando dos mesmos valores, como se fosse possível conservar sinceramente a fé na moral quando falta um deus qualquer que a sancione. "A última coisa que *eu* prometeria seria 'melhorar' a humanidade. Eu não construo novos ídolos; os velhos que aprendam o que significa ter pés de barro. *Derrubar ídolos* (minha palavra para ideias), isso sim é meu ofício" (Nietzsche apud Moura, 2005, p.XIII). Ele buscava desenraizar a *exigência* mesma de um ideal e não mais avaliar a realidade a partir dos caminhos que ela *deveria* trilhar.

Para fazer uma análise original de nossa civilização, o primeiro problema filosófico de Nietzsche foi situar *de onde fala* aquele que fala. Moura (ibidem, p.XX) coloca assim o desafio: "Como efetuar o discurso crítico que avalia a totalidade de nossa civilização sem lançar mão dos instrumentos analíticos legados por esta própria tradição?". Era preciso um território novo de onde, a partir de agora, o filósofo iria falar. Além do mais, tratar-se-á de uma filosofia sem discípulos, pois ela não falava aos homens contemporâneos; eles nunca encontrariam nela aquilo que gostariam de encontrar, uma *doutrina* em que pudessem *acreditar*. Quem falava pela voz de Zaratustra? Não falava um profeta ou um fanático, não havia pregação ou se exigia crença. Zaratustra dizia o contrário de um santo redentor:

> Agora prossigo só. E vós também, ide embora, e sós! Afastai-vos de mim e defendei-vos contra Zaratustra! Melhor: envergonhai--vos dele! Talvez ele vos tenha enganado. Estou longe de ser um fundador de religiões. Não quero crentes. (ibidem, p.XXI-II)

Nietzsche descreve Zaratustra como um espírito livre, um experimentador. Moura (ibidem, p.XXIII) propõe que "curioso em face dos frutos proibidos, ele interrogar-se-á então se não podemos inverter todos os valores; se o bem não seria o mal; se Deus não seria uma invenção".

O espírito livre prescinde de certezas. Quanto mais fraco se é, mais se necessita de convicção e crenças. O espírito livre sabe se equilibrar sobre as cordas, é capaz de dançar na beira do abismo. Afinal, se não há fatos eternos nem verdades absolutas, aí sim "de agora em diante o *filosofar histórico* é necessário e, com ele, a virtude da modéstia" (ibidem, p.XXVI). Crenças e convicções são prisões. É preferível substituir a paixão pela verdade por outra mais modesta; a *busca* incessante da verdade, revendo continuamente suas convicções. O espírito livre é um investigador experimentando eternamente, numa pesquisa continuada que não quer solidificar-se em certezas, um andarilho que caminha sempre ao léu.

Em Nietzsche, o "filósofo", o "sacerdote" e o "escravo" são personagens estritamente correlacionados, que colaboram entre si na constituição da ideia de "outro mundo". Para ele, a civilização ocidental é originalmente determinada pelo cristianismo, essa imensa conspiração contra o "tipo superior" de homem, que quer gerar escravos dominados por sacerdotes. Ele identifica o ideal cristão mesmo onde se eliminou completamente a "forma dogmática" do cristianismo, até mesmo entre seus supostos opositores: os livre-pensadores que repudiam a Igreja, mas não o seu veneno. O "cristianismo" que entra em cena, a partir daí, é constituído por um conjunto de ideais civilizadores. Uma das maneiras de preservar essa miopia é a construção da ideologia do "progresso", que terá na doutrina nietzschiana da "decadência" o seu contratema. O progresso é uma das "ideias modernas", uma ideia falsa bastante especial: através dela, sub-repticiamente já se dá por resolvido o problema da civilização, como se o que virá depois será necessariamente melhor do que o que veio antes, num surto determinista de otimismo temporal destituído de qualquer fundamento.

O pensamento histórico do século XIX havia deixado de lado a questão do valor. A valorização automática e acrítica da civilização já vinha de Hegel e daquilo que Nietzsche chamava de idolatria hegeliana dos fatos. Passou a ser rotina chefes de Estado dirigirem-se ao futuro e afirmarem que só a História poderia valorar seus atos, dissolvendo no futuro o desastroso tamanho de seus próprios narizes. É a mesma evidência presente no evolucionismo de Darwin ao garantir a qualidade necessariamente superior das espécies que sobreviverem. Para os socialistas, também existiu a convicção inquestionável de que o crescimento econômico ininterrupto geraria o máximo de cultura e qualidade humana.[3] Como lembra Moura (ibidem, p.164), nesse contexto Marx chega a

3 Ver detalhes no Capítulo 4.

chamar a burguesia de "classe eminentemente revolucionária". Foi ela "que criou verdadeiramente a história mundial, na medida em que ela fez cada nação civilizada depender do mundo inteiro e, para a satisfação de suas necessidades, de cada indivíduo dessa nação".

Nesse automatismo de fins, não há qualquer empenho na crítica à herança recebida, de tal modo que garanta que a subversão traga a renovação. A revolução é apresentada basicamente como o fim das limitações ao desenvolvimento das forças já existentes. Deixam-se intocados o "modo de vida" e a qualidade humana. Para Nietzsche, isso é o mero prolongamento da civilização cristã e seus ideais, incluindo-se os valores do universo sacerdote-escravo e suas perversões. Fornece-se um tipo ideal; acredita-se saber o que é preciso para aproximar-se dele; e considera-se todo desvio desse caminho um retrocesso, uma perda de potência. A meta estática da evolução humana está dada; a fé no progresso em direção a esse ideal é a única forma de conceber o fim da história.

Dessa forma, as ideias "modernas" de democracia e socialismo são apenas o cristianismo despojado de seu dogmatismo; ou seja, a última ressonância da "moral de escravos". Moura (ibidem, p.166) assim a descreve: "a virtude é sempre o sacrifício do indivíduo à sociedade, a moral só compreende como valor o que é útil ao rebanho, ela continua ensinando o indivíduo a só se atribuir valor em função do rebanho". Assim, as duas personagens que se opunham em Rousseau – o indivíduo e o cidadão – eram para Nietzsche dois ramos da mesma árvore cristã; falsos antagonistas, na verdade eles seriam cúmplices profundos. De um lado, o cristão como indivíduo natural e pré-político antes da queda, preservado em seu ego; de outro, depois do pecado original, a sua transformação em cidadão-rebanho da *Pólis* moderna. Voltaremos a essa questão em seguida, para explorar significados alternativos a essa visão nietzschiana, aparentemente depreciativa do cidadão.

O cristianismo estrutura seus conceitos opondo-se à natureza dos instintos, fazendo de "natural" o equivalente a reprovável. É o oposto dos deuses gregos, passionais por excelência. Mas o Deus cristão é resultado de uma seleção arbitrária de instintos; e Nietzsche questiona justamente o princípio para essa seleção, que condena os instintos de vida e promove a criação de uma abstração de "homem bom". No entanto, amor e ódio, gratidão e vingança, bondade e cólera são inseparáveis. Só se é bom com a condição de que se saiba também ser mau. A invenção do homem bom é o Estado mórbido de recusa a essa dupla tendência, ensinando a lição impossível do meio valor. Do homem cristão se exige uma vitória definitiva sobre os instintos, o fim das contradições e da resistência feita por aqueles instintos, uma submissão total ao seu Deus, uma abdicação total do seu ego. Mas a resistência a isso é o que sobra de vontade-potência no homem, já que esse homem bom é o escravo ideal, alguém pronto para só obedecer.

O sentido da civilização seria fazer do homem um animal doméstico. Com a invenção do pecado, o homem pecador já não pode reclamar da dor; ele a deseja como merecida. Para Nietzsche, esse homem eternamente culpado não é "melhor", e sim lesado, emasculado. A ideia de cultura pode ser muito diferente da de civilização. Mas, pergunta-se Moura, estaria Nietzsche insinuando que façamos a apologia das paixões e dos instintos contra a razão, do corpo contra o espírito? Não. Razão e paixão não são adversários no universo nietzschiano. O verdadeiro problema é que, "quando há necessidade de se fazer da razão um tirano, como Sócrates fez, há grande perigo de que qualquer outra coisa se faça também de tirano" (ibidem, p.223). Pouco importa qual o personagem que exerce a tirania, em suma, qual o rosto do rei. O homem bom do cristianismo seria sempre o resultado da tirania de certos instintos sobre os demais. Como em relação à discussão sobre doença e saúde, tão cara a Nietzsche, a diferença está apenas no grau; a morbidez é a desproporção, o exagero, a falta de harmonia.

Mas, afinal, na contemporaneidade global venceu o indivíduo ou o cidadão? Essa questão pressupõe, antes de tudo, diferenciar o sentido de homem-rebanho de Nietzsche – herdeiro direto dos traumas do cristianismo – do sentido ativo a dinâmico de quem busca o bem comum e, para tanto, contribui para desconstruir discursos hegemônicos. Nesse contexto, o indivíduo é o inimigo número um do cidadão. Tocqueville dizia que o cidadão procura seu próprio bem-estar por meio do estar bem de sua cidade, ao passo que o indivíduo não acredita na causa comum ou na sociedade justa; para ele, bem comum é cada um "se virar" ao seu modo. Para o indivíduo, a única função útil do poder público é garantir que cada um possa seguir seu próprio caminho em paz, protegido em sua segurança física e de suas propriedades. Mas para isso é preciso que ele e as outras pessoas tenham trabalho, que todos os bandidos estejam nas prisões e as ruas livres de raptores, ladrões, terroristas e pervertidos. Obviamente, o poder público está cada vez mais longe de poder cumprir essa função.

Nas últimas décadas, inventamos uma espécie de versão privatizada da modernidade, em que tudo é responsabilidade do indivíduo. Praticamente não há mais agenda coletiva, no máximo programas assistencialistas que dão um pouco de recurso público a famílias com fome. A regra é cada um por si, lembra-nos Bauman (2002). Dependendo do dinheiro que cada um tem, só sobraram os divãs de análise, as camas de motel ou os sacos de dormir. Visões comunitárias já não definem as identidades. Estamos aparentemente muito mais predispostos à crítica, mais briguentos e intransigentes. Mas nossa crítica não tem dentes, não produz efeitos sistêmicos nas nossas opções de políticas e de vida. Lévi-Strauss lembra que a aparente liberdade sem precedentes que nossa sociedade oferece a seus membros veio acompanhada de uma impotência também sem precedentes. Hoje se anseia por um contrato de trabalho formal e só se consegue alguma atividade remunerada no informal. Antes o Grande Irmão nunca dormia, controlava a todos.

Já sentimos saudades dos empregos que eram oferecidos. Movemo-nos com mais liberdade. Mas para onde, se o horizonte da gratificação, a linha de chegada em que vem o descanso se remove mais rápido que qualquer corredor? Tudo isso desregulado e privatizado, cedido à coragem e energias individuais. E quem não as tem o suficiente? O conceito de sociedade justa, direito do cidadão, virou "direitos humanos"; ou seja, direito do indivíduo a eleger seus próprios modelos de felicidade e os estilos de vida mais convenientes. O ônus pesado dessa "emancipação" recai sobre as camadas médias e baixas. "Não há mais salvação *pela sociedade*. Não existe *a sociedade*" (ibidem, p.35), dizia Margaret Thatcher. Não olhe acima nem abaixo; olhe dentro de si, onde se supõe residem astúcia, vontade e poder, ferramentas de que necessitarás para progredir na vida. Acrescente-se "com a ajuda de Deus" e temos algo como a pregação das igrejas evangélicas.

Na era da "liberdade do consumidor", homens e mulheres não têm mais a quem culpar por seus fracassos e frustrações; e certamente não encontrarão consolo adequado nos seus aparelhos eletrônicos ou telefones celulares. Se não conseguem trabalho, é porque não aprenderam as técnicas para passar nas entrevistas; ou são relapsos; ou não sabem fazer amigos e influenciar pessoas; ou não souberam "inventar" uma atividade informal. Em suma, a liberdade chegou quando já não importa. Como diz Bauman, "existe uma desagradável mosca de impotência na saborosa sopa da liberdade, cozida na onda da individualização; essa impotência resulta tanto mais odiosa, molesta e ofensiva em vista do poder que a liberdade nos deveria conferir" (ibidem, p.40).

O problema, como vimos, é que o indivíduo é inimigo do cidadão; e a verdadeira política só é viável com base na ideia de cidadania. Quando os indivíduos se imaginam únicos ocupantes do espaço público, acabou o bem comum; portanto, acabou a política. O público se torna escravizado pelo privado. O interesse público fica limitado à curiosidade pela vida privada das figuras públicas. Se, em meio aos assuntos privados dos políticos, aparece a perversão, a falcatrua, então é uma festa. A política fica resumida a crônicas do patrício Nelson Rodrigues; e nós comemoramos com o refrão: "são uns salafrários; todos são iguais". Aliás, foi fundamentalmente assim que se ocupou – e se estragou – o espaço político brasileiro e as esperanças no governo Lula no ano de 2005. Estão se criando todas as condições para o esvaziamento do papel das instituições democráticas, já duramente atingidas pela privatização da esfera pública.

Não se pense que a internet tem alguma chance de minorar esse problema. As realidades virtuais não substituem as crenças reais; nelas se entra com muita facilidade para, logo em seguida, perceber solidão e abandono. Bauman (2005) diz que o sentimento do "nós" não é oferecido para quem surfa na rede. E Clifford Stoll (ibidem, p.31) fala em indivíduos absortos em perseguir e capturar ofertas piscantes do tipo "entre já", perdendo a capacidade de estabelecer interações espontâneas com pessoas reais. Nas redes virtuais, há apenas ilusão de intimidade e simulacro de comunidade. Os espaços públicos estão coalhados de pessoas zanzando com telefones celulares, falando sozinhas em voz alta, cegas às outras ao seu redor. A reflexão está em extinção. Usamos todo nosso tempo para obsessivamente verificar a caixa de mensagens em busca de qualquer evidência de que, em algum lugar do mundo, alguém esteja querendo falar conosco. Para o discurso hegemônico, no entanto, isso é o avanço acelerado do progresso. Enquanto isso, sob pretexto de defendermo-nos dos ataques externos dos excluídos e pervertidos, colocamos películas escuras nos vidros dos carros para podermos praticar nossas pequenas transgressões sem sermos reconhecidos, em profunda solidão.

Sobre o espaço efetivo da crítica, Bauman (2002) aconselha àqueles que ingressam na atual modernidade – que ele chama de modernidade líquida, ao contrastá-la com a rigidez dos sólidos – abandonarem toda esperança de unidade, futura ou passada. A sociedade na qual vivemos deixou de questionar-se a si mesma. Já não se mostram mais alternativas. Portanto, ela considera-se absolvida do dever de examinar, demonstrar, justificar a validar qualquer dos seus pressupostos explícitos ou implícitos sob o argumento de que estamos progredindo. Bauman (ibidem) nos diz que o tipo de hospitalidade que oferecemos à crítica na sociedade contemporânea pode comparar-se com o esquema de uma área para acampar. O lugar está aberto a todos aqueles que tenham seu próprio reboque e suficiente dinheiro para a estadia.

Os hóspedes vão e vêm, a ninguém interessa muito como se administra o lugar, bastando aos clientes que lhe seja assegurado suficiente espaço para estacionar, que as conexões e os sinais estejam em bom estado e os vizinhos não façam demasiado ruído após anoitecer.

> O que esperam dos administradores do estabelecimento e tão somente – e nada menos – que os deixem tranquilos e não os molestem. Em compensação, comprometem-se a não desafiar a autoridade dos administradores e a pagar pontualmente. E como pagam, também exigem. Estão dispostos aos serviços prometidos; no demais, preferem seguir sua vida [...]. De tanto em tanto, reclamarão um melhor serviço; são diretos, decididos e não têm papas na língua, até conseguirem o que pedem [...]. Mas jamais se lhes ocorrerá questionar ou renegociar a filosofia administrativa do lugar, e menos ainda encarregar-se da responsabilidade de levá-lo adiante eles mesmos. Quando, seguindo seu próprio itinerário, finalmente se vão, o lugar permanece tal como estava antes de sua chegada, ileso e a espera de outros novos por chegar; se as queixas registradas por sucessivas séries de visitantes se vão acumulando, os serviços prestados pelo estabelecimento poderão ser modificados para impedir que um descontentamento reiterado se faça ouvir novamente no futuro. (ibidem, p.29-30)

A ideia de crítica proposta por Adorno e Horkheimer (1985) está inscrita dentro de um modelo muito diferente. A modernidade sólida da era da "teoria crítica" estava impregnada de uma tendência ao totalitarismo. Os ícones das fábricas fordistas mantinham os trabalhadores como robôs obedientes, longe de todo desvio de espontaneidade e iniciativa individual; as identidades e os laços sociais se deixavam nos armários de aço da entrada, de modo que dentro da fábrica as ações se tornam rígidas, segundo as regras; era o pan-óptico, com suas torres de vigília; o Grande Irmão, que nunca dormia; os que não se adaptavam eram condenados a perecer de esgotamento ou enviados às câmeras de gás. A teoria crítica objetivava desativar e neutralizar essa tendência de uma sociedade suspeita de ser portadora endêmica de tendências totalitaristas. O principal objetivo era defender a autonomia humana, a liberdade de escolha e autoafirmação, o direito a ser e seguir sendo diferente. Durante muitos anos, a metáfora de Orwell, o sinistro projeto iluminista desentranhado por Adorno e Horkheimer, o pan-óptico de Betham – Foucault e os recorrentes sintomas da maré totalitária – foram identificados com a ideia de modernidade. Por isso, alguns não tardaram em proclamar o "fim da modernidade" com a liberdade do tipo livre mercado e eleições livres no Leste. Parece, no entanto, que a sociedade que foi investigada pelos fundadores da teoria crítica era apenas uma das formas que a versátil modernidade pode tomar, sendo a atual a mais bem-acabada e assimilada à ausência de alternativas que não sejam as contidas no discurso dominante.

O futuro do progresso e o pós-humano

Já que, como vimos no decorrer dos capítulos deste livro, o desenvolvimento da ciência e da técnica é a dinâmica central em torno da qual se organizam os discursos hegemônicos que mantêm a tentativa de associar a expansão do capitalismo ao progresso, entendido como assunção da felicidade por meio do livre mercado e do consumo, agora é importante investigar como se afiguraria essa futura civilização que pretende superar o humano pela biogenética e pela eletrônica. Laymert Garcia dos Santos acha a politização da discussão sobre o desenvolvimento tecnocientífico inevitável, pois ele tende a ser colocado acima de todos os outros setores da sociedade. No entanto, sabemos que a simples menção à possibilidade de questionar a direção desses vetores ou os critérios e poderes de quem os decide hoje quase que autonomamente – as grandes corporações globais – é sempre tomada como uma ação insensata, disparatada ou uma tentativa inaceitável de imposição de limites; e seus autores são imediatamente taxados de fundamentalistas, arcaicos ou anacrônicos.

Anos atrás, quando ainda secretário-geral da ONU Boutros Boutros-Ghali, ensaiei num diálogo universitário um debate sobre o papel e a responsabilidade das grandes corporações diante dos destinos da civilização e da economia. Ao propor que os principais dirigentes dessas grandes empresas fossem convocados à ONU para a discussão das relações entre suas opções de pesquisa tecnológica e o interesse geral da sociedade, fui ouvido com perplexidade. Na realidade, a ciência e a tecnologia, a serviço da acumulação, não querem prestar contas a ninguém; e esse é o trunfo central da dinâmica bem-sucedida do capitalismo global.

Já nos grandes países da periferia, tecnologia é fetiche, sinal de *status* e de prestígio; mas a condição desses países de se inserirem no fluxo global de geração de vetores tecnológicos, por meio de suas empresas, é mínima e mal concebida. Garcia dos Santos (2005) lembra que a tecnologia faz uma grande diferença social. Nesses países pobres o entendimento de que se está inserido no progresso ou na evolução tecnológica é feito somente pela via do consumo. As elites – e a população em geral, por simbiose – pensam que basta usar os novos produtos para alcançar a modernidade; é o caso dos iPods, das TVs de plasma e outras novidades sempre a surgir. Entramos, pois, apenas com o lado do explorado; ou seja, as vantagens do desenvolvimento tecnológico – geração de riqueza através de empregos e renda para quem desenvolve, fabrica e comercializa produtos tecnológicos – fica com os países ricos e suas corporações globais.

Uma discussão conceitualmente importante é a dos espaços que se abrirão à civilização humana a partir das revoluções bionanogenéticas inexoravelmente em marcha no caminhar já programado para os vetores da lógica tecnocientífica. Usando como referência a argumentação de Garcia dos Santos, diríamos que o pós-humano seria a superação do humano, que, tal como existe hoje, estaria necessariamente obsoleto. Haveria, então, três alternativas básicas para pensar o pós-humano. Na primeira, o pressuposto é o de que o corpo é um hardware falho e ultrapassado; seria preferível fazer um download da nossa mente para um corpo que fosse melhor. A *atualização* do corpo dar-se-ia aos poucos, modificando o organismo mediante a incorporação de próteses para lidar com as novas exigências. Entre outras razões para essas modificações estaria a de que o homem precisará viver em ambientes que não são o seu hábitat natural, até porque nosso próprio modelo civilizacional – como analisamos no Capítulo 5 – poderá dar cabo de nosso ecossistema original. Isso estaria garantido com a criação de melhores condições do hardware humano para enfrentar, em condições de melhor adaptação biológica, as longas viagens espaciais e condição de viver em outros planetas. Alguns cosmólogos chegam a alegar a responsabilidade cósmica da raça humana – se eventualmente formos a única espécie inteligente do universo – de nos perpetuarmos, garantido nossa expansão por outros planetas. Deveríamos, pois, nos preparar para o caso de que uma catástrofe – seja que nós mesmos provocássemos em razão dos riscos do modelo de progresso que criamos, seja causada por um fenômeno natural – eliminasse todas as condições de sobrevivência da espécie humana na Terra. Nesse caso, não seria um pós-humano proveniente de sua progressiva transformação.

A segunda maneira inaugura aquilo que alguns estão chamando de um novo tipo de eugenia. Na eugenia negativa havia a purificação da raça mediante a eliminação daqueles caracterizados como "humanos deficientes". Na eugenia positiva, existiria a possibilidade de se "melhorar" o patrimônio genético por meio de transformação nas células, obtendo uma segunda linha de evolução do humano. Os riscos e os impactos de natureza ética e profissional nesse caso foram, abundantemente, analisados no Capítulo 4 deste livro.

Mas há uma terceira linha, a mais complexa e intrigante; ela considera essas duas anteriores e constrói, ao lado da aceleração tecnocientífica e da nova dinâmica econômica capitalista, uma espécie de grande narrativa da obsolescência do humano e do futuro pós-humano. Garcia dos Santos propõe que pensemos nisso de uma outra forma, levando em consideração não a técnica, mas a máquina. Em que medida os seres humanos são maquinados, ou seja, pertencem ao mesmo terreno do pré-individual? Eu acrescentaria perguntando quais são as relações existentes entre o humano e o não essencialmente humano, no sentido do hardware e do software? Em suma, quais os limites entre os dois em termos do que seja essencial e do que seja evolutivo no humano? Que tipos de transformações ainda podem ser atualizadas nesses hardwares e softwares mantendo-se no pós-humano a condição essencialmente humana? E quais seriam os riscos adicionais de se ir além? Mais ainda, quais seriam os papéis dessa eventual nova fase da evolução tecnocientífica, por mais assustadora que possa parecer, que ainda poderiam ser ocupados com vantagens pelos países não centrais do capitalismo, permitindo-lhes ficar dentro do processo de acumulação por meio de um atalho original não previsto para eles pela lógica do capital? Vamos tentar analisar essas questões uma a uma.

Na linha inspirada em Deleuze e Guattari, pensa-se a biopolítica em termos foucaultianos e fala-se em "transumano", no sentido da referência de "para além do humano". Em Nietzsche, ela não significa a morte do "homem", mas a morte do "homem" consagrado pelo humanismo e pelo Iluminismo; ou seja, do homem-rebanho para dar lugar ao homem-potência. A vertente religiosa ou heideggeriana percebia isso e tentava colocar limites agarrados ao humanismo, a referenciais que não se aplicam mais à situação atual. Ela estava preocupada não com o devir, mas com a questão da essência. A tentativa era a de garantir uma espécie de "essência do humano" que já não tem sentido. Para Garcia dos Santos, o pensamento que tem futuro é um pensamento que briga com a tendência dominante da construção da grande narrativa e que, ao mesmo tempo, não tenta segurar a "essência do humano", mesmo porque esse pensamento não a considera uma essência e nem que valha a pena segurá-la.

Trata-se de enfrentar, agora, as oposições e integrações entre corpo e cultura, ou seja, maquinação (hardware) e técnica (software); as diferenças entre o essencialmente humano e a máquina, e em que nível podemos pensá-la. Em que ponto nos encontramos hoje e nos diferenciamos da máquina? Somente no hardware? A máquina criada pelo homem – via tecnociência – seria uma espécie de pensamento congelado, de matéria concretizada? O que ela tem de humano *inside*? Nós humanos também temos muito de máquina na maneira com que gerenciamos o que fazemos em nossa relação com o lado de fora. A questão colocada em termos de oposição soa estranha: ou se antropomorfiza a máquina, ou se mecaniza o humano. Referindo-se a reflexões de Simondon (Santos, 2005, p.166), Garcia do Santos fala que todo pensamento que se dá em termos de oposição acaba considerando a máquina um estrangeiro, um escravo, não parte intrínseca da criação humana. Ou seja, a máquina vista ora como servo, ora como senhor.

Para Deleuze e Guattari (ibidem, p.166) a economia libidinal – o quanto de energia pulsional utilizamos nas nossas ações – é um desejo maquínico que opera junto de uma grande maquinação social, na qual a tecnologia e as máquinas são um vetor. Mas só podemos fazer o que fazemos porque estamos conectados, de um lado, ao desejo e, de outro, ao *socius*; portanto, de um lado à economia política, de outro à economia libidinal. Mas a maquinação faz parte do humano. Simondon começa com o modo de existência dos objetos técnicos, depois passa para os processos de individualização no físico, depois no ser vivo, depois no humano, até chegar ao coletivo. Para ele, trata-se de um processo contínuo, impossível de separação.

Quanto aos riscos, que avaliação retrospectiva nossa civilização fará em algum momento do futuro sobre as decisões que já estamos tomando – regulada apenas pelo lucro e pelas leis de mercado – na biogenética, na nanotecnologia e na robotização em busca de um padrão pós-humano? Terá sido um *progresso* ou uma aventura trágica?

Do ponto de vista neoliberal, essas novas técnicas são apresentadas como um aumento da autonomia pessoal. No entanto, podemos ter uma abordagem completamente diferente numa perspectiva de autocompreensão ética da espécie. Habermas (2004) pensa que a manipulação genética poderá alterar nossa autocompreensão enquanto seres da espécie, atingindo fundamentos normativos e incontornáveis da nossa integração social. As técnicas genéticas que visam à seleção e à *alteração* das características deslocam os limites entre o que somos e o modo como lidamos com essa herança sob nossa própria responsabilidade, entre o acaso e a livre decisão de homens; e as intervenções eugênicas para modificação genética poderiam alterar a estrutura geral da nossa experiência moral. Teremos inevitavelmente de nos confrontar com questões práticas que se referem a *pressupostos* de julgamentos e ações morais. Isso altera a maneira como nos entendemos antropologicamente enquanto seres da espécie, pois afeta a forma como nos enxergamos como autores responsáveis por nossa própria história de vida e capazes de nos considerar reciprocamente como pessoas "nascidas sob as mesmas condições".

Ao tornarem incerta a identidade da espécie, os desenvolvimentos notórios e temidos da tecnologia genética afetam a imagem que havíamos construído de nós enquanto ser cultural da espécie "homem", e para a qual parecia não haver alternativas. Dessa perspectiva, impõe-se a questão de saber se a tecnicização da natureza humana altera a autocompreensão ética da espécie de tal modo que não possamos mais nos compreender como seres vivos eticamente livres e moralmente iguais, orientados por normas e fundamentos. Que efeitos implantes de *chips* e a progressiva robotização do homem com peças "de melhor desempenho" terão sobre essa autocompreensão?

Os nanotecnólogos projetam, pela fusão do homem à máquina, a sua futura imagem como uma estação de produção que é submetida a uma supervisão e a uma renovação autorreguladas, além de passar por reparo e aperfeiçoamento constantes. Segundo essa visão, os microrrobôs capazes de se autoduplicar circulam pelo corpo humano e unem-se aos tecidos orgânicos, por exemplo, para deter processos de envelhecimento ou estimular funções do cérebro. Essas inteligências superiores deverão superar as limitações do hardware humano. Elas preanunciam ao nosso software cerebral não apenas a imortalidade, mas também a perfeição ilimitada. O corpo repleto de próteses destinadas a aumentar o rendimento ou a inteligência é constituído por imagens fantásticas. Muitos pesquisadores de genes que afirmam que serão capazes de controlar a evolução abalam a distinção categorial entre o subjetivo e o objetivo. Saber que o próprio genoma foi programado pode perturbar a autoevidência em virtude da qual existimos como corpo vivo ou, de certa forma, que nos faz "ser" nosso corpo, o que daria origem a um novo tipo de relação particularmente assimétrica entre as pessoas.

Ao decidir um programa de intervenção genética sobre seu futuro filho, os pais formularam intenções que mais tarde se converterão em expectativas em relação a esse filho sem, contudo, conceder a ele – filho – a possibilidade de uma *reconsideração*. As intenções de programação dos pais ambiciosos e afeitos à experiência, ou também dos apenas preocupados, têm o *status* característico de uma expectativa unilateral e inapelável. Os pais tomaram a decisão, sem supor um consenso e somente em razão de suas próprias preferências, como se dispusessem de uma coisa. Como, porém, essa coisa se transforma em pessoa, a intervenção egocêntrica assume o sentido de uma ação comunicativa que *poderá* ter consequências existenciais para o ser em crescimento. É em nível mental que as alterações se operariam. Quando o indivíduo em crescimento passa a saber-se design de outra pessoa, sua autopercepção objetivante – a perspectiva de ter sido produzido – pode sobrepor-se naturalmente. Sujeitos independentes podem dizer *não*.

Habermas (2004) lembra Aristóteles descrevendo a atitude *teórica*, de quem observa a natureza de forma desinteressada; a atitude *teórica*, relativa ao sujeito produtor que age segundo um objetivo e intervém na natureza; e a atitude *prática*, das pessoas que agem de forma inteligente ou ética num contexto estratégico e performático. As modernas ciências experimentais uniram a atitude teórica do observador desinteressado à atitude prática de um observador que exerce sua intervenção e obtém efeitos experimentais. Atualmente, a pesquisa genética e o desenvolvimento da técnica genética são justificados à luz de objetivos biopolíticos relativos à nutrição, à saúde e ao prolongamento da vida.

Jonas caracteriza esse processo assim: "Enquanto dominada tecnicamente, a natureza volta agora a incluir o homem, que (até então) havia se contraposto a ela na técnica como dominador" (ibidem, p.66). Com as intervenções na genética humana, a dominação da natureza transforma-se num ato de autodominação, que altera nossa autocompreensão ética da espécie – e que *pode* afetar condições necessárias para uma conduta de vida autônoma e uma compreensão universalista da moral.

> Mas de quem é esse poder – e sobre quem ou o quê? Obviamente, trata-se do poder atual sobre o que está por vir, que são os objetos indefesos de decisões prévias, tomadas pelos projetistas de hoje. O reverso do poder atual é a servidão posterior dos vivos em relação aos mortos. (ibidem, p. 67)

Com isso, Jonas desloca a tecnologia genética para o contexto de uma dialética autodestrutiva do esclarecimento, segundo a qual a dominação da natureza faz que a espécie volte a ficar à mercê da natureza.

Quando as imagens religiosas e metafísicas do mundo perderam sua força universal, após a transição para um pluralismo ideológico tolerado – adverte Habermas –, a maioria de nós não nos tornamos cínicos frios nem relativistas indiferentes, pois nos mantivemos no código binário de julgamentos morais de certo e errado – e assim *quisemos* nos manter. Adaptamos as práticas do mundo, da vida e da comunidade política às premissas da moral, da razão e dos direitos humanos, pois elas forneciam uma base comum favorável à existência da dignidade humana, acima das diferenças ideológicas. Hoje, o profundo desconforto diante da temida alteração da identidade da espécie humana, que caminha a passos largos pelo interesse prioritário da lógica do capital, pode se justificar pelo mesmo motivo?

Finalmente, quanto às oportunidades que possam surgir dessas novas e perigosas *rotas do progresso*, seja como for, essa temática constitui-se em pesquisas de ponta do mundo tecnocientífico. Manter uma visão crítica sobre a direção do progresso é ser capaz, justamente, de separar dele o seu elemento de discurso hegemônico; ou seja, ter competência para observar o conteúdo estratégico de adição de valor. Portanto, é preciso observar e decompor a realidade em seus últimos elementos para captar-lhe seu verdadeiro sentido. Só a partir daí a condição de sujeitos da história pode se manifestar. Por exemplo, apesar de todas as dificuldades e assimetrias, como podem os países mais pobres participarem dessa corrida científico-tecnológica adicionando valor e não apenas contribuindo para a acumulação alheia como consumidor passivo dos produtos ou serviços de alta tecnologia? E como manter as universidades conectadas com essa perspectiva crítica e inovadora e não apenas mantê-las a serviço de um esquema de dominação que as transforma em empresas fornecedoras de mão de obra ajustada aos novos padrões tecnológicos gerados pelo centro do capitalismo global?

Há caminhos originais a perseguir e investigar. No Brasil, por exemplo, uma boa questão é por que se conseguiu transformar música e futebol em referências superiores de qualidade do mundo global. Estão equivocados aqueles que pensam que isso representa um problema menor. As habilidades e o *environment* exigido para o desenvolvimento desses dois importantes produtos da cultura global são complexos e muito especiais. Garcia dos Santos nos levanta indiretamente uma pista ao citar Canetti (Santos, 2005, p.173) e sua percepção de que todas as realizações tecnológicas do mundo moderno foram pensadas primeiramente nos mitos. Portanto, a tecnologia moderna é a concretização do que foi pensado e imaginado pelos mitos. O nosso problema, diz Canetti, é que não conseguimos mais imaginar ou inventar mito nenhum. Como aproveitar a riqueza de conhecimento original dos poucos indígenas brasileiros que deixamos sobreviver?

No caso do seu conhecimento sobre o potencial fármaco-biológico das novas espécies vegetais, os estrangeiros foram mais rápidos que nós e as transformaram em patentes globais. Garcia dos Santos sugere que não podemos pensar que só nós nos desenvolvemos tecnologicamente e que um índio brasileiro da tribo dos ianomâmi continua igual a seu ancestral de 3 mil anos, sem ter desenvolvido novas percepções e concepções. “É claro que, se ele evoluiu, foi numa outra chave, e o interessante é justamente a relação entre as diferentes temporalidades e entre as diferentes chaves” (ibidem, p.175). Para ilustrar essa tese ele relata a reação de Davi Kopenawa, um ianomâmi que foi a Atenas receber um prêmio internacional pela preservação do meio ambiente. Ao ser levado para contemplar as ruínas da Acrópole, reagiu: "Ah! Agora eu entendi, a casa do avô do garimpeiro é aqui". Perguntou para onde tinham ido as florestas. Sua percepção continha o pré-socrático. Meditou um pouco e finalizou: "Entendi, vocês são construtores de ruínas!".

*

O significado das invenções e novidades científicas só aparece quando de sua construção como objeto histórico. Leonardo da Vinci parecia esperar que o avião – conquista milagrosa da evolução tecnológica – fosse capaz de buscar a neve nas altas montanhas e trazê-la para refrescar as cidades sufocadas pelo verão. Susan Buck-Morss nos recorda, no entanto, que os bombardeiros de hoje são a antítese da utopia de Leonardo. Já lembramos aqui o terror dos cientistas do Projeto Manhattan após o desastre de Hiroshima e Nagasaki, canalizando sua revolta contra Truman para pouparem-se da sua própria responsabilidade. É inútil tentar atribuir inocência à técnica, mas é preciso buscar as razões pelas quais o desenvolvimento atual da tecnociência permite descobertas revolucionárias que fundam o discurso hegemônico do progresso mas, simultaneamente, apavora a parte da humanidade que se mantém lúcida e crítica. A tarefa mais difícil, no entanto, é manter-se crítico. Benjamin recorda que a difamação do espírito crítico começou logo após a vitória da revolução de julho de 1830. Os pensadores burgueses que guardavam reservas a ela foram atacados; sobrou-lhes a alternativa de afirmarem o progresso no âmbito ainda limitado da ciência e omitirem-se quanto à sociedade.

Hoje, embalados pelas novas realidades, assistimos ao mundo urbano-industrial-eletrônico ser cada vez mais reencantado com as fantasias oníricas de "pertencimento" a redes, comunicação "plena" em tempo real, compactação digital "infinita" – de dados, som e imagem –, expansão cerebral com a implantação de *chips* e transformações genéticas *à la carte*, centenas de bilhões de dólares são gastos anualmente em propaganda global para transformar os novos aparatos ou serviços decorrentes delas em objetos irresistíveis de desejo.

O otimismo de Marx contido em *A ideologia alemã* assegurava que o avanço da civilização estaria ligado inevitavelmente à expansão do mercado mundial, que conteria a possibilidade de desenvolvimento do indivíduo. Assim, a exploração do homem e da natureza acabaria por libertar o próprio homem, colocando-o em relações concretas com a produção do mundo inteiro, até mesmo a intelectual. Curiosamente, à exceção da questão da exploração e do que se entende por "desenvolvimento" do indivíduo, suas outras premissas transformaram-se num dos pilares da doutrina neoliberal atual. No entanto, parte significativa da humanidade, como vimos em vários momentos deste trabalho, continua sua longa e lenta caminhada sem notar sinais relevantes de uma melhora constante de sua condição de dignidade, acesso a bens essenciais e de cultura; pelo contrário, os sinais de alerta nas condições ambientais e de saúde pública estão por toda parte.

Na realidade, uma das dimensões do pensamento humano se move por uma dialética essencial: as hipóteses, que transformamos em teses, são expostas continuamente a inevitáveis antíteses, que geram sínteses; confrontadas com a realidade observada, essas sínteses exigem novas hipóteses, e assim por diante. É justamente essa dimensão que alimenta a lógica da construção do pensamento científico, embutida no discurso sobre o progresso. Mas, por outro lado, nossos complexos mecanismos mentais exigem tempo para assimilar – e modificar ou rejeitar – o novo e o inesperado. Num processo que obriga a uma paciência histórica "arqueológica", com raras exceções – e elas são atributo apenas de gênios raros e especiais – só conseguimos enxergar a camada seguinte e mais profunda do conhecimento – rumo à sabedoria – após termos sido capazes de remover a anterior, como as sucessivas camadas das cascas de uma cebola. Nesse processo delicado, no entanto, somos continuamente atropelados pelos discursos hegemônicos sustentados em imensa e eficaz propaganda; o que torna o caminho ainda mais penoso e lento.

A tentativa de compatibilização dos vetores tecnológicos decorrentes das opções do capital – visando o seu máximo retorno – com as efetivas necessidades da civilização é um processo de avanços e retrocessos, de ganhos e perdas. Apesar de todo o encantamento das conquistas que se nos apresentam como possíveis para o novo século, as preocupações com as graves eventuais consequências das direções em marcha ainda estão em fase de gestação dialética. Se formos capazes de exercitar a crítica com a força e a autonomia necessárias, quem sabe os resultados possam ser animadores. Caso contrário, parece claro que podemos dar um passo largo em direção a um quadro civilizacional que – para muitos dos pensadores que frequentaram essas páginas, até para este que vos escreve – pode significar uma ruptura de humanidade com suas responsabilidades de autossobrevivência enquanto cultura e espécie. O progresso, assim como hoje é caracterizado nos discursos hegemônicos de partes dominantes das elites, não é muito mais que um mito renovado por um aparato ideológico interessado em nos convencer que a História tem um destino certo – e glorioso – que dependeria mais da omissão embevecida das multidões do que da sua vigorosa ação e da crítica de seus intelectuais.

Referências bibliográficas

A INVASÃO das lavouras transgênicas. *O Estado de S. Paulo*, São Paulo, 8 nov. 2005.

A PREÇO acessível, celular invade a África. *Folha de S.Paulo*, São Paulo, 27 ago. 2005.

ABBAGNANO, N. *Dicionário de Filosofia*. São Paulo: Mestre Jou, 1982.

ACHATAMENTO ameaça até o primeiro escalão. *O Estado de S. Paulo*, São Paulo, 7 nov. 2005.

ADORNO, T. W.; HORKHEIMER, M. *Dialética do esclarecimento:* fragmentos filosóficos. Rio de Janeiro: Jorge Zahar, 1985.

ALERTA: avanço da genética cria dilemas assustadores. *O Estado de S. Paulo*, São Paulo, 4 jan. 2006.

ÁNGEL, M. A. Ciudad. In: OLAMENDI, L. B. et al. *Léxico de la Política*. Cidade do México: Facultad Latinoamericana de Ciencias Sociales, 2000.

ANTIDEPRESSIVO é relacionado a problemas congênitos. *O Estado de S. Paulo*, São Paulo, 29 set. 2005.

ANÚNCIO de remédio seduz nos EUA. *O Estado de S. Paulo*, São Paulo, 9 maio 2005.

AQUECIMENTO pode ser desastre para saúde. *Folha de S.Paulo*, São Paulo, 17 nov. 2005.

ASH, T. G. A tênue divisão entre anjo e macaco. *O Estado de S. Paulo*, São Paulo, 11 set. 2005.

BALANDIER, G. *O dédalo*: para finalizar o século XX. Rio de Janeiro: Bertrand Brasil, 1999.

BANCO MUNDIAL. *World Development Report 2004*: Marking Services Work For Poor People. Disponível em: <http://econ.worldbank.org/wdr/wdr2004/text-18786/>. Acesso em: 17 maio 2004.

BARZUN, J. *Da alvorada à decadência*: a história da cultura ocidental de 1500 aos nossos dias. Rio de Janeiro: Campus, 2002.

BAUMAN, Z. *Identidade*. Rio de Janeiro: Zahar, 2005.

______. *Modernidad líquida*. Buenos Aires: Fondo de Cultura Económica de Argentina, 2002.

BOBBIO, N. *O tempo de memória*: de senectude e outros escritos autobiográficos. Rio de Janeiro: Elsevier, 1997.

BONNY, Y. *Sociologie du temps présent*: modernité avancée ou postmodernité? Paris: Armand Colin, 2004.

BOUTROS-GHALI, B. Mais conhecimento ambiental, nenhum progresso. *Jornal do Meio Ambiente*, ano IX, n. 103, 2005.

BRITÂNICO critica banalização da vida. *Folha de S.Paulo*, São Paulo, 7 dez. 2005.

BUCK-MORSS, S. *Dialética do olhar*: Walter Benjamin e o projeto das passagens. São Paulo: Humanitas, 2002.

BURY, J. B. *The Idea of Progress*: An Inquiry into its Origin and Growth. Honolulu: University Press of the Pacific, 2004.

CESARINO, L. N. *A gestão estatal da pesquisa biotecnológica*: uma questão de risco? In: *XXIX Encontro Anual da ANPOCS*. Caxambu: 25 a 29 de outubro de 2005.

CICLISTAS urbanos correm risco de problemas cardíacos. *O Estado de S. Paulo*, São Paulo, 23 ago. 2005.

CISNEROS, I. C. In: OLAMENDI, L. B. et al. *Léxico de la Política*. Cidade do México: Facultad Latinoamericana de Ciencias Sociales, 2000.

CRESCE uso de drogas para déficit de atenção em adulto. *O Estado de S. Paulo*, São Paulo, 19 set. 2005.

DIGGINS, J. P. *Max Weber*: a política e o espírito da tragédia. Rio de Janeiro: Record, 1999.

DUPAS, G. *Atores e poderes na nova ordem global*: assimetrias, instabilidades e imperativos de legitimação. São Paulo: Editora UNESP, 2005a.

______. A América Latina e o novo jogo global. In: DUPAS, G. (org.). *América Latina no início do século XXI*: perspectivas econômicas, sociais e políticas. São Paulo: Paz e Terra, 2005b.

______. Perto de Deus e longe do povo. *O Estado de S. Paulo*. São Paulo, 30 abr. 2005c.

______. *A nova lógica global e o impasse da América Latina*. Documento base preparado para o Grupo de Reflexão de Alto Nível do G-Rio, jul. 2004.

______. *Ética e poder na sociedade da informação*. 2.ed. São Paulo: Editora UNESP, 2001.

DUPAS, G.; VILLARES, F. Uma visão estrutural da dinâmica econômica da América Latina. In: DUPAS, G. (org.). *América Latina no início do século XXI*: perspectivas econômicas, sociais e políticas. São Paulo: Paz e Terra, 2005.

EMPRESAS de callcenter lançam código de ética. *Valor Econômico*, São Paulo, 20 set. 2005.

ESTUDO alerta que poluição pode causar hipertensão. *O Estado de S. Paulo*, São Paulo, 30 set. 2005.

EUA batem recorde de emissão de gás carbônico. *O Estado de S. Paulo*, São Paulo, 22 dez. 2005.

FARMACÊUTICAS nos EUA têm "programa de milhagem". *Folha de S.Paulo*, São Paulo, 4 jun. 2005.

FILHO de banco de esperma busca o pai. *O Estado de S. Paulo*, São Paulo, 6 nov. 2005.

FRANK, A. G. Reescrevendo a história mundial. In: PROCÓPIO, A. (org.). *Relações internacionais*: os excluídos da arca de Noé. São Paulo: Hucitec, 2005, p.15-66.

FREUD, S. *O futuro de uma ilusão, O mal-estar da civilização e outros trabalhos.* Edição Standard Brasileira das Obras Psicológicas Completas de Sigmund Freud. v.21 (1927-1931). São Paulo: Imago, 1987.

FRIEDMAN, M. A moeda, a economia e as ideias de Friedman. *Valor Econômico*, São Paulo, 22 jul. 2005. (Entrevista)

FRIEDMAN, T. *Lexus and Olive Tree*: Understanding Globalization. Farra, Straus and Giroux Publishers: 2000.

FUREDI, F. Saúde ou obsessão pela doença? *O Estado de S. Paulo*, São Paulo, 3 abr. 2005.

FUTURO do consumo na mão de jovens das classes C, D e E. *O Estado de S. Paulo*, São Paulo, 27 set. 2005.

GÁS carbônico bate recorde de 650 mil anos. *Folha de S.Paulo*, São Paulo, 25 nov. 2005.

GORI, R.; VOLGO, M. J. *La Santé Totalitaire*. Paris: Denöel, 2005.

GORZ, A. *O imaterial*: conhecimento, valor e capital. São Paulo: Annablume, 2005.

GOVERNO multa 32 empresas por "maquiagem". *Folha de S.Paulo*, São Paulo, 31 ago. 2005.

GRAEBER, D. O carnaval está em marcha. *Folha de S.Paulo*, São Paulo, 14 ago. 2005.

GUERRERO, A. C. Racismo. In: OLAMENDI, L. B. et al. *Léxico de la Política*. Cidade do México: Facultad Latinoamericana de Ciencias Sociales, 2000.

HABERMAS, J. *O futuro da natureza humana*. São Paulo: Martins Fontes, 2004.

______. *La technique et la science comme "idéologie"*. Paris: Gallimard, 2002.

______. *O discurso filosófico da modernidade*. São Paulo: Martins Fontes, 2000.

HEATH, J. O avesso do avesso. *Folha de S.Paulo*, São Paulo, 14 ago. 2005. (Entrevista)

HIRSCHMAN, A. O. *A retórica da intransigência*. São Paulo: Companhia das Letras, 1992.

HOFMEISTER, W. (ed.). Bioética. *Cadernos Adenauer III*, Rio de Janeiro, Fundação Konrad Adenauer, n.1, maio 2002.

HOMEOPATIA só tem efeito psicológico, diz estudo suíço. *O Estado de S. Paulo*, São Paulo, 27 ago. 2005.

IACONELLI, V. Maternidade e erotismo na modernidade: assepsia do impensável na cena do parto. *Percurso: Revista de Psicanálise* – ano XV n.34, p.77-85. São Paulo: Instituto Sedes Sapientiae: 1º semestre de 2005.

INCLUSÃO social é o futuro do capitalismo. *O Estado de S. Paulo*, São Paulo, 31 ago. 2005.

INFECÇÃO na gravidez pode levar a câncer. *O Estado de S. Paulo*, São Paulo, 13 dez. 2005.

IZUZQUIZA, I. *Filosofia de la tensión*: realidad, silencio y claroscuro. Anthropos Editorial, 2004.

KLOSSWSKI, P. *Nietzsche e o círculo vicioso*. Rio de Janeiro: Pazulin, 2000.

LA DÉGRADATION écologique autour de la Méditerranée risque d'agraver la fracture Nord-Surd. *Le Monde*, Paris, 11 nov. 2005.

LA REVUE *Nature* met au jour les conflits d'intérêts des experts médicaux chargés de recommandations. *Le Monde*, Paris, 24 out. 2005.

LALANDE, A. *Vocabulaire technique et critique de la philosophie*. Paris: Presses Universitaires de France, 1972.

LÉVI-STRAUSS, C. Lévi-Strauss pede respeito ao mundo. *O Estado de S. Paulo*, São Paulo, 3 abr. 2005.

______. A lição de sabedoria das vacas loucas. *Revista Novos Estudos*, São Paulo: Cebrap, n.157-8, p.79-84, nov. 2002.

LEYS, C. *A política a serviço do mercado*. Rio de Janeiro: Record, 2004.

LIVRO conta a trajetória dos insetos, eternos vencedores. *O Estado de S. Paulo*, São Paulo, 30 nov. 2005.

LOJAS Americanas copia estratégia da Wal-Mart e reduz bem os custos. *Valor Econômico*, São Paulo, 19 abr. 2004.

LOVEJOY, T. Uma perspectiva científica. *Política Externa*, São Paulo: Paz e Terra, v.14, n.1, jun./ago. 2005.

LÖWY, M. *Walter Benjamin – aviso de incêndio*: uma leitura das teses "Sobre o conceito de História". São Paulo: Boitempo, 2005a.

______. "O capitalismo como religião" em *Folha de S.Paulo*. São Paulo, 18 set. 2005b.

LYOTARD, J. F. *A condição pós-moderna*. Rio de Janeiro: José Olympio, 1998.

MAFFESOLI, M. *Sobre o nomadismo*: vagabundagens pós-modernas. Rio de Janeiro: Record, 2001.

MANCHA branca reaparece em fazendas catarinenses. *Valor Econômico*, São Paulo, 12 dez. 2005.

MANSFIELD, K. *Contos*. São Paulo: Cosac & Naify, 2005.

MARCUSE, H. A noção de progresso à luz da Psicanálise. In: *Psychoanalyse und Politik*. Frankfurt am Main: Europaïsche Verlagsanstalt, 1968. Disponível em: <http://antivalor.vilabol.uol.com.br/textos/frankfurt/marcuse/tx_marcuse_003.htm>. Acesso em: 2005.

MARKL, H. Biociências: o que podemos saber? O que devemos fazer? O que devemos esperar? In: *Bioética* (Cadernos Adenauer III), Rio de Janeiro: Fundação Konrad Adenauer, n.1, p.45-69, maio 2002.

MARX, K.; ENGELS F. *A ideologia alemã*. São Paulo: Martins Fontes, 2002.

MERLEAU-PONTY, M. *Signos*. São Paulo: Martins Fontes, 1991.

META: melhorar o diagnóstico de câncer. *O Estado de S. Paulo*, São Paulo, 24 nov. 2005.

MIER, R. Ideologia. In: OLAMENDI, L. B. et al. *Léxico de la Política*. Cidade do México: Facultad Latinoamericana de Ciencias Sociales, 2000.

MOLDURA urbana. *Valor Econômico*, São Paulo, ago. 2005 (Caderno Estampa).

MONTIEL, F. D. "Revolución". In: OLAMENDI, L. B. et al. *Léxico de la Política*. Cidade do México: Facultad Latinoamericana de Ciencias Sociales, 2000.

MOURA, C. A. R. de. *Nietzsche*: civilização e cultura. São Paulo: Martins Fontes, 2005.

MUITA discussão pouca ação. *Valor Econômico*. São Paulo, 23-25 dez. 2005.

NEGT, O. *Kant y Marx*: un diálogo entre épocas. Madrid: Editorial Trotta, 2004.

NIETZSCHE, F. *Sobre verdade e mentira no sentido extra-moral*. São Paulo: Abril Cultural, 1974. (Coleção Os Pensadores)

NISBET, R. *History of the Idea of Progress*. New York: Basic Books/ Inc., 1980.

NÍVEL do mar sobe em ritmo dobrado. *O Estado de S. Paulo*, São Paulo, 26 nov. 2005.

NO REINO do crédito popular. *IstoÉ*, edição n.1742. São Paulo, 19 fev. 2003.

NOUS sommes tous chimiquement contaminés. *Le Monde*, Paris, 13 out. 2005.

OLAMENDI, L. B. Cultura laica. In: OLAMENDI, L. B et al. *Léxico de la Política*. Cidade do México: Facultad Latinoamericana de Ciencias Sociales, 2000a.

______. Intelectuales. In: OLAMENDI, L. B. et al. *Léxico de la Política*. Cidade do México: Facultad Latinoamericana de Ciencias Sociales, 2000b.

ORTEGA y GASSET, J. *A rebelião das massas*. São Paulo: Martins Fontes, 2002.

PARTO prematuro pode ter relações com químicos. *O Estado de S. Paulo*, São Paulo, 25 out. 2005.

PAULISTANO perde espermatozoides. *O Estado de S. Paulo*, São Paulo, 17 ago. 2005.

PEÑA, L. M. Congreso. In: OLAMENDI, L. B. et al. *Léxico de la Política*. Cidade do México: Facultad Latinoamericana de Ciencias Sociales, 2000.

PEREIRA, M. E. C.. A insônia, o sono ruim e o dormir em paz: a "erótica do sono" em tempos de Lexotan. *Revista Latino-americana de Psicopatologia Fundamental*, v.6, n.2, XX, p.126-44, junho de 2003.

PERIGO intenso na terapia intensiva. *Revista Veja*, São Paulo, 13 jul. 2005.

PIETERSE, J. N. *Globalization or Empire?* Nova York: Routledge, 2004.

POLUIÇÃO em SP mata oito por dia. *Folha de S.Paulo*, São Paulo, 18 ago. 2005.

POR R$12, ribeirinhos do Amapá viram cobaias expostas à malária. *O Estado de S. Paulo*, São Paulo, 10 dez. 2005.

PRÊMIO Nobel Schelling fala dos riscos do jogo econômico. *O Estado de S. Paulo*, São Paulo, 7 nov. 2005.

PUGA, C. Modernización política. In OLAMENDI, L. B. et al. *Léxico de la Política*. Cidade do México: Facultad Latinoamericana de Ciencias Sociales, 2000.

QUEIJOS artesanais franceses podem acabar. *Folha de S.Paulo*, São Paulo, 13 ago. 2005.

REES, M. *Hora final – Alerta de um cientista*: o desastre ambiental ameaça o futuro da humanidade. São Paulo: Companhia das Letras, 2005.

REVEL, J. F.; RICARD, M. *O monge e o filósofo*: o budismo hoje. São Paulo: Mandarim, 1998.

REVISTA acusa Merck de esconder riscos do Vioxx. *O Estado de S. Paulo*, São Paulo, 10 dez. 2005.

ROMERO, T. I. Desarrollo social. In OLAMENDI, L. B. et al. *Léxico de la Política*. Cidade do México: Facultad Latinoamericana de Ciencias Sociales, 2000.

RORTY, R. *Verdad y Progreso*. Barcelona: Paidós, 2000.

ROSSI, P. *Naufrágios sem espectador*. São Paulo: Editora UNESP, 1996.

ROUANET, S. P. *As razões do Iluminismo*. São Paulo: Companhia das Letras, 1999.

ROUSSEAU, I. Paradigma político. In: OLAMENDI, L. B. et al. *Léxico de la Política*. Cidade do México: Facultad Latinoamericana de Ciencias Sociales, 2000.

ROUSSEAU, J.-J. *Discurso sobre as ciências e as artes*. São Paulo: Nova Cultural, 1987.

SAFRANSKI, R. *¿Cuánta globalización podemos suportar?* Barcelona: Tusquets, 2004.

SANTOS, L. G. *Demasiadamente pós-humano.* Revista Novos Estudos, São Paulo: CEBRAP, n.72, p.161-75, jul. 2005. (Entrevista).

SCHAMA, S. *Paisagem e memória.* São Paulo: Companhia das Letras, 1996.

SCHMIDHEINY, S. *Changing Course:* A Global Business Perspective on Development and the Environment. Massachusetts: MIT, 1992.

SCHOTSMANS, P. T. "O homem como criador? Desenvolvimentos na genética humana e os limites da autodeterminação humana". In: *Bioética.* Cadernos Adenauer III, p.11-33. Rio de Janeiro: Fundação Konrad Adenauer, maio 2002.

SEM alarde, Nestlé cria estratégia para vender para pobres. *Valor Econômico,* São Paulo, 20 set. 2005.

SETE anos depois, Viagra perde força no mercado. *O Estado de S. Paulo,* São Paulo, 5 dez. 2005.

SILVA, A. A. Cambio institucional. In: OLAMENDI, L. B. et al. *Léxico de la Política.* Cidade do México: Facultad Latinoamericana de Ciencias Sociales, 2000.

SOARES-FILHO, B. S et al. Cenários de desmatamento para a Amazônia. Disponível em: <http://www.scielo.br/scielo.php?script=sci_arttex&pid=S0103-40142005000200008&lng=pt&nrm=iso>. Acesso em: 1 nov. 2005.

SUPERMERCADO vê mina de ouro em bairros pobres. *O Estado de S. Paulo,* São Paulo, 31 ago. 2005.

TORTAROLO, E. Pensamento laico. In: OLAMENDI, L. B. et al. *Léxico de la Política.* Cidade do México: Facultad Latinoamericana de Ciencias Sociales, 2000.

TOTO, M. C. Derecha. In: OLAMENDI, L. B. et al. *Léxico de la Política.* Cidade do México: Facultad Latinoamericana de Ciencias Sociales, 2000.

TUDO pelas futuras gerações. *O Estado de S. Paulo,* São Paulo, 9 nov. 2005.

WADE, R. H. The Disturbing Rise in Poverty and Inequality: Is It All a 'Big Lie'?. In: HELD, D.; KOENIG-ARCHIBUGI, M. (Orgs.) *Taming Globalization:* Frontiers of Governance. Cambridge: Polity Press, 2003.

WAL-MART intriga intelectuais dos EUA. *Folha de S.Paulo*, 18 abr. 2004.

WE Are The Indispensable Nation. We Stand Tall. We See Farther into the Future. *New Republic*, Washington D.C., 25 maio 1998.

WEBER, M. *Ciência e política*: duas vocações. São Paulo: Cultrix, 1993a.

______. A objetividade do conhecimento na ciência social e na ciência política. In: WEBER, M. *Metodologia das Ciências Sociais*, parte 1. São Paulo: Cortez, 1993b.

ZAPATA, F. Democracia en América Latina. In: OLAMENDI, L. B. et al. *Léxico de la Política*. Cidade do México: Facultad Latinoamericana de Ciencias Sociales, 2000.

Índice onomástico e remissivo

SOBRE O LIVRO

Formato: 14 x 21 cm
Mancha: 23 x 40 paicas
Tipografia: Gautineau 10,5/15,2
Papel: Pólen 80 g/m² (miolo)
Cartão Supremo 250 g/m² (capa)
2ª edição: 2012

EQUIPE DE REALIZAÇÃO

Capa
Estúdio Bogari

Edição de Texto
Ana Maria Straube (Preparação de original)
Giuliana Gramani (Revisão)

Editoração Eletrônica
Sergio Gzeschnik

Assistência Editorial
Alberto Bononi

um
livro
.com.br